Fortführungsprognosen im Insolvenzrecht und in Insolvenznähe

Europäische Hochschulschriften Recht

European University Studies in Law

Publications Universitaires Européennes de Droit

Band/ Volume **6755**

Birte Jensen

Fortführungsprognosen im Insolvenzrecht und in Insolvenznähe

PETER LANG
Lausanne - Berlin - Bruxelles - Chennai - New York - Oxford

Bibliografische Information der Deutschen Nationalbibliothek
Die Deutsche Nationalbibliothek verzeichnet diese Publikation in der Deutschen Nationalbibliografie; detaillierte bibliografische Daten sind im Internet über http://dnb.d-nb.de abrufbar.

Zugl.: Hamburg, Univ., Diss, 2023

D 18
ISSN 0531-7312
ISBN 978-3-631-89889-5
E-ISBN 978-3-631-90747-4
E-ISBN 978-3-631-90748-1
DOI 10.3726/b21119

Verlegt durch:
Peter Lang GmbH, Berlin, Deutschland

info@peterlang.com http://www.peterlang.com/

Diese Publikation wurde begutachtet.

Vorwort

Die Fortführungsprognose ist Weichenstellung und Gradmesser im Sanierungs- und Insolvenzrecht. Für manche ist sie eine große Unbekannte, für andere Gestaltungsmittel. Sie ist nie sicher und beständig Änderungen unterworfen. Vergleichbar der Fotografie – meiner Leidenschaft – gilt es unter den gegebenen Bedingungen und Unsicherheiten (*Lichtverhältnissen*) durch die richtige Wahl des Prognosezeitraums (*Verschlusszeit*), des Detailierungsgrads (*Blende*) und der Abweichungstoleranz (*Lichtempfindlichkeit*) eine handwerklich stimmige und schlüssige Vorausschau (*korrekt belichtetes Bild*) zu erarbeiten. Ich habe eine Vielzahl an Prognosen des Sanierungs- und Insolvenzrechts in ihren Anforderungen betrachtet. Mögen die Ergebnisse meiner Arbeit deren Erstellern als Hilfestellung dienen.

Die Arbeit wurde im Sommersemester 2022 von der Rechtswissenschaftlichen Fakultät der Universität Hamburg als Dissertation angenommen. Rechtsprechung und Literatur sind auf dem Stand der Abgabe im März 2022 und Hinweise auf nachfolgende, teilweise temporäre Entwicklungen im Nachwort angefügt.

Ich möchte ganz besonders Herrn Prof. Dr. Reinhard Bork danken, nicht nur für die Unterstützung der vorliegenden Arbeit sowie die Erstellung des Erstgutachtens, sondern auch für die wertvollen Hinweise an Weggabelungen meiner juristischen Laufbahn. Ferner danke ich Herrn Prof. Dr. Klaus Bartels für die Erstellung des Zweitgutachtens sowie Frau Prof. Dr. Dörte Poelzig für ihren Beitrag in der Prüfungskommission.

Ich widme diese Arbeit in Liebe meinen Eltern.

Hamburg, im Mai 2023 Birte Jensen

Inhalt

Abkürzungsverzeichnis

a.F	alte Fassung
AktG	Aktiengesetz
allg.	allgemein
Anm.	Anmerkung
BaFin	Bundesanstalt für Finanzdienstleistungsaufsicht
BGH	Bundesgerichtshof
BMWi	Bundesministerium für Wirtschaft und Klimaschutz
bspw.	beispielsweise
CovInsAG	Gesetz zur vorübergehenden Aussetzung der Insolvenzantragspflicht und zur Begrenzung der Organhaftung bei einer durch die COVID-19-Pandemie bedingten Insolvenz
d.h.	das heißt
entspr.	entsprechend
etw.	etwa/etwaig
EuGH	Europäischer Gerichtshof
f.	folgend
ff.	fortfolgend
FMStG	Finanzmarktstabilisierungsgesetz
FS	Festschrift
grds.	grundsätzlich
HGB	Handelsgesetzbuch
hM	herrschende Meinung
HS	Halbsatz
i.S.d.	im Sinne des/der
IDW	Institut der Wirtschaftsprüfer in Deutschland e.V.
InsO	Insolvenzordnung
jdfs.	jedenfalls
KMU	kleine und mittlere Unternehmen
KWG	Kreditwesengesetz
lfd.	laufend
LiquiLücke	Liquiditätslücke
LiquiPlanung	Liquiditätsplanung
LS	Leitsatz
M&A	Mergers & Acquisitions

MaRisk	Mindestanforderungen an das Risikomanagement
Mglkt.	Möglichkeit
MoMiG	Gesetz zur Modernisierung des GmbH-Rechts und zur Bekämpfung von Missbräuchen
mwN	mit weiteren Nachweisen
OLG	Oberlandesgericht
pp.	perge perge
Prfg.	Prüfung
Rn.	Randnummer
SanInsFoG	Gesetz zur Fortentwicklung des Sanierungs- und Insolvenzrechts
SanMglkt	Sanierungsmöglichkeit
sog.	sogenannt
st. Rspr.	ständige Rechtsprechung
StaRUG	Gesetz über den Stabilisierungs- und Restrukturierungsrahmen für Unternehmen
Tz	Textziffer
u.	und
u.a.	unter anderem
UMAG	Gesetz zur Unternehmensintegrität und Modernisierung des Anfechtungsrechts
z.B.	zum Beispiel
ZPO	Zivilprozessordnung

im übrigen wird auch Bezug genommen auf:

Kirchner, Hildebert	Abkürzungsverzeichnis der Rechtssprache, 10. Aufl., Berlin 2021

Literaturverzeichnis

Adler, Hans Düring, Walther Schmaltz, Kurt (Begr.)	Rechnungslegung und Prüfung der Unternehmen zit.: A/D/S	6. Aufl., Stand: 01.07.1994, (Online-Produkt)
Ahrendt, Achim Plischkaner, Uta	Der modifizierte zweistufige Überschuldungsbegriff – Rückkehr mit Verfallsdatum	NJW 2009, 964–966
Aleth, FranzHarlfinger, Wolf	Die Fortführungsprognose i.S.v. § 19 II InsO – eine Handlungsanweisung für Geschäftsführer	NZI 2011, 166–173
Anders, Monika Gehle, Burkhard	Zivilprozessordnung mit BGB und anderen Nebengesetzen Beck'sche Kurz-Kommentare zit.: Anders/Gehle/*Bearb.*	80. Aufl., München 2022
Andersch, Tammo Philipp, Sebastian	Damoklesschwert Insolvenzverschleppung – Nachweis der positiven Fortbestehensprognose noch vor Finalisierung des Sanierungskonzepts	NZI 2017, 782–784
Arbeitskreis für „Externe und Interne Überwachung der Unternehmung" der Schmalenbach-Gesellschaft für Betriebswirtschaft e.V.	Probleme der Prognoseprüfung	DB 2003, 105–111
Arbeitskreis für Insolvenz- und Schiedsgerichtswesen e.V.	Insolvenzrecht in der Praxis: Kölner Schrift zur Insolvenzordnung	2. Aufl., Herne/ Berlin 2000

BAKinso e.V.	Stellungnahme zum SanInsFoG-Regierungsentwurf	NZI 2020, S. X–XIII
Balthasar, Helmut	Allgemeine Zugangsvoraussetzungen zu den Restrukturierungsinstrumenten	NZI Beil. 2021, 18–22
Bamberger, Heinz Georg	Krisen und Sanierung	ZInsO 2020, 1399–1422
Baumbach, Adolf Hopt, Klaus	Handelsgesetzbuch Kommentar zit.: Baumbauch/Hopt/*Bearbeiter*	40. Aufl., München 2021
Baumert, Andreas J.	Going Concern-Prüfung als Einfallstor für Hinweispflichten des Steuerberaters	ZInsO 2017, 486–488
Baumert, Andreas J.	Insolvenzreife – Pflichtenkreis von Steuerberatern und Wirtschaftsprüfern im Lichte des RDG	ZIP 2013, 1851–1854
Bieg, Thorsten Borchardt, Peter-Alexander Frind, Frank	Unternehmenssanierung und Betriebsfortführung zit.:Bieg/Borchardt/Frind/*Bearb.*, Unternehmenssanierung	München 2021
Bitter, Georg	Geschäftsleiterhaftung in der Insolvenz – Alles neu durch SanInsFoG und StaRUG?	ZIP 2021, 321–336
Bitter, Georg	Corona und die Folgen nach dem COVID-19-Insolvenzaussetzungsgesetz (COVInsAG)	ZIP 2020, 685–699
Bitter, Georg Hommerich, Christoph	Die Zukunft des Überschuldungsbegriffs	Köln 2012
Bitter, Georg Hommerich, ChristophReiß, Nicole	Die Zukunft des Überschuldungsbegriffs	ZIP 2012, 1201–1209

Bitter, Georg Jochum, Marcel	Anm. z. BGH, Urt. v. 13.07.2021 – II ZR 84/20	WuB 2021, 498–500
Bitter, Georg/ Kresser, Matthias	Positive Fortführungsprognose trotz fehlender Ertragsfähigkeit?	ZIP 2012, 1733–1743
Blankenburg, Daniel	Reform der Eigenverwaltung durch das SanInsFoG aus gerichtlicher Sicht	ZInsO 2021, 753–769
Blöse, Jochen Wieland-Blöse, Heike	Praxisleitfaden Insolvenzreife	Berlin 2011
Bork, Reinhard	Zum Stand der Diskussion um den Überschuldungstatbestand und zum Vorschlag einer Rückkehr zum Überschuldungstatbestand von 1999	ZIP Beil. 2019, S1–S20
Bork, Reinhard	Pflichten der Geschäftsführung in Krise und Sanierung	ZIP 2011,101–109
Bork, Reinhard	Wie erstellt man eine Fortbestehensprognose?	ZIP 2000, 1709–1713
Bork, Reinhard Hölzle, Gerrit (Hrsg.)	Handbuch Insolvenzrecht zit.: Bork/Hölzle/*Bearb.*, Handbuch Insolvenzrecht	2. Aufl., Köln 2019
Born, Manfred	Auswirkungen des COVID-19-Insolvenzaussetzungsgesetzes auf die Organhaftung im Zusammenhang mit der materiellen Insolvenz	NZG 2020, 521–529
Bornemann, Alexander	Insolvenzrechtliche Aspekte des Maßnahmenpakets zur Stabilisierung der Wirtschaft	jurisPR-InsR 9/2020 Anm. 1
Braun, Eberhard (Hrsg.)	Insolvenzordnung zit.: Braun/*Bearb.*	8. Aufl., München 2020

Brinkmann, Moritz	Die Antragspflicht bei Überschuldung – ein notwendiges Korrelat der beschränkten Haftung in: Ebke/Seagon/Piekenbrock, Überschuldung: Quo vadis?	S. 70–78
Brinkmann, Moritz	Die Antragspflicht bei Überschuldung – ein notwendiges Korrelat der beschränkten Haftung	NZI 2019, 921–924
Brünkmans, Christian	Anforderungen an eine Sanierung nach dem COVInsAG	ZInsO 2020, 797–809
Brünkmans, Christian Thole, Christoph (Hrsg.)	Handbuch Insolvenzplan zit.: Brünkmans/Thole/*Bearb.*, Handbuch Insolvenzplan	2. Aufl., Köln 2020
Cranshaw, Friedrich L. Portisch, Wolfgang	Systemische Strukturen der Rettung von Krisenunternehmen	ZInsO 2020, 2072–2085
Crone, Andreas Werner, Henning	Prüfung auf Zahlungsunfähigkeit nach § 17 InsO	KSI 2021, 268–274
Crone, Andreas Werner, Henning (Hrsg.)	Modernes Sanierungsmanagement	6. Aufl., München 2021
Dahl, Michael	Die Änderung des Überschuldungsbegriffs durch Art. 5 des Finanzmarktstabilisierungsgesetzes (FMStG)	NZI 2008, 719–721
Dahl, Michael Schmitz, Jan	Probleme von Überschuldung und Zahlungsunfähigkeit nach FMStG und MoMiG	NZG 2009, 567–570
Desch, Wolfram	Der neue Stabilisierungs- und Restrukturierungsrahmen nach dem Regierungsentwurf StaRUG in der Praxis	BB 2020, 2498–2512

Dillerup, Ralf Stoi, Roman	Unternehmensführung	5. Aufl., München 2016
Dobelli, Rolf	Die Kunst des klaren Denkens	7. Aufl., München 2014
Drescher, Ingo	Die Haftung des GmbH-Geschäftsführers	8. Aufl., München 2019
Drescher, Ingo Fleischer, Holger Schmidt, Karsten (Hrsg.)	Münchener Kommentar zum Handelsgesetzbuch zit.: MüKoHGB/*Bearb.*	4. Aufl., München 2020
Drukarczyk, Jochen Schüler, Andreas	Eröffnungsgründe: drohende Zahlungsunfähigkeit und Überschuldung	ZInsO 2017, 61–67
Ebke, Werner Seagon, Christopher Piekenbrock, Andreas (Hrsg.)	Überschuldung: Quo vadis?	Baden-Baden 2020
Eckert, Rainer Happe, Eike Edo	Totgesagte leben länger – Die (vorrübergehende) Rückkehr des zweistufigen Überschuldungsbegriffs	ZInsO 2008, 1098–1101
Ehlers, Harald	Anforderungen an die Fortführungsprognose	NZI 2011,161–166
Ehlers, Harald	Besondere Haftungsgefahren für Juristen in der Insolvenzverwaltung	ZInsO 2005, 902–910
Ehlers, Jannike	Anforderungen an die Fortführungs-/ Fortbestehensprognose	ZInsO 2016, 1244–1249
Eichenlaub, Raphael	Überschuldungsprüfung im Konzern	Berlin 2016
Eichholz, Andrea Wuschek, Thomas	MaRisk-konforme Begleitung von Krisenengagements	ZInsO 2016, 2180–2186

Erker, Astrid	Die Business Judgement Rule im Haftungsstatut des Insolvenzverwalters	ZInsO 2012, 199–204
Finkel, Bastian Ruchatz, Ulrich	Präventive Dokumentationsobliegenheiten von Gesellschaftsorganen zur Minimierung von Haftungsrisiken und Beweisschwierigkeiten	BB 2017, 519–524
Fischer, Gero	Fortbestehensprognose und Sanierung	NZI 2016, 665–674
Fischer, Gero	Krisenbewältigung durch Insolvenzrecht	ZGR 2006, 403–418
Flöther, Lucas Wilke, Anna K.	Auswirkungen des präventiven Restrukturierungsrahmens auf die Insolvenzantragstellung	NZI-Beil. 2019, 80–82
Flöther, Lucas (Hrsg.)	Unternehmensstabilisierungs- und -Restrukturierungsgesetz (StaRUG) Kommentar	München 2021
Freidank, Carl-Christian	Einflüsse insolvenzauslösender Ereignisse auf die Rechnungslegung und Prüfung börsennotierter Unternehmen	StB 2019, 293–299
Freitag, Robert	Grundfragen der Richtlinie über präventive Restrukturierungsrahmen und ihrer Umsetzung in das deutsche Recht	ZIP 2019, 541–552
Fridgen, Alexander Geiwitz, ArndtGöpfert, Burkard (Hrsg.)	Beck OK Insolvenzrecht zit.: BeckOK InsR/*Bearb.*	München Werkstand: 25. Ed. 15.10.2021

Frind, Frank	EU-Restrukturierungsrichtlinie: Der insolvenzrechtliche Überschuldungstatbestand als notwendiges „Frühwarnsystem“ bei der nationalen Umsetzung	BB 2019, 2381–2387
Frind, Frank	Abschaffung von Kernelementen der deutschen Insolvenzordnung im Zuge der Umsetzung eines präventiven Restrukturierungsrahmens?	NZI 2018, 431–435
Frind, Frank	Die Bescheinigung gem. § 270b Abs. 1 Satz 3 InsO – Wann darf, soll, muss das Insolvenzgericht sie prüfen?	ZInsO 2012, 1546–1552
Frind, Frank	Nutzen und zulässige Dauer des Eröffnungsverfahrens in Betriebsfortführungsverfahren	ZRI 2020, 112–119
Fritz, Daniel F.	COVInsAG zit.: Fritz/*Bearb.*	2. Aufl., Köln 2022
Fröhlich, Andreas	Vergleichswertermittlung in Restrukturierungs-Planverfahren: Alternativen zum Dual-Track-Investorenprozess	ZInsO 2022, 186–192
Frystatzki, Christian	Going-Concern-Bilanzierung bei Vorliegen von Insolvenzgründen	DStR 2017, 1494
Frystatzki, Christian	Die insolvenzrechtliche Fortführungsprognose – Zahlungsunfähigkeits- oder Ertragsfähigkeitsprognose?	NZI 2011, 173–179
Frystatzki, Christian	Der Tatbestand der Überschuldung gem. § 19 II InsO nach dem 31.12.2013 – Die Handlungsoptionen des Gesetzgebers	NZI 2011, 521–527

Ganter, Hans Gerhard	Die Anforderungen der höchstrichterlichen Rechtsprechung an eine zuverlässige Fortführungsprognose bei der Sanierungsprüfung	NZI 2014, 673–679
Ganter, Hans Gerhard	Echte und unechte Massekredite	NZI 2020, 249–259
Ganter, Hans Gerhard	Betriebsfortführung im Insolvenzeröffnungs- und Schutzschirmverfahren	NZI 2012, 433–440
Gehrlein, Markus	Insolvenzrechtliche Überschuldung trotz Bilanzierung zu Fortführungswerten	WM 2018, 1–9
Gehrlein, Markus	Der Überschuldungsbegriff – Irrungen und Wirrungen	GmbHR 2021, 183–190
Gehrlein, Markus	Sorgfaltsmaßstab der Organ- und Insolvenzverwalterhaftung – Anwendbarkeit der Business Judgement Rule	NZG 2020, 801–811
Gehrlein, Markus	Rechtliche Stabilisierung von Unternehmen durch Anpassung insolvenzrechtlicher Vorschriften in Zeiten der Corona-Pandemie	DB 2020, 713–724
Gerdes, Katharina Schade, Friedemann Demisch, Dominik	Do's and Don'ts der Geschäftsführung bei ausgesetzter Insolvenzantragspflicht	ZInsO 2020, 1422–1433
Girotto, Frank Czernay, Christian	Externer Sachverstand und betriebswirtschaftliche Expertise im Kontext des StaRUG	NZI-Beil. 2021, 66–69

Goette, Wulf	Zur Frage, welche Anforderungen an die Geschäftsleitung und ihre Berater bei der Fertigung einer Fortführungsprognose zu stellen sind (Teil I)	DStR 2016, 1684–1693
Goette, Wulf	Zur Frage, welche Anforderungen an die Geschäftsleitung und ihre Berater bei der Fertigung einer Fortführungsprognose zu stellen sind (Teil II)	DStR 2016, 1752–1761
Goette, Wulf	Aktuelle Entwicklungen im deutschen Kapitalgesellschaftsrecht im Lichte der höchstrichterlichen Rechtsprechung	DStR 2009, 51–57
Goette, Wulf Habersack, Mathias Kalss, Susanne (Hrsg.)	Münchener Kommentar zum Aktiengesetz zit.: MüKoAktG/*Bearb.*	5. Aufl., München 2019
Gottwald, Peter Haas, Ulrich (Hrsg.)	Insolvenzrechts-Handbuch zit.: Gottwald/Haas/*Bearb.*, Insolvenzrechts-Handbuch	6 Aufl., München 2020
Graf-Schlicker, Marie Luise (Hrsg.)	Kommentar zur Insolvenzordnung zit.: Graf-Schlicker/*Bearb.*	6. Aufl., Köln 2022
Graumann, Matthias	Angemessene Informationsgrundlagen von Prognosen bei unternehmerischen Entscheidungen	ZIP 2021, 61–70
Greil, Stefan Herden, Eva	Die Überschuldung als Grund für die Eröffnung des Insolvenzverfahrens	ZInsO 2010, 833–841

Greil, Stefan Herden, Eva	Drohende Zahlungsunfähigkeit und Fortbestehensprognose	ZInsO 2011, 109–116
Grigoleit, Hans Christoph (Hrsg.)	Aktiengesetz Kommentar zit.: Grigoleit/*Bearb.*	2. Aufl., München 2020
Groß, Paul Amen, Matthias	Die Fortbestehensprognosein: Festschrift für Günter Greiner	Köln 2005, S. 83–101
Groß, Paul Amen, Matthias	Going-Concern-Prognosen im Insolvenz- und im Bilanzrecht	DB 2005, 1861–1868
Groß, Paul J.	Zur Beurteilung der „handelsrechtlichen Fortführungsprognose“ durch den Abschlussprüfer	WPg 2010, 119–137
Haarmann, Wilhelm Vorwerk, Sabine	Rechtliche Anforderungen an die Feststellung der positiven Fortführungsprognose – insbesondere im Hinblick auf Start-up-Unternehmen	BB 2015, 1603–1614
Haas, Ulrich	Bilanzierungsprobleme bei der Erstellung eines Überschuldungsstatus nach § 19 Abs. 2 InsOin: Kölner Schrift	3. Aufl., Köln 2009 S. 1293–1299
Harig, Florian Harder, Phillip-Boie	Der IDW S 2 und das SanInsFoG: Neuer Standard für Insolvenzpläne	ZRI 2021, 67–74
Harz, Michael Bornmann, Martina Conrad, Günther Ecker, Tobias	Zahlungsunfähigkeit, drohende Zahlungsunfähigkeit und Überschuldung–eineBetrachtung aus wirtschaftsforensischer Praxis	NZI 2015, 737–743
Harz, Michael Comtesse, Sandra Conrad, Günther	Drohende Zahlungsunfähigkeit	ZInsO 2019, 2241–2248

Häublein, Martin Hoffmann-Theinert, Roland (Hrsg.)	BeckOK HGB zit. BeckOK HGB/*Bearb.*	34. Edition, Stand: 15.10.2021
Haußer, Jochen Heeg Volker	Überschuldungsprüfung und Patronatserklärung	ZIP 2010, 1427–1433
Hecker, Andreas Glozbach, Pierre	Offene Fragen zur Anwendung des gegenwärtigen Überschuldungsbegriffs	BB 2009, 1544–1548
Heidel, Thomas Schall, Alexander (Hrsg.)	Handelsgesetzbuch Kommentar zit.: Heidel/Schall/*Bearb.*	3. Aufl., Baden-Baden 2020
Heidinger, Andreas Leible, Stefan Schmidt, Jessica (Hrsg.)	Kommentar zum Gesetz betreffend die Gesellschaften mit beschränkter Haftung (GmbH-Gesetz) zit.: Michalski/Heidinger/Leible/Schmidt/*Bearb.*	3. Aufl., München 2017
Henckel, Wolfram Gerhardt, Walter (Hrsg.)	Jaeger – InsolvenzordnungGroß-kommentar zit.: Jaeger/*Bearb.*	Berlin 2004
Hennrichs, Joachim Kleindiek, Detlef Watrin, Christoph	Münchener Kommentar zum Bilanzrecht (Band 2 fortgesetzt als beck-online.GROSSKOMMENTAR zum Bilanzrecht) zit.: BeckOGK/*Bearb.*	Stand: 15.09.2021
Hennrichs, Joachim/ Schulze-Osterloh, Joachim	Das Fortführungsprinzip gemäß § 252 Abs. 1 Nr. 2 HGB im Lichte der EU-Bilanz-Richtlinie	DStR 2018, 1731–1735
Henssler, Martin Strohn, Lutz	Gesellschaftsrecht Beck'sche Kurz-Kommentare zit.: Henssler/Strohn GesR/*Bearb.*	München, 5. Aufl. 2021

Henssler, Martin (Hrsg.)	beck-online.Grosskommentar Handels- und Gesellschaftsrecht zit.: BeckOGK/*Bearb.*	Stand: 15.09.2020
Hermanns, Michael/ Blome, Tim	Fortbestehensprognosen	ZInsO 2018, 362–370
Hess, Harald	Kölner Kommentar zur Insolvenzordnung zit.: Hess KK-InsO/*Bearb.*	Köln 2016
Himmelsbach, Rainer Thonfeld, Henning	Gegen die Verschärfung des Begriffs der Zahlungsunfähigkeit nach § 17 II InsO	NZI 2001, 11–15
Hirte, Heribert Knof, Béla Mock, Sebastian	Überschuldung und Finanzmarktstabilisierungsgesetz	ZInsO 2008, 1217–1225
Hirte, Heribert Vallender, Heinz (Hrsg.)	Uhlenbruck Insolvenzordnung zit.: Uhlenbruck/*Bearb.*	15. Aufl., München 2019
Hölzle, Gerrit	Praxisleitfaden SanInsFoG Restrukturierung vor und in der Insolvenz zit.: Hölzle, Praxisleitfaden	3. Aufl., Köln 2021
Hölzle, Gerrit	Nachruf: Wider die Überschuldungs-Dogmatik in der Krise	ZIP 2008, 2003–2005
Hölzle, Gerrit	Zur Umsetzung des präventiven Restrukturierungsrahmens in Deutschland	ZIP 2020, 585–595

Hölzle, Gerrit	Präventiver Restrukturierungsrahmen – Beitrag zu einer Verbesserung der Restrukturierungskultur in Europa und ergänzende Sanierungsoption oder „Schlachtbank" für die Motive des ESUG?	ZIP 2017, 1307–1313
Hölzle, Gerrit	Zahlungsunfähigkeit – Nachweis und Kenntnis im Anfechtungsprozess	ZIP 2006, 101–107
Hölzle, Gerrit Schulenberg, Annika	Das „Gesetz zur vorübergehenden Aussetzung der Insolvenzantragspflicht und zur Begrenzung der Organhaftung bei einer durch die COVID-19-Pandemie bedingten Insolvenz (COVID-19-Insolvenzaussetzungsgesetz – COVInsAG) – Kommentar	ZIP 2020, 633–650
Huber, Herwart	Unternehmenskrise und die besonderen Anforderungen der Rechtsprechung für eine Kreditgewährung	NZI 2015, 447–452
Hüber, Ivens Henrique	Sorgfaltskonforme Prognosen und Pflichten der Geschäftsleiter im Vorfeld der Insolvenz	Baden-Baden, 2018
Hüffer, Uwe Koch, Jens (Begr.)	AktiengesetzBeck'sche Kurz-Kommentare zit.: Hüffer/Koch/*Bearb.*	16. Aufl., München 2022
Hunkemöller, Manfred Tymann, Alexandra	Stolperfalle Überschuldung: Warum § 19 InsO den Sanierungsgedanken konterkariert	ZInsO 2011, 712–718

Hunold, Katharina	Insolvenzgeld und Insolvenzgeldvorfinanzierung als Sanierungsinstrument	NZI 2015, 785–790
Hüttemann, Rainer	Anm. z. BGH, Urt. v. 26.01.2017 – IX ZR 285/17	BB 2017, 685–690
Hüttemann, Rainer	Überschuldung, Überschuldungsstatus und Unternehmensbewertungin: Festschrift für Karsten Schmidt	Köln 2009 S. 761–778
Institut der Wirtschaftsprüfer e.V. (Hrsg.)	Wirtschaftsprüfung und Rechnungslegung Hauptband der WPH Edition	17. Aufl., Düsseldorf 2021
Jahn, Bruno	Sichere Prognosen in unsicheren Zeiten	München 2018
Joost, Detlev Strohn, Lutz (Hrsg.)	Handelsgesetzbuch Kommentar zit.: EBJS/*Bearb.*	4. Aufl., München 2020
Kaiser, Thomas	Die Crux mit dem Going Concern – Einige Gedanken zu § 252 Abs. 1 Nr. 2 HGB	ZIP 2012, 2478–2489
Kayser, Godehard Thole, Christoph	Heidelberger Kommentar Insolvenzordnung zit.: HK-InsO/*Bearb.*	10. Aufl., Heidelberg 2020
Klein, Daniel	Grundlagen des insolvenzrechtlichen Überschuldungstatbestands	Hamburg, 2019
Knof, Bela	Erfordert die Fortführungsfinanzierung (doch) einen Umverteilungstatbestand im Insolvenzrecht?	ZInsO 2010, 1999–2008
Koller, Ingo Kindler, Peter Roth, Wulf-Henning Drüen, Klaus-Dieter	Handelsgesetzbuch Kommentar zit.: Koller/Kindler/Roth/Druen/*Bearb.*	9. Aufl., München 2019

Krauß, Sabine Ackermann, Phil	Simulative Risikoanalyse zur Konkretisierung der „überwiegenden Wahrscheinlichkeit“ bei der insolvenzrechtlichen Fortbestehensprognose	ZInsO 2019, 1878–1884
Kremer, Andre Fahlbusch, Wolfgang	Insolvenzgeld und Betriebsfortführung	ZInsO 2015, 837–840
Krimphove, Dieter	Die neue MaRisk (BA) 10/2021	BKR 2021, 597–600
Kübler, Bruno M. Prütting, Hanns Bork, Reinhard (Hrsg.)	InsO – Kommentar zur Insolvenzordnung zit.: Kübler/Prütting/Bork/*Bearb.*	Köln, Werkstand: 90. EL 2022
Kübler, Bruno M. (Hrsg.)	Handbuch Restrukturierung in der Insolvenz, Eigenverwaltung und Insolvenzplan zit.: Kübler-HRI/*Bearb.*	3. Aufl., Köln 2019
Kühne, Matthias Nickert, Cornelius	Wann ist eine insolvenzrechtliche Prognose positiv?	ZInsO 2014, 2297–2308
Kuntz, Thilo	Geschäftsleiterhaftung bei drohender Zahlungsunfähigkeit nach StaRUG	ZIP 2021, 597–611
Küting, Peter Eichenlaub, Raphael	Cash-Pool-Zahlungen in der insolvenzrechtlichen Fortbestehensprognose	GmbHR 2014, 169–176
Leithaus, Rolf Schaefer, Thiemo	Rangrücktrittsvereinbarungen zur Vermeidung der Überschuldung anno 2010 – unter welchen Voraussetzungen lässt sich eine Rangrücktrittsvereinbarung aufheben?	NZI 2010, 844–849

Leithaus, Rolf Wachholtz, Annie	Behandlung streitiger Forderungen bei der Zahlungsfähigkeits- und Überschuldungsprüfung	ZIP 2019, 649–653
Lilienbecker, Thomas Link, Robert Rabenhorst, Dirk	Beurteilung der Going-Concern-Prämisse durch den Abschlussprüfer bei Unternehmen in der Krise	BB 2009, 262–266
Löser, Arne	Praxisrelevante Fragen der Fortbestehensprognose nach § 19 InsO (Teil 2): Zahlungsfähigkeit oder Ertragsfähigkeit, Prognosezeitraum, Überwiegende Wahrscheinlichkeit und Beurteilungsspielraum des gesetzlichen Vertretungsorgans	AnwZert InsR 7/2018 Anm. 2
Mader, Raimund Seitz, Alexander	Unternehmensführung („Going concern“) – Prämisse, Prinzip oder Prognose?	DStR 2018, 1933–1941
Mader, Raimund Seitz, Alexander	Hinweispflichten bei der Jahresabschlusserstellung – Bilanzrichtlinie(n) und „Fortführungsprognose“	DStR-Beih. 2018, 1–28
Mader, Raimund Seitz, Alexander	Die Fortführung der Unternehmenstätigkeit („Going Concern“) wird unterstellt – auch in der Corona-Krise	DStR 2020, 996–1005
Marquardt, Nick	Finger weg vom Insolvenzgeld! Wider die Verlängerung des Insolvenzgeldzeitraums!	NZI 2020, 455–457
Matz, René Hömig, Carsten	(Keine) Entlastung von (Haftungs-)Risiken für Steuerberater nach Inkrafttreten des COVInsAG	DStR 2020, 1642–1648

Meisner, Rafael	Anm. z. BGH, Urt. v. 26.01.2017 – IX ZR 285/17	DStR 2017, 956–959
Meyer-Löwy, Bernd Poertzgen, Christoph	Schranken und Beschränkbarkeit der Insolvenzverwalterhaftung aus §§ 60, 61 InsO	ZInsO 2004, 363–368
Mielke, Sebastian	Verschärfung der Insolvenzverschleppungshaftung von Steuerberatern und Maßnahmen zur Haftungsvermeidung	DStR 2017, 1060–1064
Möhlmann-Mahlau, Thomas Schmitt, Jens	Der „vorübergehende" Begriff der Überschuldung	NZI 2009, 19–24
Mohrbutter, Harro Ringstmeier, Andreas Meyer, Stefan (Hrsg.)	Handbuch Insolvenzverwaltung	10. Aufl., Hürth 2022
Morgen Christoph Rathje, Gunnar	Stellt eine positive Liquidationsprognose eine positive Fortführungsprognose i.S.d. § 19 Abs. 2 Satz 1 InsO dar?	ZIP 2018, 1955–1963
Morgen, Christoph Arends, Daniel Schierhorn, Robin	Sanierungsmittel der Wahl – Insolvenzplan nach InsO n.F. oder Restrukturierungsplan nach StaRUG?	ZRI 2021, 305–313
Morgen, Christoph (Hrsg.)	StaRUGKommentar zum Gesetz über den Stabilisierungs- und Restrukturierungsrahmen für Unternehmen zit.: Morgen/*Bearb.*	Köln 2022
Moxter, Adolf	Das Wertaufhellungsverständnis in der jüngeren höchstrichterlichen Rechtsprechung	DStR 2008, 469–473

Nerlich, Jörg/ Römermann, Volker	Insolvenzordnung zit.: Nerlich/ Römermann/*Bearb.*	München 43. EL. Stand Mai 2021
Neu, Peter Senger, Christian	Auswirkungen des SanInsFoG auf die Fortführungsprognose (Going-Concern-Prämisse nach § 252 Abs. 1 Nr. 2 HGB)	GmbHR 2021, 517–521
Neuberger, Jürgen	Überschuldung abschaffen? Überschuldung stärken!	ZIP 2019, 1549–1557
Neuhof, Rudolf	Sanierungsrisiken der Banken: Die Vor-Sanierungsphase	NJW 1998, 3225–3234
Nickert, Cornelius Kühne, Matthias	Unternehmensplanung in Krise und Insolvenz	Köln 2016
Nickert, Cornelius Lamberti, Udo H.	Überschuldungs- und Zahlungsfähigkeitsprüfung im Insolvenzrecht	3 Aufl., Köln 2016
Nickert, Cornelius Nickert, Anne-Gret Kühne, Matthias	Prognosen im Insolvenzrecht	KTS 2019, 29–65
Obermüller, Manfred	Insolvenzrecht in der Bankpraxis	9. Aufl., Köln 2016
Pape, Irmtraut Pape, Gerhard	Ausgewählte Entscheidungen zur Unternehmensinsolvenz	ZInsO 2010, 1345–1366
Pape, Maximilian Opp, Julian	Sanierungsgutachten	Köln 2017
Penzlin, Dietmar	Kritische Anmerkungen zu den Insolvenzeröffnungsgründen der drohenden Zahlungsunfähigkeit und der Überschuldung (§§ 18 und 19 InsO)	NZG 2000, 464–470
Petersen, Karl Zwirner, Christian	Systematischer Praxiskommentar Bilanzrecht zit.: Petersen/Zwirner/*Bearb.*	4. Aufl., Köln 2020
Pföhler, Martin Knappe, Ines	Going Concern in Corona – Zeiten	WPg 2021, 354–360

Pföhler, Martin Seidler, Holger	Handelsrechtliche Fortführungsannahme – Abkehr, Bestehen einer wesentlichen Unsicherheit und Prognosezeitraum	BB 2021, 299–303
Pickerill, Carl	Das Ende der Patronatserklärung?	NZG 2018, 609–621
Piekenbrock, Andreas	Übersicht zu den neuen Insolvenzgründen	NZI Beil. 2021, 82–85
Piekenbrock, Andreas	Die Zukunft der Überschuldung als Insolvenzeröffnungsgrund und beim präventiven Restrukturierungsrahmen	NZI Beil. 2019, 47–48
Piekenbrock, Andreas	Die Zukunft des Überschuldungsbegriffsin: Ebke/Seagon/Piekenbrock: Überschuldung: Quo vadis?	S. 13–21
Rauscher, Thomas Krüger, Wolfgang	Münchener Kommentar zur Zivilprozessordnung zit.: MüKoZPO/*Bearb.*	6. Aufl., München 2020
Rendels, Dietmar Zabel, Karsten Körner, Sandra	Nur drohend zahlungsunfähig oder überschuldet? – Anforderungen an die Fortbestehensprognose nach SanInsFoG?	ZRI 2021, 653–667
Richter, Johannes	Weiche Landung auf Kosten Dritter bei der Vorfinanzierung des Insolvenzgelds	NJW 2018, 982–986
Rieger, Thomas	Die Fortbestehensprognose im Rahmen des modifizierten zweistufigen Überschuldungsbegriffs	Münster 2018

Riegger, Bodo Spahlinger, Andreas	Die insolvenzrechtliche Fortführungsprognose – notwendige Klarstellungen für die Praxis in: Festschrift für Jobst Wellensiek	München 2011
Rimmelspacher, Dirk Kliem, Bernd	Auswirkungen des Coronavirus auf die handelsrechtliche Finanzberichterstattung	WPg 2020, 381–387
Ringelspacher, Eva Fehl-Weileder, Elske	Die Vergleichsrechnung: Streitfragen und Erfahrungen oder Business as usual	ZRI 2022, 210
Römermann, Volker	Die Aussetzung der Insolvenzantragspflicht im COVInsAG und ihre Folgen	NJW 2020, 1108–1111
Roth, Jan	„Ein neues goldenes Kalb für die Insolvenzmasse?" – Neue Wege zur Masseanreicherung durch die Inanspruchnahme des Steuerberaters bei fehlender Insolvenzreifeprüfung	ZInsO 2017, 2199–2205
Rowedder, Heinz (Begr.)	Gesetz betreffend die Gesellschaften mit beschränkter Haftung zit.: Rowedder/*Bearb.*	6. Aufl., München 2017
Ruf, Simone	Die legislative Prognose	Tübingen 2021
Sarburg, Marc Mengwasser, Michael	Die Fortführung der Unternehmenstätigkeit im Lichte der Pflichten des Abschlusserstellers	WPg 2017, 1179–1188
Sax, Stefan Andersch, Tammo Philipp, Sebastian	Aus aktuellem Anlass: Rechtliche Anforderungen an das bilanzielle Eigenkapital für eine nachhaltige Sanierung	ZIP 2017, 710–713
Schäfer, Thiemo	Der Eröffnungsgrund der Überschuldung	Baden-Baden 2012

Schmidt, Andreas (Hrsg.)	Hamburger Kommentar zum Insolvenzrecht zit.: HmbKommInsO/*Bearb.*	9. Aufl., Köln 2022
Schmidt, Andreas (Hrsg.)	Sanierungsrecht zit.: Schmidt-SanR/*Bearb.*	2. Aufl., Köln 2019
Schmidt, Andreas (Hrsg.)	Hamburger Kommentar zum Restrukturierungsrecht zit.: HambKommRR/*Bearb.*	3. Aufl., Köln 2022
Schmidt, Andreas (Hrsg.)	COVInsAG zit.: HmbKommCO-VInsAG/*Bearb.*	Hürth 2020
Schmidt, Karsten	Überschuldung und Unternehmensfortführung oder: per aspera ad astra	ZIP 2013, 485–493
Schmidt, Karsten	Konkursgründe und präventiver Gläubigerschutz – Ein Beitrag zur Diskussion um den Konkursgrund der Überschuldung	AG 1978, 334–340
Schmidt, Karsten (Hrsg.)	Insolvenzordnung zit.: K. Schmidt/*Bearb.*	20. Aufl., München 2022
Schmitt, Joachim Hörtnagel, Robert (Hrsg.)	Umwandlungsgesetz Umwandlungssteuergesetz zit.: Schmitt/Hörtnagel/*Bearb.*	9. Aufl., München 2020
Schneider, Detlef	Zu den Anforderungen an die Fortführung des Geschäftsbetriebs in der Insolvenz in: Festschrift für Eberhard Braun	S. 55–83
Scholz (Hrsg.)	Kommentar zum GmbH-Gesetz zit.: Scholz/*Bearb.*	12. Aufl., Köln 2021
Schönfelder, Matthias	Sanierungskredite und Verschleppungshaftung – Sinn und Unsinn von Sanierungsgutachten	WM 2013, 112–119
Schönfelder, Matthias	Kriterien für den Sanierungserfolg	WM 2018, 1630–1639

Schönfelder, Matthias	Die Bedeutung der Fortführungsprognose für das StaRUG-Verfahren – auf tosenden Wellen zwischen Skylla und Charybdis?	NZI 2022, 49–96
Schröder, Jens-Sören	Die Fortführungsprognose im Rahmen der Überschuldungsprüfungin: Festschrift für Thomas Wehr	Köln 2012, S. 27–48
Schröder, Jens-Sören Schulz, Kristina	Schutzschirmbescheinigung nach § 270b InsO: Anforderungen an die Person des Ausstellers	ZIP 2017, 1096–1103
Schülke, Thilo	Sanierung von Unternehmen in der (Corona-)Krise außerhalb des Insolvenzverfahrens nach den Änderungen durch das COVInsAG?	DStR 2020, 929–936
Schulz, Dietmar	Haftungs- und Pflichtenregime für Geschäftsleiter in der Krise	NZI 2020, 1073–1080
Schulze-Osterloh, Joachim	Fortführungsprinzip und Stichtagsprinzip	DStR 2007, 1006–1010
Semler, Johannes Goldschmidt, Christof-Ulrich	Zur Anwendung des Grundsatzes der Unternehmensfortführung bei Zweifeln an der Überlebensfähigkeit des Unternehmens	ZIP 2005, 3–13
Sikora, Karl	Die Fortbestehensprognose im Rahmen der Überschuldungsprüfung	ZInsO 2010, 1761–1775
Skauradszun, Dominik	Neuralgische Punkte der Restrukturierungsverfahren nach dem StaRUG	ZRI 2020, 625–635

Skauradszun, Dominik	Die Vergleichsrechnung nach § 220 Abs. 2 InsO n.F.	ZIP 2021, 1091–1095
Skauradszun, Dominik	Grundfragen zum StaRUG – Ziele, Rechtsnatur, Rechtfertigung, Schutzinstrumente	KTS 2021, 1–74
Skauradszun, Dominik Klauser, Johanna Battermann, Harald	Plausibilitätsprüfungen von Sanierungskonzepten mithilfe statistischer Methoden?	DZWiR 2018, 312–317
Smid, Stefan	Struktur und System des deutschen Insolvenzrechts im Spiegel der Rechtsprechung (XX)	DZWiR 2022, 1–37
Staufenbiel, Karlstedt	Der Liquiditätsplan im Insolvenzverfahren	ZInsO 2010, 2059–2068
Steffan Bernhard	Sanierungskonzepte quo vadis?	ZIP 2016, 1712–1720
Steffan, Bernhard Oberg, Sven Poppe, Janina	SanInsFoG: Vom Grobkonzept zum Vollkonzept – Anforderungen an die betriebswirtschaftlichen Konzepte in Restrukturierungsplan, Eigenverwaltungsplan und Insolvenzplan	ZIP 2021, 617–625
Steffan, Bernhard Solmecke, Henrik	Die Beurteilung der Insolvenzeröffnungsgründe	ZInsO 2015, 1365–1375
Tetlock Philip E. Gardner, Dan	Superforecasting – Die Kunst der richtigen Prognose	Frankfurt a. Main, 2016
Thole, Christoph	Der Entwurf des Unternehmensstabilisierungs- und Restrukturierungsgesetzes (StaRUG-RefE)	ZIP 2020, 1985–2000

Thole, Christoph	Die Aussetzung der Insolvenzantragspflicht nach dem COVID-19-Insolvenz-Aussetzungsgesetz und ihre weiteren Folgen	ZIP 2020, 650–660
Thonfeld, Henning	Der „instabile Überschuldungsbegriff" des Finanzmarktstabilisierungsgesetzes	NZI 2009, 15–19
Waldburg, Oliver	Überbrückungskredite und Sanierungskredite	ZInsO 2014, 1405–1423
Wallner, Christoph Neuenhahn, Stefan	Der Sanierungskredit – ein Überblick	NZI 2006, 553–561
Wehning, Thomas	Praktische Herausforderungen bei der bilanziellen Umsetzung von *going concern*	DStR 2021, 2257–2267
Wellensiek, Jobst	Übertragende Sanierung	NZI 2002, 233–239
Weller, Niels	Das Trugbild einer dichotomen insolvenzrechtlichen Fortbestehensprognose – Grundlagen einer betriebswirtschaftlich fundierten Unternehmensplanung	DStR 2010, 1046–1050
Wenzel, Frank	Bankenhaftung bei fehlgeschlagenem Sanierungskredit	NZI 1999, 294–299
Westphal, Lars	Der Überschuldungsbegriff aus der Sicht eines Praktikers – Plädoyer für die Abschaffung der Überschuldung als Insolvenzauslöserin: Festschrift für Godehard Kayser	Köln 2019
Wimmer, Klaus (Hrsg.)	Frankfurter Kommentar zur Insolvenzordnung zit. Wimmer FK-InsO/*Bearb.*	9. Aufl., Köln 2018

Wolf, Thomas	Mythos Fortführungsprognose – Welche Rolle spielt die Ertragsfähigkeit?	DStR 2009, 2682–2685
Zabel, Karsten	Die handelsrechtliche Fortführungsprognose	Festschrift für Bruno M. Kübler, München 2015
Zugehör, Horst	Haftung des Steuerberaters für einen fehlerhaften Jahresabschluss – zugleich Besprechung der Urteile des BGH vom 14.06.2012 und vom 06.06.2013	WM 2013, 1965–1976

Kapitel 1 Einleitung

Unternehmertum ist beständig gefahrgeneigte Tätigkeit. Chance und Risiko – Erfolg und Misserfolg liegen dicht beieinander. Unternehmerisches Wirtschaften ist über den Markt sowohl auf der Beschaffungsseite wie auch auf der Absatzseite stets vernetzt. Entwicklungen und Impulse wirken sich mithin auf die Marktteilnehmer[1] im Netzwerk aus – mal nur auf einzelne Marktteilnehmer, mal auf ganze Branchen (z.B. Halbleiterkrise, Schifffahrtskrise) oder Regionen (z.B. Hochwasser) und schlimmstenfalls auch auf die Weltwirtschaft (z.B. Finanzmarktkrise, COVID-19-Pandemie).

Jedes Unternehmen benötigt eine (positive) Fortführungsprognose, und zwar nicht nur in Zeiten der Krise. In normalen Zeiten sichert sie die Zukunft des Unternehmens. In Krisenzeiten sichert sie zudem das wirtschaftliche Überleben des Unternehmers – durch Haftungsvermeidung. Aus Sicht der Gläubiger sichert die Fortführungsprognose in normalen Zeiten den Fortbestand der Absatzchance und in Krisenzeiten den Erhalt des Haftungsfonds.

In der öffentlichen Wahrnehmung überwiegt die Beschäftigung mit der insolvenzrechtlichen Fortführungsprognose im Rahmen der Überschuldungsprüfung, mit einigem Abstand gefolgt von der handelsrechtlichen Fortführungsannahme im Rahmen der Rechnungslegung sowie den Anforderungen an vorinsolvenzliche Sanierungskonzepte. Bei einem näheren Blick fällt jedoch auf, dass das vorinsolvenzliche Sanierungsrecht sowie das Insolvenzrecht eine Vielzahl an Fortführungsprognosen vorsehen, die oftmals nur nicht als solche bezeichnet und wahrgenommen werden. Bisweilen gleichen sie sich, verweisen aufeinander oder sind miteinander verzahnt, bisweilen unterscheiden sie sich aber auch in Art und Umfang.

Allen gemein ist eine grundsätzliche Anforderung:

Eine für alle Beteiligten in der jeweiligen Prognosesituation praktisch brauchbare Fortführungsprognose muss der Zielsetzung des Insolvenz- und Sanierungsrechts gerecht werden, sich in die gesetzliche Systematik einfügen und den in Rechtsprechung und Literatur als herrschend herausgebildeten Grundsätzen und Anforderungen genügen. Sie muss einerseits praktikabel, darleg- und nachweisbar sein und andererseits Raum für angemessene Lösungen des

---

1 Zur besseren Lesbarkeit wird in diesem Text das generische Maskulinum verwendet.

Einzelfalls bieten. Sie muss zugleich für alle Unternehmen in jedem Stadium ihres Lebenszyklus gleichermaßen fair und gerecht anwendbar sein.

Dies gelingt aus hiesiger Sicht am besten, wenn man sich einmal grundsätzlich die Anforderungen an eine ordnungsgemäße Prognose aber auch deren Grenzen vor Augen führt, die generelle Sorgfalts-, Beobachtungs- und Sanierungspflicht der Geschäftsleiter anerkennt sowie sich im Hinblick auf die Sanierung in rechtlicher Hinsicht auf das jüngst durch das Gesetz zur Fortentwicklung des Sanierungs- und Insolvenzrechts (SanInsFoG) sowie im übrigen die BGH-Rechtsprechung ausdifferenzierte und konturierte System der Insolvenzgründe bezieht.

Soweit in der Literatur, überspitzt formuliert, bisweilen Rechtssicherheit für den Prognoseersteller gefordert wird, kann diese dagegen nicht erlangt und auch nicht verlangt werden. Sicherheit im Sinne einer eindeutigen und zweifelsfreien Aussage kann es nur in binären Systemen geben, diese wären allerdings nicht einzelfallgerecht. Hierbei würden vielmehr das prägende Element der Prognose negiert, die Ungewissheit, sowie außer Acht gelassen, dass die zukünftige Entwicklung einerseits gestaltbar, aber andererseits auch nicht beeinflussbaren Außeneinwirkungen ausgesetzt ist.

Daraus ergeben sich zugleich vier maßgebliche Erkenntnisse aus der Beschäftigung mit den Anforderungen an gute und faire Prognosen, die hier zusammen mit treffenden Zitaten, die mir währenddessen begegnet sind, vorangestellt werden sollen:

Der Ausgang des prognostizierten Ereignisses liegt in der Hand aller Beteiligten – oder um es mit dem Multitalent *Alan Kay* zu sagen:

The best way to predict the future is to invent it.

Die Prognose ist ein fortwährender Prozess, denn die prognostizierte Entwicklung wird immer von unvorhergesehenen Sachverhalten und Ereignisse beeinflusst. In einem Klassiker ist dazu zu lesen:

Alice: How long is forever?
White Rabbit: Sometimes, just one second.
(Lewis Carroll)

Eine gute und faire Prognose betrifft ausschließlich ungewisse Sachverhalte und Ereignisse und legt gewisse Sachverhalte und Ereignisse mit ihren tatsächlichen Auswirkungen zugrunde. Aus der Kommunikationspsychologie stammt folgender augenzwinkernder Hinweis zur Nutzlosigkeit eines anderen Vorgehens:

Wer glaubt, dass Schweigen Probleme löst,
hält sich auch die Augen zu, um unsichtbar zu werden.
(Autor unbek.)

Selbst die beste Prognosetechnik kann die Beurteilung nicht ersetzen. Diese Erkenntnis teilt auch der Pilot der erfolgreichen Notwasserung eines Airbus A320 auf dem Hudson River im Jahr 2009:

Technology is no substitute for judgement.
(Chelsey Sullenberger)

Kapitel 2 Allgemeine Anforderungen und Voraussetzungen

Das Gesetz enthält keine Definition der Prognose.[2] In der Insolvenzordnung kam der Begriff Prognose bis zur Änderung durch das Gesetz zur Fortentwicklung des Sanierungs- und Insolvenzrechts (SanInsFoG) vom 22.12.2020 nicht einmal vor, obgleich das Gesetz an verschiedenen Stellen Prognosen vorsieht.[3] Jetzt ist mit dem neu eingeführten § 18 Abs. 2 S. 2 InsO erstmals insoweit eine Prognose angesprochen, als ausdrücklich ein Prognosezeitraum festgelegt wird. Auch das Handelsgesetzbuch enthält weder eine Definition noch verwendet es den Begriff, obgleich mit § 252 Abs. 1 Nr. 2 HGB auch dort die Erstellung einer Prognose vorgesehen ist.

Somit ist vorab herauszuarbeiten, was eine Prognose ist, welche Anforderungen an sie zu stellen sind, wie sie zu erstellen ist und welchen Grenzen sie begegnet.

I. Definition und Abgrenzung

A. Definition

Etymologisch geht der Begriff Prognose auf das lateinische „prognosis" bzw. das griechische „prógnōsis" zurück und bedeutet, abgeleitet von „progignōskein" (im Voraus erkennen), „*Vorherwissen*".[4]

In der höchstrichterlichen Rechtsprechung bestand soweit ersichtlich bisher keine Veranlassung für die Entwicklung bzw. Verwendung einer Definition der Prognose. Obergerichtlich hat sich das *OLG Düsseldorf* zur Definition auf die vorstehende Wortherkunft bezogen und die Prognose als „*Vorhersage, also eine Aussage über die Zukunft*" definiert.[5]

In der Literatur wird Prognose, teilweise unter Bezugnahme auf das vorerwähnte OLG-Urteil, als „*eine auf die Zukunft bezogene Äußerung über ein Ereignis, einen Zustand oder eine Entwicklung*" definiert.[6] Eine betriebswirtschaftliche

---

2 *Ruf*, Legislative Prognose, S. 5.

3 Vgl. detaillierte Auflistung bei *Nickert/Nickert/Kühne*, KTS 2019, 29.

4 *Dudenredaktion*, abrufbar unter https://www.duden.de/rechtschreibung/ Prognose (Abruf v. 15.03.2022).

5 OLG Düsseldorf, Urt. v. 08.02.2012 – 15 U 164/11, BeckRS 2012, 6426.

6 *Nickert/Nickert/Kühne*, KTS 2019, 29, 31.

Definition bezieht die Prognosetätigkeit mit ein, indem sie definiert: „*Prognosen sind Aussagen über zu erwartende Ereignisse, die auf Beobachtungen der Vergangenheit und Annahmen über deren Zustandekommen basieren.*“[7]

Nach populärwissenschaftlicher Definition sind Prognosen schließlich „*der Versuch, die Gegenwart richtig zu lesen, um die Zukunft voraussagen zu können.*“[8]

Im Ergebnis geht es mithin darum, das gestern und heute erlangte Wissen für die Zukunft fruchtbar zu machen.

B. Abgrenzung

Die Prognose ist von der Planung, der Vorhersage und der Tatsache abzugrenzen.

1. Planung

Eine Planung ist „*ein systematisches, zukunftsbezogenes Durchdenken und Festlegen von Zielen, Maßnahmen, Mitteln und Wegen zur zukünftigen Zielerreichung.*“[9] Beiden gemeinsam ist der Zukunftsbezug. Die Prognose führt zu einer Erkenntnis im Hinblick auf ein zukünftiges Ereignis. Die Planung gibt die Handlung anlässlich dieses zukünftigen Ereignisses vor.[10] Die Planung baut damit auf der Prognose auf.

2. Vorhersage

Die Begriffe Vorhersage und Prognose werden im allgemeinen Sprachgebrauch mitunter synonym verwendet. Die Vorhersage ist ebenfalls eine Aussage über ein zukünftiges Ereignis. Sie ist jedoch anders als die Prognose nicht von einem Wahrscheinlichkeitsurteil geprägt.[11] Die Vorhersage geht von dem Eintreten des Ereignisses sicher aus.

3. Tatsache

Prognose und Tatsache schließen einander aus. Tatsachen sind nach der Definition des BGH[12] „*konkrete, nach Zeit und Raum bestimmte, der Vergangenheit oder Gegenwart angehörige Geschehnisse oder Zustände der Außenwelt und des*

---

7 Dillerup/Stoi, Unternehmensführung, 7.2.2.1., S. 729.

8 Jahn, Sichere Prognosen, S. 10.

9 Dillerup/Stoi, Unternehmensführung, 1.3.2.3, S. 49.

10 *Nickert/Nickert/Kühne*, KTS 2019, 29, 39.

11 *Nickert/Nickert/Kühne*, KTS 2019, 29, 31.

12 BGH, Urteil v. 25.11.1997 – VI ZR 306/96, NJW 1998, 1223,1224.

menschlichen Seelenlebens. Sie betreffen also etwas Geschehenes oder Bestehendes, das zur Erscheinung gelangt und in die Wirklichkeit getreten ist." Tatsachen sind damit auf das Gestern und Heute gerichtet. Die Prognose betrifft nur das Morgen. Tatsachen sind dem Beweis zugänglich, Prognosen nicht.[13] Prognosen bauen aber auf Tatsachen auf, in dem sie die gegenwärtige Situation und die vergangene Entwicklung aus- und bewerten und darauf aufbauend die mögliche zukünftige Entwicklung ableiten.

II. Merkmale

Die Prognose weist danach fünf Merkmale auf:[14]

A. Zukunftsbezug

Die Prognose bezieht sich ausgehend vom Prognosestichtag auf den Eintritt eines bestimmten Ereignisses innerhalb des Prognosezeitraums.

B. Unsicherheit

Das zu prognostizierende Ereignis ist unsicher. Ein sicheres Ereignis bedarf keiner Prognose.[15]

C. Information

Die Prognose muss eine möglichst wahre und präzise Information liefern, die nicht trivial ist.

D. Objektivierbarkeit

Auch wenn die Prognose zwangsläufig eine subjektive Bewertung der Eintrittswahrscheinlichkeit ist, darf diese nicht willkürlich sein, sondern muss „*intersubjektiv nachvollziehbar sein und (…) auf einem wissenschaftlichen Fundament basieren*".[16]

---

13 BGH, Urteil v. 25.11.1997 – VI ZR 306/96, NJW 1998, 1223, LS.
14 Vgl. auch *Nickert/Nickert/Kühne*, KTS 2019, 29, 32 f.
15 *Nickert/Nickert/Kühne*, KTS 2019, 29, 32.
16 *Nickert/Nickert/Kühne*, KTS 2019, 29, 33.

E. Wissenschaftlichkeit

Damit korrespondierend ist die Prognose nach wissenschaftlich akzeptierten Grundsätzen zu erstellen.

III. Anforderungen an die Prognoseerstellung

Anforderungen an die Prognoseerstellung ergeben sich sowohl aus der Literatur wie auch der Rechtsprechung, hier insbesondere des BGH.

A. Anforderungen aus der Literatur

In der Literatur sind wenige Ausführungen zu finden, die sich nur mit den allgemeinen Anforderungen an eine Prognose beschäftigen. Der weit überwiegende Teil der Ausführungen befasst sich mit den spezifischen Anforderungen der konkret vorzunehmenden Prognose.

1. Allgemeine Anforderungen

Die allgemeinen Anforderungen sind von *Groß/Amen*[17] wie folgt beschrieben worden:

> „*Sie* (die Prognose)[18] *hat der allgemeinen Struktur von Prognosen entsprechend*

- *möglichst vollständig das Prognoseobjekt (Unternehmen mit seinen Ressourcen) anhand nachprüfbarer Fakten zu beschreiben,*
- *auf „bestmögliche Annahmen" zu künftigen Entwicklungen (erwartete Ereignisse oder beabsichtigte Handlungen des Unternehmens) zurückzugreifen und*
- *diese Rahmenbedingungen (Prognoseobjekt und Umweltannahmen) mit Hilfe der als „Wenn-dann-Aussagen" ausgedrückten erfahrungswissenschaftlichen Hypothesen und sonstigen Gesetzmäßigkeiten zu einer Prognoseaussage zu verarbeiten.*

Ein betriebswirtschaftlich noch ausdifferenzierteres Anforderungsprofil hat der *Arbeitskreis „Externe und Interne Überwachung der Unternehmung"*[19]

17 Groß/Amen, DB 2005, 1861.

18 Ergänzung durch Verfasser.

19 Der Schmalenbach-Gesellschaft für Betriebswirtschaft e.V., Köln.

veröffentlicht.[20] Danach muss die Prognose folgende Bestandteile und Anforderungen erfüllen:

(1) *„Möglichst vollständige Beschreibung des Prognoseobjekts, also der Unternehmung in ihrer spezifischen Umgebungssituation (Marktdaten, interne Organisation etc.). Grundlage dieser Beschreibungen sind nachprüfbare Fakten.*

(2) Annahmen über wahrscheinliche Zukunftslagen, also die Bedingungen, unter denen die Unternehmung in Zukunft operieren wird. Hier sind Aspekte einer subjektiven Einschätzung unvermeidlich. Allerdings sollte zum einen – soweit dies sinnvoll erscheint – auf Erfahrungswerten aufgebaut werden; (…). Zum anderen ist es notwendig, Angaben über die Existenz bzw. Gestalt einer Wahrscheinlichkeitsverteilung zu machen. Hierbei sind Anhaltspunkte für künftige Entwicklungen zu berücksichtigen, die durch bisherige Erfahrungswerte nicht erfasst wurden. Die Bedingungen sind anhand von volkswirtschaftlichen Rahmendaten und Aussagen von Prognoseinstituten plausibilisierbar. (…) Als Mindestmaß zur Veranschaulichung von Unsicherheiten könnten Angaben über die Umfeldsituation im ‚best case', im ‚worst case' und im ‚most likely case' gemacht werden.

(3) Existenz erfahrungswissenschaftlicher Hypothesen, die mittels ‚Wenn-Dann-Aussagen' logische Schlüsse von vorgefundenen, gegenwarts- bzw. vergangenheitsbezogenen Sachverhalten (bzw. Informationen hierüber) auf zukünftige Sachverhalte zulassen. Diese Voraussetzung ist hinsichtlich der theoretischen und empirischen Validität und Verlässlichkeit einer Prognose als wesentlich anzusehen. Die Wenn-Komponente einer solchen Hypothese greift innerhalb einer Prognose die in (2) angesprochenen zukünftigen Bedingungen auf."

2. Kernprinzipien

Die Prognosen müssen ferner den Grundsätzen ordnungsgemäßer Prognosen entsprechen, die über die Kernprinzipien wie folgt definiert werden:[21]

---

20 *Arbeitskreis „Externe und Interne Überwachung der Unternehmung"*, DB 2003, 105, 106.

21 Arbeitskreis „Externe und Interne Überwachung der Unternehmung", DB 2003, 105, 108.

a) Wahrheit

Als Prognosewahrheit werden die Schlüssigkeit und Widerspruchsfreiheit der Prognose verstanden, mithin deren intersubjektive Nachvollziehbarkeit.

b) Vollständigkeit

Die Prognose muss vollständig dargelegt werden. Materiell gewichtige Prognosekomponenten dürfen nicht weggelassen werden.

c) Klarheit

Die Beschreibung der Prognosesachverhalte, -annahmen und Probleme muss eindeutig und unzweifelhaft sein. Gleichwertige Prognosekomponenten sollen gleichgewichtig dargestellt werden.

d) Vergleichbarkeit

Eine in der Struktur gleichbleibende Darlegung der Prognose soll eine Vergleichbarkeit über den Zeitablauf ermöglichen.

e) Stetigkeit

Aus diesem Grund sollen auch das Prognosesystem und die Prognoseform möglichst unverändert bleiben. Eine Veränderung ist in Gründen und Auswirkungen offenzulegen.

3. *Zwischenfazit*

Erforderlich ist danach

- eine umfassende faktenbasierte Aufnahme der IST-Situation
- unter vergangenheitsbezogener Erarbeitung unternehmens- und umfeldspezifischer Erfahrungssätze,
- um auf dieser Basis wahrscheinliche Zukunftslagen des Unternehmens erarbeiten und
- dazu validierbare und verlässliche Prognosen treffen zu können,
- die den Grundsätzen ordnungsgemäßer Prognosen entsprechend dargelegt werden.

B. Anforderungen gemäß BGH-Rechtsprechung

Ein rechtssicheres Fundament für die Erstellung von Prognosen muss sich an der höchstrichterlichen Rechtsprechung ausrichten. Die höchstrichterlichen

Anforderungen an Prognosen ergeben sich im insolvenznahen bzw. Insolvenzbereich maßgeblich aus den Entscheidungen zu vorinsolvenzlichen Sanierungskonzepten sowie der nach § 19 Abs. 2 S. 1 InsO erforderlichen Fortführungsprognose, aber auch der Rechtsprechung zur Geschäftsleiterhaftung und Insolvenzanfechtung.

1. Unternehmenskonzept

In ständiger Rechtsprechung fordert der BGH als Basis der Prognose ein aussagekräftiges, umfassendes, in sich schlüssiges und realisierbares Unternehmenskonzept, dem ein Ertrags- und Finanzplan für einen angemessenen Prognosezeitraum zugrunde liegt, der die zu erwartenden Zahlungsströme und den zukünftigen Liquiditätsbedarf abbildet sowie in je nach Krisenstadium gebotenen kurzen zeitlichen Abständen aktualisiert wird.[22]

Das Konzept wiederum muss von den tatsächlichen Gegebenheiten ausgehen und auf einer Analyse der wirtschaftlichen Lage des Schuldners im Rahmen seiner Wirtschaftsbranche, der Krisenursachen sowie der Finanz-, Ertrags- und Vermögenslage des Schuldners beruhen. Die davon abgeleiteten Sanierungsmaßnahmen, die regelmäßig in rechtlicher Hinsicht die finanzwirtschaftliche Sanierung des Schuldners bewirken müssen, sind dabei auf ihre Durchführbarkeit hin zu prognostizieren.[23]

Diese Anforderungen korrespondieren mit den höchstrichterlichen Anforderungen an die Geschäftsleiter bei Inanspruchnahme der Haftungsprivilegierung im Rahmen unternehmerischer Ermessensentscheidungen. Hier wird regelmäßig eine sorgfältige und umfassende Ermittlung der Entscheidungsgrundlagen gefordert, auf deren Basis die Vor- und Nachteile der bestehenden Handlungsoptionen sorgfältig unter Berücksichtigung erkennbarer Risiken abgewogen werden.[24]

22 Zuletzt: BGH, Urt. v. 13.07.2021 – II ZR 84/20 „Sammelklage-Inkasso", NZG 2021, 1175, Tz. 68, 71.

23 BGH, Urt. v. 12.05.2016 – IX ZR 65/14, ZIP 2016, 1235, Tz. 34 ff.; BGH, Urt. v. 04.12.1997 – IX ZR 47/97, ZIP 1998, 248, 251.

24 BGH, Urt. v. 18.06.2013 – II ZR 86/11, ZIP 2103, 1712, Tz. 30; BGH, Urt. v. 22.02.2011 – II ZR 146/09, NZG 2011, 549, Tz. 19; BGH, Beschl. v. 14.07.2008 – II ZR 202/07, ZIP 2008, 1675, LS 1, Tz. 11.

2. *Prognoseersteller*

Von dem Ersteller einer Prognose wird fachliche Qualifizierung im Hinblick auf die zu prognostizierende Fragestellung erwartet.[25] Dies entspricht den gesetzlichen Anforderungen, die an den Aussteller einer Bescheinigung im Schutzschirmverfahren nach § 270d Abs. 1 InsO gestellt werden.

Von dem Prognoseverpflichteten wird erwartet, dass er, sollte er über eine entsprechende Qualifizierung nicht verfügen, sich von einem fachlich qualifizierten Berufsträger beraten lässt.[26]

3. *Prognosemethode*

Als methodische Anforderung an die Erstellung einer Prognose wird aus den vorliegenden Entscheidungen des BGH allgemein abgeleitet, dieser erwarte die Einhaltung anerkannter betriebswirtschaftlicher Grundsätze, ohne dass dies einem Urteil bisher jedoch so konkret zu entnehmen ist.[27] Der BGH nimmt in seinen Entscheidungen zwar durchgängig auf betriebswirtschaftliche Sachverhalte Bezug und erwartet eine Finanz- und Ertragsplanung,[28] wie die dieser zugrunde liegenden Prognoseentscheidungen getroffen werden sollen, bleibt indes offen.

4. *Zwischenfazit*

Im Ergebnis beschreibt die Rechtsprechung des BGH damit eher das Produkt der Prognosen denn den Weg dorthin. Erforderlich ist danach, dass die Prognosen von einem fachlich qualifizierten Prognoseersteller in einem schlüssigen und realisierbaren Unternehmenskonzept verarbeitet werden, das realistisch umsetzbar ist.

---

25 Vgl. nur BGH, Urt. v. 27.03.2012 – II ZR 191/10, NZG 2012, 672 LS 1, Tz. 16.

26 BGH, Urt. v. 27.03.2012 – II ZR 171/10, ZIP 2012, 1174 LS 1; BGH, Urt. v. 20.09.2011 – II ZR 234/09, ZIP 2011, 2097, LS 1; BGH, Urt. v. 14.05.2007 – II ZR 48/06, ZIP 2007, 1265, LS 2; diese voraussetzend: BGH, Urt. v. 13.07.2021 – II ZR 84/20 „Sammelklage-Inkasso", NZG 2021, 1175, LS 2, Tz. 80 f.

27 *Nickert/Nickert/Kühne*, KTS 2019, 29, 36.

28 Vgl. nur BGH, Urt. v. 13.07.2021 – II ZR 84/20 „Sammelklage-Inkasso", NZG 2021, 1175, LS 2, Tz. 80 f.

IV. Prognoseverfahren

Die Erstellung einer Prognose kann auf verschiedene Arten und Weisen erfolgen. Die Wahl des Verfahrens ist dabei abhängig von der Prognosegrundlage und der Prognosefrage. Verbindliche Vorgaben lassen sich weder der Rechtsprechung noch der Betriebswirtschaftslehre entnehmen.[29]

A. Betriebswirtschaftliche Prognoseverfahren

In betriebswirtschaftlicher Hinsicht lassen sich quantitative und qualitative Verfahren sowie Simulationsverfahren unterscheiden.[30]

Quantitative Prognoseverfahren werten die Daten der Vergangenheit aus, um daraus Aussagen über die zukünftige Entwicklung abzuleiten. Das setzt allerdings voraus, dass deren Entwicklung über den Zeithorizont gesehen stabil ist.

Bei qualitativen Prognoseverfahren erfolgt dagegen eine subjektive Interpretation der Datenbasis durch Experten für die jeweilige Frage. Diese werden daher auch als subjektive Verfahren bzw. expertengestützte Verfahren bezeichnet.[31]

Mit Simulationsverfahren werden schließlich verschiedene mögliche künftige Umfeldentwicklungen sowie Auswirkungen verschiedener Handlungsalternativen prognostiziert.

B. Anwendungsmöglichkeit in der Krisensituation

In Krisensituationen wie sie insolvenznahen bzw. insolvenzrechtlichen Fortführungsprognosen zugrunde liegen, sind quantitative Verfahren allenfalls eingeschränkt anwendbar, da die im Rahmen quantitativer Verfahren auszuwertenden Vergangenheitszahlen nicht durchgängig repräsentativ für die Zukunft sind.[32] Simulationsverfahren eignen sich ebenfalls nur eingeschränkt, da die Handlungsalternativen in der Krisensituation beschränkt sind und Prognosegegenstand oftmals weniger die Auswirkung der eigenen Handlung als mehr die Einschätzung der Handlung der Beteiligten ist. Zum Einsatz kommen daher regelmäßig expertengestützte Verfahren.[33]

---

29 *Nickert/Nickert/Kühne,* KTS 2019, 29, 36, 41; *Ruf,* Legislative Prognose, S. 22 f.

30 *Dillerup/Stoi,* Unternehmensführung, 7.2.2.1., S. 729.

31 *Dillerup/Stoi,* Unternehmensführung, 7.2.2.1., S. 729; *Nickert/Nickert/Kühne,* KTS 2019, 29, 41.

32 *Nickert/Nickert/Kühne,* KTS 2019, 29, 41.

33 *Nickert/Nickert/Kühne,* KTS 2019, 29, 41.

C. Prognosetätigkeit

Die Beschreibung von Verfahren sagt indes noch nichts über die eigentliche Prognosetätigkeit aus. Das, was in Rechtsprechung und Literatur durchgängig als Fortführungsprognose bezeichnet wird, ist im Tatsächlichen nicht eine einzelne Prognose, sondern das Aggregat einer Vielzahl an Prognosen, die in einer integrierten Unternehmensplanung, der Fortführungsprognose oder dem Sanierungskonzept, zugrunde gelegt werden.

Jeder einzelnen dieser Prognosen liegen nach der von *Graumann*[34] ausgearbeiteten Tätigkeitsbeschreibung zwei Prämissen zugrunden: zum einen, dass es einen Wirkungszusammenhang zwischen der Ausgangsbedingung und der Wirkung gibt, und zum anderen, dass die Ausgangsbedingung gegeben ist bzw. gegeben sein wird.

Die Qualität der Prognose nimmt dabei unter der Voraussetzung, dass ihr wahre und valide sowie zeitstabile und repräsentative Daten zugrunde liegen, mit zunehmender Zuverlässigkeit und Genauigkeit des Wirkungszusammenhangs zu. Umgekehrt führen Qualitätseinbußen bei einzelnen Merkmalen auch zu einer Schwächung der Belastbarkeit der Prognose insgesamt. Die Daten sind

- wahr, wenn sie richtig sind,
- valide, wenn sie das tatsächlich aussagen, was sie aussagen sollen,
- zeitstabil, wenn die vergangene Entwicklung Aussagekraft für die Zukunft hat und
- repräsentativ, wenn die ausgewählte Stichprobe zufällig und in ausreichender Menge ausgewählte Daten enthält.

Der angenommene Wirkzusammenhang ist

- zuverlässig, wenn ihm ein belastbarer, d.h. möglichst auf einer Vielzahl an entsprechenden Beobachtungen beruhender, Erfahrungssatz zugrunde liegt und
- genau, wenn die zu treffende Aussage möglichst konkret aus dem Erfahrungssatz abgeleitet werden kann.

Im Bereich der Zuverlässigkeit des Wirkzusammenhangs schwankt die Aussagequalität daher zwischen den Polen „möglich“ und „Naturgesetz“ bzw. „vertragliche Absicherung“. Die Schwankungsbreite der Aussagen im Bereich der Genauigkeit ergibt sich von „vage“ bis zu „punktgenau bezifferbar“.

34 *Graumann*, ZIP 2021, 61 ff.

D. Zwischenfazit

Für eine qualitativ hochwertige Prognose sind damit wahre, valide, zeitstabile und repräsentative Daten zu ermitteln. Um hieraus in Krisennähe bzw. der Krisensituation für die Zukunft brauchbare Wirkzusammenhänge abzuleiten, sind die Erfahrungssätze eines Experten hinzuziehen, sobald sich aus der Auswertung der vorhandenen Daten keine repräsentativen Ergebnisse für die Zukunft ergeben.

V. Prognoseergebnis, Prognosemaßstab

Das führt weiter zu der Frage, welche Anforderungen an das Prognoseergebnis zu stellen sind. Wie bereits angesprochen, sind Prognosen keine Tatsachen. Sie sind in diesem Sinne nicht wahr oder falsch. Sie können sich im Nachhinein als zutreffend oder unzutreffend erweisen. Das kann indes nicht Beurteilungsmaßstab sein.

Allgemein anerkannt ist, dass sich „nur" ein Wahrscheinlichkeitswert ergibt. Dies ergibt sich bereits aus dem Grundsatz, dass sichere Sachverhalte nicht (mehr) prognostiziert werden können und dürfen.[35] Der Wahrscheinlichkeitsgrad differiert indes je nach Prognose.

In der Literatur hat sich anlässlich der Unsicherheit der Prognose eine Diskussion dahingehend ergeben, ob es sich bei der als Prognoseergebnis zu erwartenden Wahrscheinlichkeit um einen mathematisch abzuleitenden Erwartungswert des zugrunde gelegten Planungsszenarios oder die Eintrittswahrscheinlichkeit eines Szenarios handelt, oder aber der Planung von vornherein nur dasjenige Szenario zugrunde zu legen ist, das die höchste Gesamteintrittswahrscheinlichkeit aufweist.

A. Erwartungswert

Die Methode der Erwartungswertermittlung ist der Stochastik, mithin der Mathematik des Zufalls und der Wahrscheinlichkeit, zuzuordnen. Der Erwartungswert beschreibt den Mittelwert, der sich bei einer unendlichen Wiederholung eines Zufallsexperiments ergibt.

Bezogen auf die unternehmerische Planung soll damit das Planungsergebnis ermittelt werden, das „im Mittel" zu erwarten ist.[36] Als unternehmerisch erstrebenswerte Entscheidungen werden daher diejenigen Entscheidungen

---

35 S. unten. S. 55.

36 *Kühne/Nickert*, ZInsO 2014, 2297, 2299.

angesehen, die bei einem gegebenen Risiko den maximalen Erwartungswert aufweisen bzw. bei einem gegebenen Erwartungswert ein minimales Risiko.[37]

Für den Einsatz dieser Prognoseergebnisermittlung wird angeführt, dass sie zugleich den Umfang möglicher Abweichungen und damit die Planungssicherheit anzeigt. Dagegen ist allerdings zu berücksichtigen, dass die Erwartungswertermittlung erst mit einer Vielzahl an möglichen Planungsszenarien über mehrere Planungsperioden hinweg ein belastbares Ergebnis liefert. Ferner werden bei dieser Ermittlung alle Chancen und Risiken gleich bewertet und so die Risikoneigung der Marktteilnehmer ausgeblendet.[38] Dem wollen *Kühne/Nickert* mit einer subjektiven Korrektur entgegenwirken, indem die Bandbreiten und Szenarien offengelegt und mit einer subjektiven Wahrscheinlichkeitsaussage zu einem Gesamtergebnis verdichtet werden.[39]

Mal abgesehen davon, dass bei einer Vielzahl an Unternehmern und Rechtsanwendern weder das erforderliche Zahlenmaterial vorhanden noch entsprechende Kenntnisse zur Durchführung oder Überprüfung der damit erforderlichen Planungskalkulationen gegeben sein dürften, spricht aus hiesiger Sicht bereits die Aussagekraft des Erwartungswerts gegen eine Anwendung im Rahmen der hier zu betrachtenden Fortführungsprognosen. Der Erwartungswert selbst ist unsicher, er beschreibt nur eine Trennlinie, bei der die künftigen Ergebnisse zu 50 % darüber oder auch darunter liegen können.[40] Das entspricht bereits nicht der regelmäßig geforderten überwiegenden Wahrscheinlichkeit des Gelingens der Planung. Ferner ist nicht zu bewerten, ob auf Basis der der vorgelegten Planung zugrunde liegenden Prognosen die jeweils bestmögliche Entscheidung getroffen wird, sondern ob dieser Entscheidung die von der Rechtsordnung geforderte Eintrittswahrscheinlichkeit zukommt. Auch wenn es sich bei der Entscheidung, soweit die Insolvenzantragspflichten berührt sind, um keine freie Entscheidung handelt, auf die die Business-Judgement-Rule anwendbar ist[41], wird dem Geschäftsleiter auch im Rahmen der insolvenzrechtlichen Fortführungsprognose ein gewisser, rechtlich nicht überprüfbarer Beurteilungsspielraum zugestanden.[42] Dieser wäre ihm genommen, wenn man ihn verpflichtete, ausschließlich die sich rechnerisch als bestmöglich ergebende Entscheidung zu treffen.

37 *Kühne/Nickert*, ZInsO 2014, 2297, 2299.

38 Vgl. instruktiv *Kühne/Nickert*, ZInsO 2014, 2297, 2302.

39 *Kühne/Nickert*, ZInsO 2014, 2297, 2302; *Nickert/Nickert/Kühne*, KTS 2019, 29, 54 ff.

40 *Nickert/Nickert/Kühne*, KTS 2019, 29, 56.

41 *Fischer*, NZI 2016, 665, 667.

42 BGH, Urt. v. 06.06.1994 – II ZR 292/91, BGHZ 126, 181 = NJW 1994, 2220, 2224.

B. Szenarioplanung

Zur Ermittlung der Eintrittswahrscheinlichkeit des der Planung zugrunde gelegten Szenarios werden oftmals auch sogenannte Szenarioplanungen erstellt, die neben dem erwarteten Entwicklungsszenario (most likely case) auch, davon nach oben und unten abweichend, ein worst-case-Szenario und ein best-case-Szenario planen. Hierbei werden die Eintrittswahrscheinlichkeiten gewichtet.[43] Teilweise wird die Eintrittswahrscheinlichkeit der Unterszenarien auf dem Weg zur Entwicklung der Hauptszenarien über Baumdiagramme berechnet.[44]

Gegen die Szenariotechnik wird eingewandt, dass sie aufgrund der Vielzahl möglicher Szenarien und deren Kombination zu unsicher und darüber hinaus auch zu missbrauchsanfällig sei, da die Auswahl und Gestaltung der Szenarien bereits das Ergebnis der Prognose beeinflussen und damit vorwegnehmen können.[45] Weiter wird eingewandt, dass die Szenariotechnik nicht geeignet sei, die Aussagekraft des der Planung zugrunde gelegten Szenarios zu erhöhen bzw. dessen Prämissen zu stützen.[46]

Dem ist aus hiesiger Sicht zuzustimmen. Ein Unternehmen im ganz überwiegend bereits finanzwirtschaftlichen Krisenstadium benötigt weder eine besonders optimistische noch eine besonders pessimistische Einschätzung der, wenn überhaupt, ohnehin nur in geringer Anzahl vorhandenen Handlungsoptionen. Es braucht eine belastbare Ermittlung des bei konservativer Betrachtung erwartbaren „real case"-Szenarios, um auf der Basis alle unternehmerischen Ressourcen darauf auszurichten, eben dieses sicher zu erreichen. Dass es besser kommen kann als angenommen, mag zusätzliche Hoffnung geben, dass es indes noch schlechter kommen kann, ist keine Sanierungs- und damit Handlungsoption.

Den hier in Rede stehenden vorinsolvenzlichen bzw. insolvenzrechtlichen Fortführungsprognosen ist ferner gemein, dass sie in einem mehr oder minder akuten Krisenstadium erstellt werden, das es zu überwinden gilt. Das ist jedoch nicht Einsatzbereich der Szenariotechnik. Die Szenariotechnik hat ihren Ursprung in der strategischen Unternehmensplanung. Dort dient sie weniger Prognosezwecken als vielmehr zur Erklärung, wie zukünftige Entwicklungen

---

43 *Kühne/Nickert*, ZInsO 2014, 2297, 2298; FS-Greiner/*Groß/Amen*, Die Fortbestehensprognose, S. 83, 97 f.

44 *Drukarczyk/Schüler*, ZInsO 2017, 61, 63 ff.; *Skauradszun/Klauser/Battermann*, DZWiR 2018, 312, 315 f.

45 *Kühne/Nickert*, ZInsO 2014, 2297, 2299.

46 *Eichenlaub*, Überschuldungsprüfung, S. 77; *Schönfelder*, WM 2013, 112, 117.

zustande kommen,[47] sowie zur Vorbereitung auf verschiedene Situationen.[48] Die aggregierten worst- und best case-Szenarien bilden dabei die Rahmenbedingungen ab, innerhalb derer strategische Handlungsalternativen erarbeitet werden, deren Anzahl mit zunehmendem Zukunftsbezug zunimmt, während sich naturgemäß in den gegenwartsnäheren Planungszeiträumen nur eine geringe Anzahl an Handlungsoptionen ergeben (sog. Szenariotrichter).[49] Mit der Szenariotechnik können daher Handlungsalternativen für zukünftige Entwicklungen abgebildet werden. Hier bieten sie eine Varianz echter Entscheidungsalternativen, deren Auswahl strategisch zu treffen ist.

Ein vergleichbares echtes Handlungsspektrum des Unternehmens ist in Krisensituationen dagegen nicht gegeben. Die Unsicherheiten in der Krisensituation ergeben sich auch weniger aus der Vielzahl an Handlungsmöglichkeiten des Unternehmens als vielmehr aus den einzuschätzenden Entscheidungen und Handlungen der Stakeholder. Diese über eine Szenarioplanung abzubilden, ist allenfalls der Versuch, die Unsicherheit beherrschbar zu machen. Die Ungewissheit des Ausgangs ändert sich dadurch jedoch nicht.

In unternehmerischer Hinsicht gebieten es zwar die kaufmännische Vorsicht und Umsicht sowie die rechtlichen Beobachtungs- und Sanierungspflichten, mögliche Alternativverläufe in den Planungsprozess einzubeziehen, allerdings nur und insoweit wie diesbezüglich eine Entscheidung über die unter konservativer Entwicklungserwartung zugrunde zu legenden Planprämissen und daraus abgeleiteten Sanierungsmaßnahmen zu treffen ist. Ein darüber hinausgehender Mehrwert ergibt sich aus Szenarioplanungen dagegen weder für die unternehmerischen Entscheidungen während des Sanierungsprozesses noch die Entscheidungen der Stakeholder zu einer Beteiligung hieran. Planungsszenarien können keine unternehmerische Entscheidung ersetzen. Für das Gelingen der Sanierung ist vielmehr zwingend erforderlich, dass sich alle Beteiligten auf einen Sanierungsplan festlegen und vereinbaren, diesen gemeinsam zur Durchführung zu bringen.

C. Komparative Hypothesenwahrscheinlichkeit

Die herrschende Meinung versteht die zu erwartende Eintrittswahrscheinlichkeit der Prognose dagegen als juristisches Beweismaß im Sinne einer

---

47 *Dillerup/Stoi,* Unternehmensführung, 7.2.2.1., S. 730.

48 *Nickert/Nickert/Kühne,* KTS 2019, 29, 48.

49 Vgl. anschaulich *Dillerup/Stoi*, Unternehmensführung, 7.2.2.1., S. 731; *Groß*, WPg 2010, 119, 129 ff.

komparativen, nicht quantifizierbaren Hypothesenwahrscheinlichkeit und lehnt statistische Wertermittlungen ab.[50] Zugrunde gelegt wird hierbei regelmäßig das Prognosemaß der überwiegenden Wahrscheinlichkeit.[51] Nur in Ausnahmefällen werden höhere oder aber auch niedrigere Wahrscheinlichkeitsanforderungen gestellt.[52]

Da die Prognose keine Tatsache ist, kann für sie über § 4 InsO nicht das Beweismaß des § 286 ZPO gelten, sondern nur das Beweismaß des § 294 ZPO. Erforderlich aber auch ausreichend ist die überwiegende Eintrittswahrscheinlichkeit. Der Eintritt des prognostizierten Ereignisses muss damit zu mehr als 50 % wahrscheinlich sein.

Beurteilt wird dabei im Tatsächlichen die Fortführungsplanung, die sich als Gesamtprognose aus den zugrunde gelegten Einzelprognosen ergibt. Diese müssen ihrerseits wiederum jeweils überwiegend wahrscheinlich sein. Nicht erforderlich ist hingegen, dass die Kombination der Einzelwahrscheinlichkeiten rechnerisch einen Wert oberhalb von 50 % ergibt.[53]

D. Zwischenfazit

Die herrschende Meinung legt nach alledem zu Recht keine mathematisch-betriebswirtschaftlichen Anforderungen und Grundsätze zugrunde. Diese sind nur und insoweit maßgebend, wie hieraus rechtliche Standards abgeleitet werden können.[54] Dafür fehlt es indes an Anknüpfungssachverhalten im Gesetz.

Die Anknüpfung der Prognosebeurteilung an mathematisch-betriebswirtschaftliche Anforderungen ist auch nicht aus Gründen der Rechtsfortbildung geboten. Mit der Anwendung ist in den hier zu beurteilenden Sachverhalten weder eine Erhöhung der Planungssicherheit noch dadurch eine Erhöhung der Justitiabilität verbunden. Die der Prognose wesensimmanente Unsicherheit bleibt auch bei Anwendung mathematisch-betriebswirtschaftlicher Verfahren.

---

50 *Bork*, ZIP 2000, 1709, 1712 f.; *Fischer*, NZI 2016, 665, 666 ff.; *Gehrlein*, WM 2018, 1, 6; *Goette*, DStR 2016, 1752, 1753; *Groß/Amen*, FS-Greiner, S. 83, 100; HK-InsO/*Laroche*, § 19 InsO Rn. 11; Uhlenbruck/*Mock*, § 19 InsO Rn. 229; Kübler/Prütting/Bork/*Pape*, § 19 InsO Rn. 37; *Schäfer*, Eröffnungsgrund der Überschuldung, S. 134; K. Schmidt/*K.Schmidt*, § 19 InsO Rn. 48; HmbKommInsO/*Schröder*, § 19 InsO Rn. 23.

51 S. im Einzelnen die nachfolgenden Prognosen.

52 S. Überblick in Kapitel 6.

53 *Goette*, DStR 2016, 175, 1753; HmbKommInsO/*Schröder*, § 19 InsO Rn. 24.

54 *Fischer*, NZI 2016, 665, 668.

Die Technik kann mithin nicht die Entscheidung ersetzen, weder die des Unternehmensleiters noch die der beteiligten Stakeholder oder die des erkennenden Gerichts.

VI. Grenzen

Bei alledem sind auch die Grenzen der Prognose zu berücksichtigen. Diese ergeben sich zum einen aus der Prognose selbst, zum anderen aber auch aus der Prognosegrundlage und dem Faktor „Mensch".

A. Wirkungen der Prognose

Prognosen sind nicht nur das Ergebnis der Einschätzung eines zukünftigen Ereignisses. Sie wirken zugleich auch auf die in diesem Zusammenhang beteiligten Akteure.

Dieser Zusammenhang wird allgemein als Selbsterfüllende Prophezeiung (Self-fulfilling prophecy) bezeichnet.[55] Für die Fortführungsprognose kann dies bedeuten, dass bei einem belastbar positiv prognostizierten Ausgang zugleich auch die Stakeholder eher bereit sein werden, sich weiter im Unternehmen zu engagieren bzw. ein bestehendes Engagement aufrecht zu erhalten. Umgekehrt gilt aber ebenso, dass eine schlechte Prognose die negative Entwicklung noch beschleunigen kann.

Dass sich dagegen in einem solchen Szenario Effekte einer „sich selbst verteidigenden Prognose" (Self-defeating prophecy) ergeben, mithin eine negative Prognose besondere Anstrengungen der Stakeholder zu deren Vermeidung hervorbringt, erscheint in den hier zu betrachtenden Krisenszenarien eher unwahrscheinlich.

B. Datengrundlage

Die Prognose, konkret ihre Qualität, ist immer auch durch die Qualität und den Umfang der Datengrundlage begrenzt. Festlegungen dazu, was eine angemessene Datengrundlage ist, sind für die hier zu betrachtenden Fortführungsprognosen weder dem HGB noch der InsO zu entnehmen.

Allerdings kann hierzu aus hiesiger Sicht auf die in Rechtsprechung und Literatur entwickelten Grundsätze zur angemessenen Informationsgrundlage für unternehmerische Entscheidungen der Geschäftsleiter nach der sog. „Business-Judgement-Rule" zurückgegriffen werden. Beide Sachverhalte

---

55 *Jahn*, Sichere Prognosen, S. 34

betreffen eine Entscheidung mit einiger Tragweite auf Basis einer Prognose. Das als „Business-Judgement-Rule" bezeichnete Haftungsprivileg ist durch den BGH erstmals mit der Entscheidung ARAG/Garmenbeck vom 21.07.1997 entwickelt worden.[56] Das Haftungsprivileg gilt nach allgemeiner Ansicht rechtsformübergreifend.[57] Es ist ausdrücklich in § 93 Abs. 1 S. 2 AktG normiert, der mit dem Gesetz zur Unternehmensintegrität und zur Modernisierung des Anfechtungsrechts (UMAG) vom 22.09.2005 in das AktG aufgenommen worden ist. Die konkreten Anforderungen an die Entscheidungsgrundlage der so privilegierten unternehmerischen Entscheidungen werden aber auch dort nicht festgelegt. Die Norm beschränkt sich darauf, als Grundlage der Entscheidung „angemessene Informationen" zu verlangen.

Der *BGH* fordert eine sorgfältige Ermittlung der Entscheidungsgrundlage unter Ausschöpfung aller verfügbaren Informationsquellen tatsächlicher und rechtlicher Art.[58]

In der Literatur sind die Anforderungen an die angemessene Datengrundlage einer unternehmerischen Entscheidung umfangreich ausgearbeitet worden.[59] Diese lassen sich auf die Kurzformel zusammenfassen, dass eine Informationsgrundlage dann als angemessen anzusehen ist, wenn der Geschäftsleiter davon ausgehen darf, dass *„die Verbesserung einer gegebenen Informationsqualität den dafür erforderlichen Aufwand an Zeit bzw. Geld nicht rechtfertigt."*[60]

Im Ergebnis sind der Prognoseentscheidung damit alle verfügbaren sowie mit vertretbarem Zeit- und Kostenaufwand zu beschaffenden Informationen zugrunde zu legen. Hierbei ist ein allgemeiner Vertretbarkeitsmaßstab zugrunde zu legen. Zu fragen ist, welcher Aufwand für ein nicht krisenbefangenes Unternehmen vertretbar ist, nicht welcher Aufwand für ein krisenbefangenes Unternehmen vertretbar ist. Letzteres würde dazu führen, dass Prognoseentscheidungen in Krisensituationen generell auf schlechterer Datenbasis erstellt werden könnten. Das würde indes das Risiko der Stakeholder ungerechtfertigt erhöhen.

---

56 Ausgangsentscheidung: BGH, Urt. v. 21.04.1997 – II ZR 175/95, BGHZ 135, 244 = NJW 1997, 1926, 1927, LS 2 „ARAG/Garmenbeck".

57 Vgl. BT-Drucks. 15/5092, S. 12; *Goette*, DStR 2009, 51, 56 f.

58 BGH, Beschl. v. 14.07.2008 – II ZR 202/07, NJW 2008, 3361 LS 1.

59 Vgl. Hüffer/Koch/*Koch*, § 93 AktG Rn. 20 ff.; Rowedder/Schmidt-Leithoff/*Schnorbus*, § 43 GmbHG Rn. 25 ff.; MüKoAktG/*Spindler*, § 93 AktG Rn. 55 ff.; Grigoleit/*Grigoleit/Tomasic*, § 93 AktG Rn. 46 ff.; Michalski/Heidinger/Leible/J.Schmidt/*Ziemons*, § 43 GmbHG Rn. 139 ff.

60 *Graumann*, ZIP 2021, 61.

Aus Schutzgründen müsste die Datenbasis in der Krisensituation eigentlich noch besser sein als die Datenbasis einer unternehmerischen Entscheidung unter Normalbedingungen, da das Unternehmen in der Normalsituation eine Fehlentscheidung gegebenenfalls leichter verkraften kann. Eine Erhöhung der Anforderungen an die Qualität der Datengrundlage würde indes die Leistbarkeit in der Krisensituation überspannen und damit die Sanierungsmöglichkeiten erschweren. Hierfür gibt es jedoch, insbesondere vor dem Hintergrund der gesetzgeberischen Zielsetzung, Sanierungen zu fördern, keinen Anhalt.

Kann das Unternehmen allerdings den normal-vertretbaren Aufwand der Informationsbeschaffung nicht leisten, handelt es sich bei einer gleichwohl erstellten Prognose um nicht mehr als eine etwas fundiertere Hoffnung, die jedoch nach der Rechtsprechung des BGH nicht ausreicht.[61]

C. Prognosefehler

I. Mögliche Fehler und Verzerrungen

Prognosen unterliegen Fehlern und Verzerrungen (sog. biases).[62] Hier können nur einige gängige Fehler im Überblick angesprochen werden, um sowohl dem Prognoseersteller wie auch dem späteren Prüfer mögliche Fehlerquellen aufzuzeigen.

a) Avaiability bias

In Bezug auf die Datengrundlage entsteht eine Fehlerquelle durch die Verfügbarkeitsheuristik (*Availability bias*). Danach wird die Einschätzung der Wahrscheinlichkeit eines Ereignisses von der Verfügbarkeit entsprechender Informationen und Erfahrungen des Prognoseerstellers beeinflusst. Etwas das leicht verfügbar ist, wird als wahrscheinlicher angesehen.

b) Confirmation bias

Bei der Auswertung der Datengrundlage kann es sodann zu einem Bestätigungsfehler (*Confirmation bias*) kommen, der die Neigung beschreibt,

---

61 BGH, Urt. v. 12.05.2016 – IX ZR 65/14, NZI 2016, 636, Tz. 15.; BGH, Urt. v. 03.04.2014 – IX ZR 201/13, NZI 2014, 650, Tz. 40; BGH, Urt. v. 08.12.2011 – IX ZR 156/09, NZI 2012, 142, Tz. 11.

62 Auflistung einer Auswahl bekannter kognitiver Verzerrungen abrufbar unter: https://de.wikipedia.org/wiki/Liste_kognitiver_Verzerrungen (Abruf v. 15.03.2022); anschauliche Darstellung ausgewählter Verzerrungen bei *Dobelli,* Klares Denken, S. 5 ff.; *Jahn,* Sichere Prognosen, S. 99 ff.

unbewusst Informationen so auszuwählen und zu interpretieren, dass sie die eigene Auffassung bestätigen. Das Risiko des Bestätigungsfehlers vergrößert sich in der Gruppe, da hier zusätzlich die Bestätigung innerhalb der Gruppe gesucht wird.

c) *Hindsight bias*

Im Zusammenhang mit der späteren Überprüfung von Fortführungsprognosen wird oftmals auch die Rückschauverzerrung (*Hindsight bias*) angesprochen,[63] mit der das Risiko bezeichnet wird, dass angesichts der tatsächlichen Entwicklung rückblickend der Eintritt oder Nichteintritt eines Ereignisses für wahrscheinlicher gehalten wird, als dieses bei Aufstellung der Prognose tatsächlich erkennbar war.

d) *Under-/Overconnecting the dots*

Eine weitere Fehlerquelle für Prognosen ist die Über- bzw. Unterbewertung von Informationen bei der Anpassung der Prognose (*Under-/Overconnecting the dots*).

2. *Vermeidung*

Prognosefehler lassen sich nicht vollständig vermeiden. Aus der Forschungsarbeit des „Good-Judgement-Projects"[64] von *Philip E. Tetlock*, *Barbara Mellers* und *Don Moore* sind jedoch Vorgehensweisen zur bestmöglichen Vermeidung abgeleitet worden, die hier wiederum nur im Überblick skizziert werden können:[65]

a) *Selbstprüfung*

Neben einem generellen Bewusstsein für die Fehlerquellen kann jede Prognose durch die Frage verprobt werden, was passieren müsste, damit sich die Prognose als unzutreffend erweist. Für diese Sachverhalte gilt es in den hier zu betrachtenden Prognosen dann Maßnahmen und/oder Sicherheitspuffer vorzusehen.

---

63 *Bitter/Jochum*, WuB 2021, 498, 500; Scholz/*Bitter*, Vor § 64 GmbHG, Rn. 53; *Mader/Seitz*, DStR-Beih. 2018, 1, 24.

64 https://goodjudgement.com/

65 Weitergehend: *Tetlock/Gardner*, Superforecasting, S. 290 ff.; *Jahn*, Sichere Prognosen, S. 245 f.

b) Anpassungsstetigkeit

Prognosen unterliegen Veränderungen sobald neue Informationen hinzutreten. Dies sollte man indes nicht zum Anlass nehmen, die Prognose ohne triftigen Grund insgesamt in Frage zu stellen, man muss die Prognose jedoch an die neue Information anpassen.

c) Selbstverpflichtung

Einen weiteren Hinweis auf die Belastbarkeit der Prognose gibt die eigene Selbstverpflichtung, die durch die Frage gemessen werden kann, welchen (fiktiven) Betrag man auf den prognostizierten Ausgang setzen würde.

VII. Dokumentation

Eine gesetzliche Verpflichtung zur Dokumentation der Prognose, ihres Erstellungsprozesses sowie der zugrunde liegenden Prämissen besteht nicht.

Jeder Prognoseersteller sowie auch Geschäftsleiter, wenn er nicht bereits selbst Prognoseersteller ist, ist jedoch gut beraten, zur Sicherstellung der Beweisbarkeit und Ermöglichung einer gegebenenfalls zu einem späteren Zeitpunkt einmal erforderlich werdenden Exkulpation, eine umfassende Dokumentation vorzunehmen. Diese betrifft die im Zeitpunkt der Prognoseerstellung vorhandenen Daten und Informationen ebenso wie die begleitende Kommunikation. Soweit Sachverhalte nicht verschriftlicht sind, bietet es sich an, Protokolle zu erstellen und diese gegebenenfalls auch den Beteiligten zur Kenntnis oder gar Abstimmung zu übersenden. Dabei sollten auch Zwischenstadien auf dem Weg zur fertigen Prognose sowie die eigenen Überlegungen und Erwägungen bei der Prognoseerstellung dokumentiert werden.[66]

VIII. Zusammenfassung

In der Gesamtschau dieser Überlegungen ergibt sich folgendes allgemeines Anforderungsprofil an jede Fortführungsprognose:

Die Prognose ist eine auf die Zukunft bezogene nicht triviale Äußerung über ein unsicheres Ereignis, einen unsicheren Zustand oder eine unsichere Entwicklung, die nach wissenschaftlich akzeptierten Grundsätzen erstellt und intersubjektiv nachvollziehbar ist. Ein sicheres Ereignis kann und darf nicht

66 Zu den Einzelheiten ausführlicher: *Finkel/Ruchatz*, BB 2017, 519, 520 ff.

mehr prognostiziert werden, es ist vielmehr mit seinen Auswirkungen der Prognose zugrunde zu legen.

Der Prognose liegen die Prämisse des Wirkungszusammenhangs zwischen der Ausgangsbedingung und der Wirkung zugrunde sowie die weitere Prämisse, dass die Ausgangsbedingung gegeben ist bzw. gegeben sein wird.

Die Prognose muss den Grundsätzen ordnungsgemäßer Prognosen entsprechend in sich schlüssig sein, auf der vollständigen Datengrundlage beruhen, eindeutig und unzweifelhaft dargelegt sein, sowie über den Zeitablauf in der Struktur gleichbleibend und systematisch stetig.

Der Ersteller muss im Hinblick auf die zu prognostizierende Fragestellung fachlich qualifiziert sein.

Erforderliche Datengrundlage der Prognose sind alle verfügbaren sowie mit vertretbarem Zeit- und Kostenaufwand zu beschaffenden Informationen, anderenfalls ist die Prognose fehlerhaft. Maßstab der Vertretbarkeit ist der für ein nicht krisenbefangenes Unternehmen vertretbare Aufwand.

Die Datengrundlage enthält jedenfalls eine umfassende faktenbasierte Aufnahme der Ist-Situation unter vergangenheitsbezogener Erarbeitung unternehmens- und umfeldspezifischer Erfahrungsätze. Auf der Basis ist diejenige mögliche Zukunftslage des Unternehmens zu identifizieren, die mit den in Aussicht genommenen und umsetzbaren Maßnahmen mit überwiegender Eintrittswahrscheinlichkeit zu erreichen ist. Die dieser Gesamtprognose zugrundeliegenden Ergebnisse der Einzelprognosen müssen ihrerseits jeweils eine überwiegende Eintrittswahrscheinlichkeit aufweisen.

Die überwiegende Eintrittswahrscheinlichkeit bezeichnet ein juristisches Beweismaß keinen mathematisch-statistisch zu ermittelnden Wert.

Kapitel 3 Vorinsolvenzliche Fortführungsprognosen

Im insolvenznahen Sanierungsrecht aber auch im Handelsrecht werden verschiedentlich Prognosen getroffen, die die Fortführung des Unternehmens und das Fortbestehen des Unternehmensträgers betreffen. Hier sollen die handelsrechtliche Fortführungsannahme sowie die Fortführungsprognose im Rahmen eines vorinsolvenzlichen Sanierungskonzepts näher betrachtet werden.

I. Handelsrechtliche Fortführungsannahme

Gesetzliche Regelvermutung für die Bewertung der Vermögensgegenstände und Schulden im Jahresabschluss ist nach § 252 Abs. 1 Nr. 2 HGB die Fortführungsannahme („Going Concern"). Hiervon ist nur in begründeten Ausnahmefällen abzuweichen (§ 252 Abs. 2 HGB), wenn tatsächliche oder rechtliche Gegebenheiten entgegenstehen (§ 252 Abs. 1 Nr. 2 HGB a.E.).

Die Voraussetzungen der Fortführungsannahme bzw. die Anforderungen an deren Widerlegung sind, soweit ersichtlich erstmals,[67] im Zuge des Grundsatzurteils des BGH zur Steuerberaterhaftung wegen Insolvenzverschleppung[68] entscheidungserheblicher Gegenstand der Rechtsprechung gewesen und im Zuge dessen auch in den Blickpunkt einer breiteren Diskussion geraten, deren aktueller Anknüpfungspunkt indessen die Auswirkungen der COVID-19-Pandemie auf die handelsrechtliche Fortführungsannahme sind.[69] Das Grundsatzurteil des BGH wird als Bestätigung der zuvor in der Literatur herausgebildeten Grundsätze und Anforderungen an die Fortführungsannahme gesehen.[70]

A. Prognoseerfordernis

Während ganz überwiegend davon ausgegangen wird,[71] dass der Fortführungsannahme des § 252 Abs. 1 Nr. 2 HGB eine Fortführungsprognose zugrunde zu

67 *Hüttemann*, Anm. z. BGH, IX ZR 285/14, BB 2017, 685, 690.
68 BGH, Urt. v. 26.01.2017 – IX ZR 285/14, BGHZ 213, 374 = ZInsO 2017, 432.
69 BeckOGK/*Tiedchen*, § 252 HGB Rn. 31, 33; *Rimmelspacher/Kliem*, WPg 2020, 381, 382 f.
70 *Hüttemann*, Anm. z. BGH, IX ZR 285/14, BB 2017, 685, 690.
71 Vgl. nur *A/D/S*, § 252 HGB Tz. 24; *Gehrlein*, WM 2018, 1; Baumbach/Hopt/*Merkt*, § 252 Rn. 7; BeckOKG/*Tiedchen*, § 252 HGB Rn. 23.

legen ist, bestreiten *Mader/Seitz* das Prognoseerfordernis entschieden.[72] Nach ihrer Auffassung ist stets von der Fortführung der Unternehmenstätigkeit auszugehen, solange und soweit diese nicht am Stichtag bereits tatsächlich eingestellt ist oder aber deren Einstellung zweifelsfrei fest- und bevorsteht.[73]

1. Richtlinienkonform?

Nach Darlegung von *Mader/Seitz* gebe es für ein Prognoseerfordernis keinen Anhalt im Gesetz. Dessen Annahme widerspreche zudem einer richtlinienkonformen Auslegung des § 252 Abs. 1 Nr. 2 HGB. Das Erfordernis einer richtlinienkonformen Auslegung hätte nach ihrer Auffassung vielmehr zu einer Vorlagepflicht des BGH an den EuGH in der mit der Grundsatzentscheidung vom 26.01.2017 entschiedenen Rechtssache führen müssen.

Dem treten *Hennrichs/Schulze-Osterloh*[74] mit dem Argument entgegen, dass die in § 252 Abs. 1 Nr. 2 HGB geregelte widerlegliche Vermutung für eine Fortführung der Unternehmenstätigkeit Wortlaut und Systematik der EU-Bilanzrichtlinie[75] entspreche, da die eigentlichen Fragestellungen nach den Voraussetzungen für eine Widerlegung der Fortführungsannahme, dem Erfordernis einer Prognose, dem Zeitpunkt des Fortfalls der Fortführungsannahme, dem Prognosezeitraum und dem zugrunde zu legenden Wahrscheinlichkeitsmaßstab (auch) in der Richtlinie nicht geregelt seien. Nach ihrer Auffassung gebe es indes kein Vorlageerfordernis für in der Richtlinie nicht einmal angelegte Rechtsfragen.

2. Übersetzungsfehler?

Hennrichs/Schulze-Osterloh führen weiter aus, dass in den verschiedenen Sprachfassungen der Richtlinie inhaltsidentische Verben der Wortbedeutung „vermuten" oder „annehmen" verwendet werden, so dass dieses Wortverständnis der Auslegung des Art. 6 Abs. 1 lit. a der EU-Bilanzrichtlinie zugrunde zu legen sei.[76] Art. 6 Abs. 1 lit. a der EU-Bilanzrichtlinie ist Ausgangspunkt der Normierung des § 252 Abs. 1 Nr. 2 HGB, so dass sich auch hieraus das Erfordernis einer Prognose ergebe.

---

72 *Mader/Seitz*, DStR-Beih. 2018, 1; *dies.*, DStR 2018, 1933; *dies.*, DStR 2020, 996; dem sich anschließend MüKoHGB/*Ballwieser*, § 252 HGB Rn. 14 ff.

73 *Mader/Seitz*, DStR 2020, 996.

74 *Hennrichs/Schulze-Osterloh*, DStR 2018, 1731.

75 EU-Bilanz-Richtlinie 2013/34/EU.

76 EU-Bilanz-Richtlinie 2013/34/EU.

Dies überzeugt bereits im Hinblick auf die Quantität der in der Wortbedeutung gleichlautenden Übersetzungen. Wird in diesem Sinne die deutsche Übersetzung „korrigiert" gelesen, müsste es heißen: *„Es wird eine Fortsetzung der Unternehmenstätigkeit vermutet."* Die Bilanzrichtlinie eröffnet damit Raum für eine Prognose, denn eine Vermutung gilt nur so lange, wie sie nicht widerlegt ist. Entsprechend klingt im Wortlaut des § 252 Abs. 2 HGB mit dem Nebensatz, *„sofern nicht (...) Gegebenheiten entgegenstehen"*, das Prognoseerfordernis ebenfalls bereits in der Norm an, und hier sogar deutlicher als noch in der Richtlinie.

Mader/Seitz erwidern darauf zwar, dass „Prognose" der Wortbedeutung gemäß etwas *„grundlegend anderes"* sei, als eine Vermutung, Annahme oder Prämisse, die sich ebenfalls als Übersetzungsmöglichkeit aus den in den weiteren Sprachfassungen verwendeten Verben ergebe.[77]

Das ist auch grundsätzlich zutreffend, führt aber zu keinem anderen Ergebnis. Eine Vermutung, Annahme oder Prämisse ist in der wissenschaftlichen Sprachverwendung ein nicht bewiesener bzw. verifizierter Ausgangs- oder Fixpunkt einer weitergehenden Untersuchung. So ist vorliegend auch die Fortführungsannahme des § 252 Abs. 1 Nr. 2 HGB zu verstehen. Sie ist als gesetzliche (ungeprüfte) Regelvermutung zugrunde zu legen, *„sofern nicht (...) Gegebenheiten entgegenstehen"*. Letzteres ist wiederum Gegenstand der Untersuchung, die hier aufgrund des Zukunftsbezugs in Form der Prognose erfolgt.

3. *Sinnvoll?*

Ein Prognoseerfordernis steht auch in Einklang mit Sinn und Zweck der zusammenfassenden Rechnungslegung durch Bilanz und Jahresabschluss.

Die Bilanz (§ 242 Abs. 1 HGB) soll dem Kaufmann einen geordneten Überblick über seine wirtschaftlichen Verhältnisse geben und dem Rechtsverkehr eine Entscheidungsgrundlage für die erstmalige oder weitere Zusammenarbeit mit dem Unternehmen bieten.[78]

Ergänzend dazu soll der Jahresabschluss (§ 264 Abs. 2 S. 1 HGB) den Gesellschaftern, der Geschäftsleitung, den Gläubigern sowie sonstigen interessierten Dritten einen zuverlässigen Einblick in die Vermögens-, Finanz- und Ertragslage der Kapitalgesellschaft vermitteln.[79]

---

77 *Mader/Seitz*, DStR 2018, 1933, 1936.

78 *A/D/S*, § 242 HGB Tz. 3; *Kaiser*, ZIP 2012, 2478, 2479.

79 *Zugehör*, WM 2013, 1965.

Dieser geordnete Überblick und zuverlässige Einblick ist nur gewährleistet, wenn bei der Aufstellung auch die Auswirkungen einer sich abzeichnenden Entwicklung der Unternehmenstätigkeit im Rahmen einer prognostischen Betrachtung einbezogen werden, zumal der Abschluss regelmäßig und gesetzeskonform[80] nicht am Abschlussstichtag erstellt wird, sondern auf den Abschlussstichtag.

4. *Übermäßiger Aufwand?*

Schließlich wird der Auffassung eines Prognoseerfordernisses noch entgegen gehalten, dass die Prognoseerstellung mit gegebenenfalls zusätzlichem und übermäßigem Aufwand für die Unternehmensleitung verbunden sei und vor dem Hintergrund einer wahrgenommenen gesetzgeberischen Entlastungstendenz insbesondere zugunsten von kleineren und mittleren Unternehmen (KMU) nicht verlangt werden könne.[81]

Diese Ansicht vermag nicht zu überzeugen.[82] Die Rechtsordnung sieht vielmehr bei Unternehmen in Krisennähe an vielen Stellen Prognoseerfordernisse vor und verlangt ganz selbstverständlich von der Unternehmensleitung die Beobachtung von Krisenindikatoren sowie die Einrichtung von Frühwarnsystemen.[83] Für das Festhalten an diesen Anforderungen sprechen nicht zuletzt auch die jüngst mit dem SanInsFoG in § 1 StaRUG bestätigend normierten Pflichten zur Krisenfrüherkennung und zum Krisenmanagement für Geschäftsleiter juristischer Personen. Diese werden unter Verweis auf die bereits bestehenden gesellschaftsrechtlichen Regelungen ausdrücklich als „nur" deklaratorisch verstanden.[84]

Eine Differenzierung mit Blick auf die Unternehmensgröße erfolgt dabei nur über den Umfang der Anforderungen[85] sowie die vorgesehenen Unterstützungsangebote.[86] Da sich die möglicherweise entgegenstehenden Gegebenheiten aus

80 Vgl. z.B. § 264 Abs. 1 HGB: 3–6 Monate.

81 *Mader/Seitz*, DStR-Beih. 2018, 1,10.

82 So auch *Hennrichs/Schulze-Osterloh*, DStR 2018, 1731, 1733.

83 Vgl. *Bork*, ZIP 2011, 101, 102 ff.; *Drescher,* Die Haftung des GmbH-Geschäftsführers, S. 28 Rn. 151 ff.; *Hübert,* Sorgfaltskonforme Prognosen, S. 154 ff.

84 *Hölzle,* Praxisleitfaden, § 1 StaRUG Rn. 2, 26; *Thole*, ZIP 2020, 1985, 1986.

85 *Bork,* ZIP 2011, 101, 102; *Hübert*, Sorgfaltskonforme Prognosen, S. 279.

86 Vgl. zu den zur Verfügung gestellten staatlichen Beratungsangeboten, deren Inanspruchnahme für KMU aktuell (derzeit bis 2025) auch über ein Programm des BMWi gefördert werden kann: Flöther-StaRUG/*Denkhaus/von dem Bussche*, § 101 StaRUG Rn. 1 f.

der Unternehmenstätigkeit ergeben, korrespondiert der Prognoseumfang im Rahmen der handelsrechtlichen Fortführungsannahme naturgemäß mit der Unternehmensgröße, so dass auch insoweit kein Übermaß droht.

5. *Zwischenfazit*

An dem Erfordernis einer Prognose kann nach alledem kein Zweifel bestehen.

In seiner Grundsatzentscheidung vom 26.01.2017[87] geht der BGH mithin ohne jeden Zweifel, unter Bezugnahme auf die führende Kommentarliteratur, davon aus, dass der Entscheidung über die Zugrundelegung der Fortführungsannahme nach § 252 Abs. 2 HGB eine Prognose der Unternehmensleitung zugrunde liegt.[88]

B. Prognosezweck

Die Fortführungsannahme gemäß § 252 Abs. 1 Nr. 2 HGB gehört zu den Grundsätzen ordnungsgemäßer Buchführung. Sie regelt den Ansatz der im Jahresabschluss ausgewiesenen Vermögensgegenstände und Schulden und gibt den hierbei regelmäßig zugrunde zu legenden Bewertungsmaßstab vor.

Dieser Bewertungsgrundsatz soll dazu führen, dass der ausgewiesene Wert der Aktiva ihrer tatsächlichen Verwendung im Rahmen der Unternehmenstätigkeit entspricht.[89] Zugleich wird damit bewirkt, dass der Ausweis der Passiva dem tatsächlichen Schuldenstand[90] der fortbestehenden Verträge entspricht und so letztlich auch das sich als Rechengröße daraus ergebende Eigenkapital den tatsächlichen Verhältnissen gemäß ausgewiesen wird, auf dessen Basis schließlich die Gewinnauszahlungsansprüche adäquat ermittelt werden können. Ferner soll die Festlegung des Bewertungsansatzes die Vergleichbarkeit der Jahresabschlüsse im Jahresverlauf gewährleisten.[91]

---

87 BGH, Urt. v. 26.01.2017 – IX ZR 285/14, BGHZ 213, 374 = ZInsO 2017, 432.

88 BGH, Urt. V. 26.01.2017 – IX ZR 285/14, BGHZ 213, 374 = ZInsO 2017, 432, 434 Tz. 24.

89 *Frystatzki*, DStR 2017, 1494, 1497.

90 a.A. BeckOGK/*Tiedchen*, § 252 HGB Rn. 19 unter Hinweis darauf, dass sich die Bewertung der Schulden nicht ändere. Dem ist jedoch zu entgegnen, dass sich die Passiva im Falle der Liquidation durch z.B. Vorfälligkeitsentgelte erhöhen. Die einzelne Verbindlichkeit mag insoweit nicht größer werden, wohl aber der Schuldengesamtstand.

91 MüKoHGB/*Ballwieser*, § 252 HGB Rn. 9; *Frystatzki*, DStR 2017, 1494, 1497; *Hennrichs/Schulze-Osterloh*, DStR 2018, 1731, 1732; *Sarburg/Mengwasser*, WPg 2017, 1179, 1180; BeckOGK/*Tiedchen*, § 252 HGB Rn. 19.

Die Fortführungsannahme dient dagegen nach allgemeiner Ansicht nicht als Krisenindikator, Frühwarnsystem oder Insolvenzprophylaxe.[92] Ihr kommen grundsätzlich keine Warn- oder Schutzfunktionen für Dritte zu.[93] Auch wenn sich mittelbar eine „auch" gläubigerschützende Wirkung im Rahmen der vorerwähnten Informationsfunktion von Bilanz und Jahresabschluss ergeben kann, ist diese für die Fortführungsannahme nicht primär intendiert. Dies ergibt sich bereits aus dem Gegenstand der Prognose, der die Fortführung der Unternehmenstätigkeit und gerade nicht des Unternehmensträgers (Rechtsträgers) betrifft.[94] Die Rechtsbeziehungen der Gläubiger bestehen hingegen zum Unternehmensträger, dessen Fortbestand allenfalls ein Aspekt der Prognose zur Fortführungsannahme ist.[95] Bezogen auf den Zeitpunkt der Abkehr von der Fortführungsannahme[96] greift eine etwaig gläubigerwarnende Wirkung überdies erst zu einem so späten Zeitpunkt ein, dass damit ein wirksamer Gläubigerschutz im Tatsächlichen nicht mehr verbunden ist.[97]

Gegen eine gläubigerschützende Intention der Vorschrift spricht auch die Systematik. Bei § 252 HBG handelt es sich um eine Vorschrift aus dem Regelungskreis der Rechnungslegungsvorschriften. Rechnungslegung ist für sich genommen zunächst einmal rückwärtsgewandt, auch wenn über

- die Fortführungsannahme (§ 252 Abs. 1 Nr. 2 HGB),
- das Wertaufhellungsprinzip (§ 252 Abs. 1 Nr. 4 HGB), nach Maßgabe dessen Ereignisse, die nach dem Abschlussstichtag aufgetreten sind, berücksichtig werden müssen, sofern sie Rückschlüsse auf die Wertverhältnisse am Abschlussstichtag zulassen,[98] sowie
- Anhang (§§ 284, 285 HGB) und Lagebericht (§§ 289 ff. HGB), die erläuternde Angaben zu den einzelnen Abschlusspositionen, der wirtschaftlichen Lage, den Geschäfts- und Rahmenbedingungen und den Perspektiven des Unternehmens enthalten,[99]

ein gewisser Zukunftsbezug hergestellt wird.

---

92 Vgl. nur *Frystatzki*, DStR 2017, 1494, 1497; *Hennrichs/Schulze-Osterloh*, DStR 2018, 1731, 1732.
93 *Frystatzki*, DStR 2017, 1494, 1497.
94 S. hierzu auch nachf. S. 81 f.
95 S. nachf. 81 f.
96 Dazu sogleich S. 95 ff.
97 So auch *Kaiser*, ZIP 2012, 2478, 2480.
98 IDW, WPH-Hauptband-*Störk*, Kapitel F, Abschn. 6.2.4 Rn. 94.
99 IDW RS HFA 35, IDW life 12/2021, Rn. 93 ff.

Die zukunftsgerichteten Pflichten zur Beobachtung von Krisenindikatoren, Unterhaltung von Frühwarnsystemen sowie auch Ergreifung von Gegenmaßnahmen ergeben sich stattdessen aus den allgemeinen Anforderungen an ordentliche und gewissenhafte Geschäftsleiter, der Haftungsverfassung des jeweiligen Gesellschaftsrechts (z.B. § 43 GmbHG, § 91 Abs. 2 AktG) sowie den drittschützenden Regelungen des Sanierungs- und Insolvenzrechts (§ 1 StaRUG, §§ 15a, 15b InsO).[100]

C. Prognosegegenstand

Prognosegegenstand ist nach dem Wortlaut des § 252 Abs. 1 Nr. 2 HGB die Fortführung der Unternehmenstätigkeit, nicht der Fortbestand des Unternehmensträgers (Rechtsträgers).[101]

Zu prüfen ist daher nach allgemeiner Ansicht, ob das Unternehmen als organisatorische Einheit seine werbende Tätigkeit für einen überschaubaren Zeitraum wird fortsetzen können.[102] Unternehmenstätigkeit ist hierbei jede Tätigkeit, die ein Unternehmen ausübt.[103] Sie kann sich auch aus verschiedenen Teiltätigkeiten zusammensetzen.[104] Die Unternehmenstätigkeit muss nach außen erkennbar werden.[105] Eine beständige Teilnahme am Wirtschaftsverkehr ist indes nicht erforderlich, so dass auch die ruhende Gesellschaft, der Firmenmantel sowie die Vermögensverwaltungsgesellschaft eine Unternehmenstätigkeit im Sinne des § 252 Abs. 1 Nr. 2 HGB ausüben.[106] Neben diesen objektiven Voraussetzungen ist als subjektive Voraussetzung erforderlich, dass die Fortsetzung der Unternehmenstätigkeit vom Willen des Unternehmers getragen wird.[107]

Dem ist, soweit die Abgrenzung Unternehmenstätigkeit und Unternehmensträger sowie die Definition der Unternehmenstätigkeit betroffen sind, zuzustimmen.

---

100 *Hölzle*, Praxisleitfaden, Teil 1 § 1 Rn. 1 ff.

101 *Gehrlein*, WM 2018, 1, f.; IDW WP Handbuch-Hauptband, Kap. L Rn. 435 ff.; *Kaiser*, ZIP 2012, 2478, 2480; BeckOGK/*Tiedchen*, § 252 HGB Rn. 23; MüKoBilanzR/*Tiedchen*, § 252 HGB Rn. 20.

102 Vgl. nur *A/D/S*, § 252 Tz. 24; BeckOGK/*Tiedchen*, § 252 HGB Rn. 24.

103 *Kaiser*, ZIP 2012, 2478, 2481.

104 *Kaiser*, ZIP 2012, 2478, 2482.

105 *Kaiser*, ZIP 2012, 2478, 2481.

106 A/D/S, § 252 HGB Tz. 27.

107 *Kaiser*, ZIP 2012, 2478, 2481.

Der Fokus auf die Fortführung der Unternehmenstätigkeit ist indes nach der hier vertretenen Auffassung nur auf den ersten Blick richtig. § 252 Abs. 1 Nr. 2 HGB normiert ein Regel-Ausnahme-Prinzip. Danach ist bei der Bewertung *„von der Fortführung der Unternehmenstätigkeit aufzugehen"*. Diese Regelvermutung gilt danach immer – auch ohne Prognose oder Prüfung. § 252 Abs. 1 Nr. 2 HGB verlangt also nicht den Nachweis, dass das Unternehmen fortgeführt werden kann.

Die Regelvermutung darf nur dann nicht mehr zugrunde gelegt werden, wenn *„tatsächliche oder rechtliche Gegebenheiten entgegenstehen"*. Zu prüfen und im Rahmen einer Prognose zu bewerten, ist damit nur, dass keine Gegebenheiten der Fortführung entgegenstehen.[108] Da aber negative Tatsachen nur schwerlich nachgewiesen oder gar bewiesen werden können,[109] sind im Rahmen der prognostischen Bewertung die vorhandenen rechtlichen, finanz- und betriebswirtschaftlichen sowie tatsächlichen Sachverhalte und Ereignisse darauf hin zu überprüfen, ob sie einer Fortführung der Unternehmenstätigkeit entgegenstehen und nicht überwunden werden können.[110]

Prognosegegenstand ist nach alledem die Überwindbarkeit rechtlicher oder tatsächlicher Gegebenheiten, die der Fortführung der Unternehmenstätigkeit entgegenstehen.

D. Prognoseanlass

Der Prognoseanlass wird in § 252 Abs. 1 Nr. 2 HGB über die Formulierung *„sofern (…) entgegenstehen"* nur vage bezeichnet. Wenn entgegenstehende Gegebenheiten die Fortführungsannahme widerlegen, müssen Anhaltspunkte für diese Gegebenheit die Prognose auslösen.

1. Prognose auslösende Sachverhalte

In der Literatur sowie den berufsständischen Richtlinien[111] sind hierzu verschiedene rechtliche, betriebliche und betriebswirtschaftliche Indiztatsachen

---

108 *Groß*, Wpg 2010, 119, 122.

109 Zivilprozessual wird der Schwierigkeit des Nachweises einer negativen Tatsache mit der sekundären Darlegungslast für die andere Partei begegnet (st. Rspr. Vgl. BGH, NJW 2009, 3429 Tz. 38).

110 So auch Petersen/Zwirner/*Brösel*, § 252 HGB Rn. 19.

111 Diesen kommt keine Rechtsnormqualität zu. Sie können allerdings als Orientierungshilfe dienen, soweit sie mit der Rechtslage und Rechtsprechung übereinstimmen.

herausgearbeitet worden.[112] Zugleich ist aber auch festgestellt worden, dass es keine allgemein gültigen betriebswirtschaftlichen Kennzahlen gebe, bei deren Auftreten eine Prüfung der Fortführungsannahme zwingend geboten wäre.[113]

a) *„Sonnenscheinkriterien"*

Übereinstimmend wird davon ausgegangen, dass die Fortführungsannahme ohne weitere Prüfung zugrunde gelegt werden kann, wenn das Unternehmen

- in der Vergangenheit nachhaltig Gewinne erzielt hat,
- leicht auf finanzielle Mittel zurückgreifen kann und
- keine bilanzielle Überschuldung droht

(sog. Sonnenscheinkriterien).[114] Hineinzulesen ist als weitere Voraussetzung vor dem Hintergrund des „sofern"-Nebensatzes des § 252 Abs. 1 Nr. 2 HGB, dass sich eine künftige Beendigung der Unternehmenstätigkeit auch nicht aus unternehmerischer Entscheidung, Ablauf der vorgesehenen Zeit oder Verpflichtung zur Aufgabe ergeben darf.

Jedenfalls der Fortfall der sog. Sonnenscheinkriterien gilt einhellig als Prüfungsanlass.[115]

b) *Indiztatsachen*

Als weiterer Prüfungsanlass bietet sich das Auftreten der in der Literatur und dem IDW-Prüfungsstandard PS 270 n.F. aufgeführten Indiztatsachen[116] an,

---

112 MüKoHGB/*Ballwieser*, § 252 HGB Rn. 11 ff.; EBJS/*Böcking/Gros/Wirth*, § 252 Rn. 16 f.; *Groß*, WPG 2010, 119, 125; Heidel/Schall/*Heyes/Thelen*, § 252 Rn. 11; *IDW*, PS 270 n.F., IDW Life 12/2021, A5; *Kaiser*, ZIP 2012, 2478, 2482; Baumbach/Hopt/*Merkt*, § 252 Rn. 7; BeckOK HGB/*Poll*, § 252 HGB Rn. 7, 8; BeckOGK/*Tiedchen*, § 252 HGB Rn. 27 ff.

113 MüKoHGB/*Ballwieser*, § 252 HGB, Rn. 13; *Semler/Goldschmidt*, ZIP 2005, 3, 5; BeckOGK/*Tiedchen*, § 252 HGB Rn. 28.

114 BGH, Urt. v. 26.01.2017 – IX ZR 285/14, BGHZ 213, 374 = ZInsO 2017, 432 Tz. 30; *Gehrlein*, WM 2018, 1, 3.; *Hermanns/Blome*, ZInsO 2018, 362,363 f.; Heidel/Schall/*Heyes/Thelen, § 252 HGB Rn. 13; IDW*, PS 270 n.F., IDW Life 12/2021, Rz. A8; *Mader/Seitz*, DStR-Beih. 2018, 1, 6; Koller/Kindler/Roth/Druen/*Morck/Drüen*, § 252 HGB Rn. 3.

115 BGH, Urt. v. 26.01.2017 – IX ZR 285/14, BGHZ 213, 374 = ZInsO 2017, 432 Tz. 28; *Mader/Seitz*, DStR-Beih. 2018, 1, 6; *Wehning*, DStR 2021, 2257, 2261.

116 EBJS/*Böcking/Gros/Wirth;* § 252 HGB Rn. 15 ff.; *IDW* PS 270 nF, IDW Life 12/2021, A5; *Kaiser*, ZIP 2012, 2478, 2482; krit. i.d. Einzelheiten: *Mader/Seitz*, DStR-Beih. 2018, 1, 13 ff.; *Pickerill*, NZG 2018, 609, 611.

wobei jeweils die Verhältnisse des Einzelfalls maßgebend sind. Wie das Vorliegen bestimmter betriebswirtschaftlicher Kennzahlen nicht zwingend und in jedem Fall zu einer Aufgabe der Unternehmenstätigkeit führt,[117] gilt dies gleichermaßen auch für die Indiztatsachen.

Es wird hierbei entsprechend der gesetzlichen Formulierung zwischen Indiztatsachen für rechtliche und tatsächliche Gegebenheiten unterschieden. Die Grenze ist indes teilweise schwimmend.[118] Nach der grundsätzlichen Differenzierung haben rechtliche Gegebenheiten die Auflösung oder Liquidation zur Folge,[119] während tatsächliche Gegebenheit die Aufgabe der Geschäftstätigkeit erforderlich machen.[120]

(1) Rechtliche Gegebenheiten

Als Prüfungsanlässe rechtlicher Natur gelten gesetzliche oder Satzungsvorschriften, die die Auflösung und Abwicklung zur Folge haben, auch wenn diese noch nicht vorliegen, aber tatsächlich zu erwarten sind.[121] Als Beispiele werden Gewerbeuntersagungsverfügungen und gesetzliche Verbote benannt, das Auslaufen erforderlicher Patent- und Markenschutzrechte, teilweise auch das Vorliegen von Insolvenzgründen sowie die Eröffnung eines Insolvenzverfahrens.[122]

(2) Tatsächliche Gegebenheiten

Als Prüfungsanlässe tatsächlicher Natur gelten wirtschaftliche Schwierigkeiten, die einer Fortführung der Unternehmenstätigkeit entgegenstehen, wie das Vorliegen von Zahlungsschwierigkeiten, die Erwirtschaftung erheblicher Verluste, das Auftreten einer bilanziellen Unterdeckung, das Vorliegen von Insolvenzgründen oder der Verlust fortführungserheblicher Mitarbeiter/ Lieferanten/Kunden.[123]

---

117 *Semler/Goldschmidt*, ZIP 2005, 3, 5.

118 *Pföhler*, BB 2021, 299.

119 *Frystatzki*, DStR 2017, 1494.

120 *Frystatzki*, DStR 2017, 1494 f.

121 Baumbach/Hopt/*Merkt*, § 252 HGB Rn. 7.

122 *Kaiser*, ZIP 2012, 2478, 2485; *Mielke*, DStR 2017, 1060, 1063; *Semler/Goldschmidt*, ZIP 2005, 3, 5; *Zabel* in FS-Kübler, S. 825, 832.

123 BGH, Urt. v. 26.01.2017 – IX ZR 285/14, BGHZ 213, 374 = ZInsO 2017, 432 Tz. 27 f.; Baumbach/Hopt/*Merkt*, § 252 HGB Rn. 7; *Hennrichs/Schulze*-Osterloh, DStR 2018, 1731, 1733; *IDW*, PS 270 n.F., IDW Life 12/2021 A5; *Kaiser*, ZIP 2012, 2478, 2487; *Lilienbecker/Link/Rabenhorst*, BB 2009, 262, 264; *Meisner*, Anm. z. BGH, Urt. v. 26.01.2017 – IX ZR 285/17, DStR 2017, 956, 959; *Mielke*, DStR 2017, 1060, 1062;

2. *Prognose auslösender Zeitpunkt*

Darüber hinaus ist umstritten, wann eine Prüfung der Widerlegung der Fortführungsannahme im Rahmen einer Prognose nach § 252 Abs. 1 Nr. 2 HGB erforderlich wird.

a) „immer"

Das *IDW* verlangt unter Bezugnahme auf den Rechnungslegungsstandard IAS 1.25 f. sowie unter ausdrücklicher Berücksichtigung, dass das HGB eine entsprechende Pflicht nicht normiert, dass stets bei Aufstellung des Abschlusses eine „*Einschätzung der Fähigkeit des Unternehmens zur Fortführung der Unternehmenstätigkeit*" vorzunehmen sei.[124]

Diese Sichtweise wird – nach hiesiger Auffassung zu Recht – als zu weitgehend kritisiert.[125] *Mader/Seitz* führen an, dass es hierdurch zu einer unzulässigen Durchbrechung des Wertaufhellungsprinzips des § 252 Abs. 1 Nr. 4 HGB sowie einem „*verdeckten Rechtsimport*" komme.[126]

Berufsrechtlichen Standards und Richtlinien kommt keine Rechtsnormqualität zu.[127] Sie sind praktischer Handlungsleitfaden und können den Gerichten als Erkenntnisquelle für Mindestanforderungen an steuerberatende bzw. wirtschaftsprüfende Tätigkeit dienen. Sie können indes nicht rechtsverbindlich die Anforderungen deren rechtlicher Grundlagen ausweiten. Dem steht nicht zuletzt das Rechtsstaatsprinzip entgegen.

Wie das *IDW* selbst anmerkt,[128] ist ein „immer" als Prüfungsanlass dem Wortlaut des § 252 Abs. 1 Nr. 2 HGB nicht zu entnehmen. Es ist vielmehr ausdrücklich über den „sofern"-Nebensatz ein Regel-Ausnahme-Verhältnis formuliert. Ein „immer" ergibt sich auch nicht aus Sinn und Zweck der Norm, die zuvorderst einen Wertausweis entsprechend der tatsächlichen Verwendung bei Vergleichbarkeit über den Zeitablauf gewährleisten will.

Es braucht mithin einen konkreten Prüfungsanlass.

Semler/Goldschmidt, ZIP 2005, 3, 5; *Zabel* in FS-Kübler, S. 825, 832; *Zugehör,* WM 2013, 1965, 1969.

124 In der neuen Fassung unverändert: *IDW,* PS 270 n.F., IDW Life 12/2021, Rz. 5.

125 *Hennrichs/Schulze-Osterloh,* DStR 20174, 1731, 1734 f.

126 *Mader/Seitz,* DStR 2020, 996, 998.; *diess.,* DStR 2018, 1933, 1934.

127 BeckOK HGB/*Poll,* 34. Ed. 15.10.2021, § 323 HGB Rn. 11.

128 *IDW,* PS 270 n.F: IDW Life 12/2021, Rz. 5.

b) *Auftreten von Indiztatsachen*

Die vorgenannten Prognoseauslöser sind auf einem gedachten Zeitstrahl mit dem Zeitpunkt der Unternehmensaufgabe als Endpunkt unterschiedlich weit davon entfernt angesiedelt. Auch hier spielen wieder die Besonderheiten des Einzelfalls eine Rolle. Während bei manchem Unternehmen bspw. der Fortfall eines Hauptkunden zwar wesentlich ist, sich aber nicht existentiell auswirkt, mag dieses bei einem anderen Unternehmen ganz anders aussehen, z.B. weil unterschiedliche Möglichkeiten der Kompensation gegeben sind. Insoweit ist fraglich, ob eine Prüfung immer bei Auftreten einer Indiztatsache erforderlich ist oder erst bei Auftreten einer im Einzelfall existenziellen Indiztatsache oder auch erst einer existenzbedrohenden Kumulation von Indiztatsachen, die der möglichen Aufgabe der Unternehmenstätigkeit zeitlich nahe liegt.

Nach der hier vertretenen Auffassung ist denklogisch bereits mit dem Auftreten der ersten Indiztatsache eine Prüfung vorzunehmen, da ohne Prüfung keine Aussage über ein etwaiges Entgegenstehen i.S.d. § 252 Abs. 1 Nr. 2 HGB und damit eine mögliche Widerlegung der Fortführungsannahme getroffen werden kann. Genau dazu fordert § 252 Abs. 1 Nr. 2 HGB mit dem gewählten Regel-Ausnahmeprinzip jedoch auf.

E. Prognosemethode

Die Anforderungen an Art und Umfang der Prognose sind im Gesetz ebenfalls nicht definiert.

I. *Zahlungsfähigkeitsprüfung*

In der Literatur wird teilweise vertreten, dass es sich um eine an die Anforderungen an Sanierungskonzepte gemäß der diesbezüglichen BGH-Rechtsprechung angelehnte Prüfung handele, für die eine „*intensive Vergangenheitsanalyse*" mit „*validem Planungskonzept*" erforderlich sei.[129] Teilweise wird auch eine inzidente Prüfung des Vorliegens von Insolvenzgründen für erforderlich gehalten[130] oder angenommen, dass es sich im Wesentlichen um eine Liquiditätsprüfung handele.[131]

---

129 *Wehning*, DStR 2021, 2257, 2263.

130 *Baumert,* ZInsO 2017, 486; *ders.*, ZIP 2013, 1851, 1852 Fn. 14.

131 *Frystatzki*, NZI 2011, 173, 174; *Pföhler/Knappe*, WPg 2021, 354, 356 „Dreh- und Angelpunkt".

Das ist in dieser Zugespitztheit nach der hier vertretenen Auffassung nicht richtig. Die Fragen nach der Zahlungsfähigkeit, der Sanierungsfähigkeit sowie dem Vorliegen eines Insolvenzgrundes knüpfen ausschließlich an den Fortbestand des Unternehmensträgers an. Der Fortfall des Unternehmensträgers kann zu einer Widerlegung der Fortführungsannahme für die Unternehmenstätigkeit im Sinne des § 252 Abs. 1 Nr. 2 HGB führen. Zwingend ist dieser Schluss indes nicht.

Das Unternehmen als organisatorische Einheit ist, solange der operative Geschäftsbetrieb mindestens ausgeglichen wirtschaftet, d.h. über ein tragfähiges Geschäftsmodell verfügt, jedoch grundsätzlich auch ohne den Unternehmensträger fortführungsfähig.[132] Solche Sachverhalte führen in Insolvenzverfahren bspw. regelmäßig zu sog. übertragenden Sanierungen. Eine nur auf den Fortbestand des Unternehmensträgers beschränkte Prüfung ist mithin zu verengt.[133]

Aus § 252 Abs. 1 Nr. 2 HGB für sich genommen, ergibt sich weder das Erfordernis für die Ausarbeitung eines Sanierungskonzepts noch eine Zahlungsfähigkeitsprüfung oder insolvenzrechtliche Fortführungsprognose im Sinne des § 19 InsO. Sind entsprechende Konzepte und Prüfungen jedoch aus anderen rechtlichen oder tatsächlichen Gründen geboten und von der Unternehmensleitung vorzunehmen, ist deren Ergebnis in die Prüfung der Widerlegung der Fortführungsannahme nach § 252 Abs. 1 Nr. 2 HGB einzubeziehen.[134] Dies ergibt sich bereits aus dem allgemeinen Grundsatz, dass eine Prognose alle im Zeitpunkt ihrer Erstellung bekannten und relevanten Sachverhalte berücksichtigten muss. Anderenfalls wäre die Prognose fehlerhaft.[135]

2. *Anlassbezogene Prüfung*

Ausgangspunkt der handelsrechtlichen Fortführungsprognose ist jedoch, wie dargelegt, nicht die Frage, ob das Unternehmen im Tatsächlichen fortgeführt werden kann. Die Unternehmensfortführung wird unterstellt und muss nicht gesondert dargelegt und nachgewiesen werden. Ausgangspunkt ist die Frage, ob dieser Fortführung Gegebenheiten entgegenstehen.

---

132 *Gehrlein*, WM 2018, 1, 2.

133 Ablehnend auch *Frystatzki*, DStR 2017, 1494, 1495; *Kaiser*, ZIP 2012, 2478, 2481.

134 BGH, Urt. v. 26.01.2017 – IX ZR 285/14, BGHZ 213, 374 = ZInsO 2017, 432 Tz. 28; *Groß/Amen*, DB 2005, 1861, 1866 ff.; *Pföhler/Seidler*, BB 2021, 299, 303.

135 S. oben S. 56 ff.

Im Rahmen der handelsrechtlichen Fortführungsprognose ist daher gewissenhaft auf Basis aller im Zeitpunkt ihrer Erstellung bekannten und relevanten Sachverhalte zu prüfen, ob einer dieser bekannten rechtlichen, finanz- oder betriebswirtschaftlichen sowie tatsächlichen Sachverhalte der Fortführung der Unternehmenstätigkeit konkret entgegensteht. Die Prüfung erfolgt insoweit zweistufig. Zunächst ist zu prüfen, ob sich aus der Risikoanalyse ein Prognoseanlass ergibt. Sodann sind prognostisch dessen Auswirkungen auf die Fortführung der Unternehmenstätigkeit zu bewerten.

Daraus kann sich ein Gleichlauf mit der Zahlungsfähigkeitsprognose ergeben, wenn bspw. finanzwirtschaftliche Gegebenheiten[136] zu untersuchen sind.

Bei Auftreten betrieblicher Gegebenheiten[137] sind hingegen z.B. betriebsorganisatorische, beschaffungswirtschaftliche oder vertrieblich-marketingtechnische Ereignisse auf ihre Auswirkung hin zu untersuchen, was regelmäßig grundsätzlich eine Frage der Ertragskraft ist. Kann den Ereignissen auf dieser Ebene begegnet werden, endet die Prüfung bereits dort.

Umgekehrt kann es sein, dass z.B. eine sonstige Gegebenheit[138] eine so eindeutige Auswirkung auf die Solvenz des Unternehmensträgers hat, dass nicht etwa mehr dessen Insolvenzreife fraglich ist, sondern vielmehr zu untersuchen ist, ob sich noch Fortführungsaussichten für die Unternehmenstätigkeit in einem Insolvenzverfahren ergeben.[139]

Diese differenzierte Vorgehensweise führt dazu, dass transparent alle etwaig bestehenden Prognoseanlässe benannt und auf ihrer Wirkungsebene untersucht werden und nicht nur in die Betrachtung der Liquiditätsentwicklung „eingepreist“ werden. Sie entspricht ferner der gesetzgeberischen Intention, die Fortführung der Unternehmenstätigkeit zu klären, die durch eine reine Liquiditätsbetrachtung auf der Ebene des Unternehmensträgers nur unzureichend geprüft wird.

F. Prognosehorizont

Für die Bewertung der im Jahresabschluss ausgewiesenen Vermögensgegenstände ist anerkannt, dass diese nicht am Bilanzstichtag erfolgt, sondern auf den Bilanzstichtag. Das Stichtagsprinzip des § 252 Abs. 1 Nr. 3 HGB wird

---

136 Vgl. Beispiele in IDW, PS 270 n.F., IDW Life 1/2022, A5.
137 Vgl. Beispiele in IDW, PS 270 n.F., IDW Life 1/2022, A5.
138 Vgl. Beispiele in IDW, PS 270 n.F., IDW Life 1/2022, A5.
139 So BGH, Urt. v. 26.01.2017 – IX ZR 285/14, BGHZ 213, 374 = ZInsO 2017, 432, Tz. 27.

insoweit durch den Wertaufhellungsgrundsatz des § 252 Abs. 1 Nr. 4 1. HS HGB konkretisiert.[140]

Nach dem Wertaufhellungsgrundsatz sind nach dem Abschlussstichtag bekanntwerdende aber vor dem Stichtag bereits eingetretene Ereignisse zu berücksichtigen, die Rückschlüsse auf die Wertverhältnisse am Abschlussstichtag zulassen.[141] Wertbegründende Ereignisse, die erst nach dem Abschlussstichtag auftreten, dürfen dagegen regelmäßig nicht auf die Wertansätze zum Abschlussstichtag zurückbezogen werden.[142] Die Insolvenz eines Kunden bspw., die im abgelaufenen Geschäftsjahr bereits eingetreten ist, aber erst nach Ablauf des Geschäftsjahrs bekannt wird, ist demzufolge im Abschluss des abgelaufenen Geschäftsjahrs durch eine Wertberichtigung der Forderung zu berücksichtigen. Ist die Insolvenz des Kunden dagegen erst nach Ablauf des Geschäftsjahres eingetreten, ist keine Wertberichtigung auf den Stichtag des abgelaufenen Geschäftsjahrs vorzunehmen.

Dieser Grundsatz wird in der Literatur, soweit ersichtlich noch mehrheitlich, auch auf die Prognose im Rahmen der Fortführungsannahme übertragen,[143] mit der Folge, dass sich Fragen nach dem „richtigen“ Prognosestichtag sowie der Prognosedauer ergeben. In jüngerer Zeit wird demgegenüber vertreten, dass – entgegen dem Prinzip der Wertaufhellung – bei der handelsrechtlichen Prognose zur Fortführungsannahme auch wertbegründende Ereignisse mit einzubeziehen sind.[144] Diese Auffassung vertritt auch das IDW.[145]

Teilweise wird auch grundsätzlich am Stichtagsprinzip festgehalten, jedoch eine Ausnahme gemacht, wenn und soweit das wertbegründende Ereignis sicher die Einstellung der Unternehmenstätigkeit nach sich zieht.[146]

Nach der hier vertretenen Auffassung kann das Werthaufhellungsprinzip im Rahmen der Prognose zur Fortführungsannahme nicht zur Anwendung kommen. Hierfür streiten bereits die grundsätzlichen Voraussetzungen und

---

140 *Moxter,* DStR 2008, 469.

141 *A/D/S*, § 252 HGB Tz. 76 ff.; IDW, WPH-Hauptband-*Störk*, Kapitel F, Abschn. 6.2.4 Rn. 94.

142 *Schulze-Osterloh,* DStR 2007, 1006, 1007; *Rimmelspacher/Kliem,* WPg 2020, 381 f.; *IDW,* PS 203 n.F., IDW Life 12/2021 Tz. 9.

143 *A/D/S*, § 252 HGB Tz. 26; MüKoHGB/*Ballwieser,* § 252 Rn. 18; *Frystatzki,* DStR 2017, 1494, 1496; *Kaiser,* ZIP 2012, 2478, 2484; *Schulze-Osterloh,* DStR 2007, 1006, 1007 ff.

144 BeckOGK/*Tiedchen,* § 252 HGB Rn. 25.

145 *IDW,* PS 270 n.F., IDW Life 12/2021 Tz. 7.

146 BeckOK HGB/*Poll,* § 252 HGB Rn. 9.1.

Anforderungen an eine Prognose,[147] insbesondere der Grundsatz, dass sichere Ereignisse mit den tatsächlichen Auswirkungen einzubeziehen sind und nicht mehr prognostiziert werden dürfen.

1. Prognosegrundlage

Werden die sich aus dieser Diskussion ergebenden Fragestellungen aus dem Blickwinkel der Prognose betrachtet, ist die Anwendung des Wertaufhellungsprinzips weniger eine Frage von Stichtag und Zeitraum als vielmehr eine Frage der Prognosegrundlage.

a) Wirkung des Wertaufhellungsprinzips

Die Anwendung des Wertaufhellungsprinzips führt dazu, dass bestimmte Ereignisse und Sachverhalte bei der Bewertung auf den Abschlussstichtag einbezogen werden und andere nicht. Auf die Prognose zum Fortfall der Fortführungsannahme bezogen, bedeutet dies, dass sich der Prognosesachverhalt ändert, je nachdem, wann ein Ereignis eingetreten ist. In die Prognose wird also ein Zeitfaktor eingearbeitet, der zu einem unterschiedlichen Prognoseergebnis führen kann, obgleich die prognostischen Auswirkungen des Ereignisses in beiden Fällen gleich sind. Das führt zu ungerechtfertigten Zufallsergebnissen.

Es soll zur Verdeutlichung das vorstehend bereits angesprochene Beispiel der Kundeninsolvenz zugrunde gelegt werden. Es wird unterstellt, dass damit nicht nur ein maßgeblicher Forderungsausfall, sondern zugleich der Verlust der maßgeblichen Auftragsbeziehung verbunden ist. Die Kundeninsolvenz ist mithin existenzbedrohend.

Nach dem Wertaufhellungsprinzip wäre die Kundeninsolvenz in die Prognose einzubeziehen, wenn sie vor dem Abschlussstichtag eingetreten, aber erst später bekannt geworden ist, so dass gegebenenfalls die Fortführungsannahme entfällt, wenn der Ausfall nicht kompensiert werden kann. Tritt sie dagegen erst nach dem Stichtag ein, wäre sie nicht mehr zu berücksichtigen, obgleich auch in diesem Fall die Fortführung der Unternehmenstätigkeit konkret in Frage steht. Bei Anwendung des Wertaufhellungsprinzips kommt es mithin zu einer späten Aufgabe der Fortführungsannahme, während ohne dessen Anwendung die Fortführungsannahme früher entfiele.[148]

Die Frage nach dem richtigen Zeitpunkt für die Aufgabe der Fortführungsannahme prägt damit die Diskussion.

---

147 Zu den grundsätzlichen Anforderungen s.o. S. 55 ff.

148 *Frystatzki,* DStR 2017, 1494, 1496; *Rimmelspacher/Kliem,* Wpg 2020, 381, 382.

b) Argumente für eine Anwendung des Wertaufhellungsprinzips

Die Befürworter der Anwendung des Wertaufhellungsprinzips sind für eine eher späte Aufgabe der Fortführungsannahme. Sie führen an, dass sich aus dem Wortlaut der Norm sowie dem allgemeinen Normverständnis keine Anhaltspunkte für eine Verpflichtung zu einer frühen Aufgabe der Fortführungsannahme, sondern ganz im Gegenteil nur für deren späte Aufgabe ergeben.[149]

Kritisiert wird von *Mader/Seitz* auch diesbezüglich, dass eine frühzeitige Aufgabe der Fortführungsannahme einem *„verdeckten Rechtsimport"* gleichkomme[150], sowie ferner, dass eine nicht bestehende Regelungslücke entgegen der ausdrücklichen Normierung, in dem Sinne dann vermeintlich, geschlossen werde[151] und die Anforderungen des Regel-Ausnahme-Prinzips in ihr Gegenteil verkehrt werden, wenn das Unternehmen bereits zu einem frühzeitigen Zeitpunkt darzulegen habe, dass die Fortführungsannahme weiter gegeben sei.[152] Sie sehen darin eine nach alledem nicht gerechtfertigte Durchbrechung des Stichtagsprinzips des § 252 Abs. 1 Nr. 3 HGB.[153] Soweit ferner durch eine späte Aufgabe der Fortführungsannahme unberechtigt ausgewiesene Gewinnauszahlungsansprüche befürchtet werden, hält dem *Tiedchen* entgegen, dass diese Gefahr in den denkbaren Situationen eher fernliegend sei und eine Lösung mehr eine Frage des Gesellschaftsrechts denn der Rechnungslegung.[154]

c) Argumente gegen eine Anwendung des Wertaufhellungsprinzips

Wie schon in dem vorgenannten Argument anklingt, führen die Vertreter der Einbeziehung wertbegründender Ereignisse an, dass mit einer frühzeitigen Aufgabe der Fortführungsannahme dem Risiko begegnet werden solle, dass sich auf den Abschlussstichtag möglicherweise noch Gewinnausschüttungsansprüche ergeben könnten, obgleich bereits sicher absehbar sei, dass eine Einstellung der Unternehmenstätigkeit erfolge.[155]

149 *Frystatzki,* DStR 2017, 1494, 1496; *Gehrlein,* WM 2018, 1, 3; *Hennrichs/Schulze-Osterloh,* DStR 2018, 1731, 1732; *Kaiser,* ZIP 2012, 2478, 2483.

150 *Mader/Seitz,* DStR 2020, 996, 998.

151 *Mader/Seitz,* DStR 2020, 996, 997 f.

152 Hier der Rechnungslegungsstandards IAS. *Mader/Seitz,* DStR 2020 996, 1002.

153 *Mader/Seitz,* DStR 2020, 996, 1004; dem zustimmend auch *Hennrichs/Schulze-Osterloh,* DStR 2018, 1731, 1733.

154 BeckOKG/*Tiedchen,* § 252 HGB Rn. 25.

155 *Freidank,* StB 2019, 293, 296.

Ferner wird darauf hingewiesen, dass es sich beim Stichtagsprinzip um eine Bewertungsvorschrift handele, bei der Fortführungsannahme hingegen um eine Prämisse.[156]

d) Zwischenfazit

In der grundsätzlichen Frage nach einem frühen oder späten Aufgabezeitpunkt für die Fortführungsannahme ist den Vertretern des späten Aufgabezeitpunkts insbesondere unter Berücksichtigung des Sinns und Zwecks[157] der Fortführungsannahme grundsätzlich beizupflichten. Ein Bedürfnis für eine möglichst frühe Aufgabe der Fortführungsannahme könnte sich allenfalls aus Insolvenzprophylaxe- sowie Gläubigerschutzaspekten ergeben, die jedoch wie dargelegt nicht Sinn und Zweck der handelsrechtlichen, rechnungslegenden Fortführungsannahme sind. Auch der mit § 252 Abs. 1 Nr. 2 HGB angestrebten Vergleichbarkeit sowie dem, der tatsächlichen Verwendung entsprechenden, Wertausweis entspricht die späte Aufgabe der Fortführungsannahme.

Vor dem Hintergrund der Prognosevoraussetzungen und -anforderungen ist die Frage der Anwendbarkeit des Wertaufhellungsprinzips indes keine Frage nach einem Stichtag und einem etwaigen Rückbezug von Ereignissen, sondern wie eingangs angesprochen vielmehr die Frage nach der Prognosegrundlage. Im Tatsächlichen führt die Anwendung des Wertaufhellungsprinzips nämlich dazu, dass bekannte wertbegründende Ereignisse und Sachverhalte der Prognose nicht zugrunde gelegt werden, obgleich sie eben genau das sind: bekannt.

Einer Prognose sind indes alle zum Prognosestichtag, d.h. dem Tag, an dem die Prognose aufgestellt wird, vorhandenen Erkenntnisse zugrunde zu legen. Das bereits eingetretene Ereignis kann nicht mehr prognostiziert werden. Es ist mit seinen tatsächlichen Auswirkungen zu berücksichtigen. Eine Prognose ist vielmehr nur und insoweit erforderlich und möglich, wie eine Ungewissheit besteht.[158] Eine Prognose, die sichere Erkenntnisse und deren Auswirkungen nicht berücksichtigt, ist dagegen fehlerhaft.

Nach alldem ist das Wertaufhellungsprinzip im Rahmen der Prognose zur Fortführungsannahme nicht anwendbar.

---

156 BeckOGK/*Tiedchen*, § 252 HGB Rn. 25.

157 S.o. S. 79 ff.

158 *Nickert/Nickert/Kühne*, KTS 2019, 29, 32.

2. *Prognosezeitraum*

Des weiteren ist fraglich, wann der Prognosezeitraum beginnt, welchen Zeitraum die Prognose umfassen muss und ob dessen Länge durch die Prognosezeiträume der §§ 18, 19 InsO oder temporär auch des § 4 COVInsAG beeinflusst wird.

a) Beginn

Als Beginn des Prognosezeitraums sind von *Kaiser* drei mögliche Starttermine (Abschlussstichtag, Aufstellungstag, Testatserteilungstag) ausgemacht worden, bei denen er sich sodann für den Abschlussstichtag entschieden hat.[159] Für den Abschlussstichtag sprechen aus seiner Sicht, dass Adressat des § 252 HGB allein der Bilanzersteller, mithin der Unternehmer ist, so dass es auf den Tag der Testatserteilung nicht ankommen könne. Bei Zugrundelegung des Aufstellungstags käme es dagegen zu abweichenden Starttagen je nach Unternehmensgröße (§ 264 Abs. 1 S. 3, 4 HGB). Die Zugrundelegung des Abschlussstichtages führe dagegen zu einer periodengerechten Abgrenzung der Ereignisse und gehe insoweit mit dem Zweck der Abschlusserstellung konform, der der periodengerechten Abgrenzung der Geschäftsergebnisse diene.[160]

Der Beginn des Prognosezeitraums wird, soweit ersichtlich, aktuell nicht weiter problematisiert. In der Literatur wird der Abschlussstichtag zugrunde gelegt.[161] Auch der BGH geht in seiner Grundsatzentscheidung ohne weiteres davon aus, dass die handelsrechtliche Prognose den Abschlussstichtag zum Ausgangspunkt hat.[162]

Das *IDW* hält dagegen den Aufstellungstag für maßgebend.[163]

Da die handelsrechtliche Rechnungslegung die Rechnungslegungszeiträume über den Abschlussstichtag definiert und voneinander abgrenzt, ist dieser aus hiesiger Sicht systematisch der geborene Ausgangspunkt der Betrachtung. Würde hingegen beispielsweise der Aufstellungsstichtag als Ausgangspunkt gewählt, ergäbe sich über die Jahresverläufe eine Varianz von Stichtagen und

---

159 *Kaiser*, ZIP 2012, 2478, 2484.

160 *Kaiser*, ZIP 2012, 2478, 2484.

161 Petersen/Zwirner/*Brösel*, § 252 HGB Rn. 22; *Freidank*, StB 2019, 293, 296; *Frystatzki*, DStR 2017, 1494, 1495; *Hennrichs/Schulze-Osterloh*, DStR 2018, 1731, 1733; *Matz/Hömig*, DStR 2020, 1642; Baumbach/Hopt/*Merkt*, § 252 HGB Rn. 7; *Pföhler/Knappe*, WPg 2021, 354, 357; BeckOGK/*Tiedchen*, § 252 HGB Rn. 25.

162 BGH, Urt. v. 26.01.2017 – IX ZR 285/14, BGHZ 213, 374 = ZInsO 2017, 432 Tz. 24.

163 IDW, PS 270 n.F., IDW Life 1/2022, Rn. 7; ebenso *Groß*, WPg 2010, 119, 123.

damit auch Zeiträumen, die einer bilanzrechtlichen Vergleichbarkeit nicht vorteilhaft wäre.

b) Dauer

(1) Reguläre Dauer

Als Prognosezeitraum wird nach allgemeiner Ansicht dem Bilanzierungsrhythmus entsprechend regelmäßig ein Zeitraum von zwölf Monaten zugrunde gelegt.[164] Nach der schon mehrfach angesprochenen Grundsatzentscheidung des BGH ist der „handelsrechtlich gebotene Zeitraum" zugrunde zu legen, der *„regelmäßig jedenfalls (...) das auf den Abschlussstichtag folgende Geschäftsjahr"* umfasst.[165]

Auch hier spricht die Systematik der handelsrechtlichen Rechnungslegung, die die Abgrenzung über Jahreszeiträume (§ 242 Abs. 1 HGB) zum Prinzip erhoben hat und davon nur in Ausnahmefällen Abweichungen, z.B. im Hinblick auf die Eröffnungsbilanz bei unterjähriger Unternehmensgründung (Rumpfgeschäftsjahr), zulässt für einen zwölfmonatigen Prognosehorizont.

(2) Abweichende Dauer

Soweit vertreten wird, dass in die Prognose auch außerhalb dieses Zeitraums liegende Ereignisse einzubeziehen sind, wenn und soweit sie einen Rückbezug auf die Fortführungsannahme auf den zu betrachtenden Abschlussstichtag haben, handelt es sich hierbei wie vorstehend dargelegt, nicht um eine Frage des Zeitraums, sondern eine Frage der Prognosegrundlage und mithin bei der Nichtberücksichtigung des bekannten Ereignisses um einen Fehler der Prognoseerstellung.[166]

Mit dieser Betrachtung ergibt sich auch weder aus den Zeiträumen der §§ 18, 19 InsO noch des § 4 COVInsAG eine Verkürzung oder Verlängerung des Prognosezeitraums im Rahmen des § 252 Abs. 1 Nr. 2 HGB. Die dort gewählten Zeiträume dienen dem Gläubigerschutz sowie, soweit § 4 COVInsAG betroffen ist, auch dem Schuldnerschutz. Sie haben keinen Bezug zur handelsrechtlichen

---

164 EBJS/*Böcking/Gros/Wirth*, § 252 HGB Rn. 15; *Frystatzki*, DStR 2017, 1494, 1495; *Groß*, WPg 2010, 119; Heidel/Schall/*Heyes/Thelen*, § 252 HGB Rn. 10; *Kaiser*, ZIP 2012, 2478, 2485; *Pföhler/Seidler*, BB 2021, 299, 303; BeckOK HGB/*Poll*, § 252 HGB Rn. 9; *Semler/Goldschmidt*, ZIP 2005, 38; BeckOGK/*Tiedchen*, § 252 HGB Rn. 24; *Wehning*, DStR 2021, 2257, 2259; *Zabel*, FS-Kübler, S. 825, 830.

165 BGH, Urt. v. 26.01.2017 – IX ZR 285/14, BGHZ 213, 374 = ZInsO 2017, 432 Tz. 24.

166 S. zuvor S. 90 ff.

Rechnungslegung. Hat das Unternehmen indes aus anderen Gründen, beispielsweise im Rahmen einer insolvenzrechtlichen Solvenzprüfung, fortführungsbezogene Prognosen aufzustellen, sind die Erkenntnisse daraus der Fortführungsprognose im Rahmen der Fortführungsannahme des § 252 Abs. 1 Nr. 2 HGB zugrunde zu legen.[167]

(3) Zwischenfazit

Nach alledem beläuft sich der Prognosezeitraum für die Prüfung eines etwaigen Fortfalls der Fortführungsannahme auf 12 Monate, beginnend mit dem Abschlussstichtag.

3. Prognosestichtag

Mit der hier vertretenen Auffassung ist Prognosestichtag, mithin der Stichtag, dessen Kenntnis- und Wissenstand die Prognosegrundlage bildet, der Tag der Prognoseaufstellung durch das Unternehmen. Alle an diesem Stichtag bekannten Ereignisse und Sachverhalte sind der Prognose zugrunde zu legen und mit ihren tatsächlichen bzw. zu prognostizierenden Auswirkungen zu berücksichtigen.

Bis zur abschließenden Prognoseerstellung ist eine laufende Aktualisierung der Prognosegrundlagen erforderlich.[168]

G. Prognosemaßstab

Schließlich ist fraglich, welcher Prognosemaßstab anzulegen ist, mithin welcher Grad an Gewissheit gegeben sein muss, damit die Fortführungsannahme des § 252 Abs. 1 Nr. 2 HGB als widerlegt anzusehen ist. Auch hier ergibt sich ein Meinungsspektrum innerhalb der beiden Pole – „bereits früh" und „erst spät" – teilweise mit Abstufungen.

Die Fortführungsannahme ist nach allgemeiner Ansicht unzweifelhaft widerlegt, wenn sicher feststeht,

- dass die Unternehmenstätigkeit beendet ist oder wird,
- dass der Fortführungswille aufgegeben wurde oder

---

167 *Pföhler/Seidler*, BB 2021, 299, 303; im Ergebnis auch *Neu/Senger*, GmbHR 2021, 517, 521, die hierzu allerdings mit Blick auf die Hinweispflicht des Steuerberaters nach § 102 StaRUG über eine Ausweitung des Prognosezeitraums auf den 24-Monatszeitraum des § 18 InsO kommen.

168 *Kaiser*, ZIP 2012, 2474, 2485.

- dass die Fortführung objektiv unmöglich ist.[169]

Dagegen führen nach allgemeiner Ansicht nicht bereits Zweifel zu einer Widerlegung der Fortführungsannahme.[170] Es wird allerdings teilweise vertreten, dass bereits die überwiegende Wahrscheinlichkeit dafür, dass eine Aufrechterhaltung der Unternehmenstätigkeit nicht länger möglich sei, für eine Widerlegung ausreiche, mithin deutliche Zweifel an einer Fortführung gegeben seien, wodurch ein Gleichlauf der handelsrechtlichen Fortführungsannahme mit der insolvenzrechtlichen Fortführungsprognose bewirkt wird[171] und in die Prüfung der Fortführungsannahme gläubigerschützende Aspekte eingebracht werden.

Am anderen Ende des denkbaren Spektrums steht die Auffassung, dass eine Widerlegung nur und erst dann gegeben sei, wenn die Unternehmenstätigkeit tatsächlich eingestellt ist, da allein diese Anknüpfungspunkt der Prüfung sei, so dass erst bei deren Aufgabe auch tatsächlich feststehe, dass keine Fortführung erfolge.[172] Für den Fall einer Auflösung durch Zeitablauf oder Beschluss sei ferner ein konkreter Aufgabewille erforderlich.[173]

Gegen die Annahme einer frühzeitigen Widerlegung wird eingewandt, dass diese Auslegung nicht mit dem Wortlaut in Einklang stehe, der ein Entgegenstehen der Gegebenheit, mithin deren Eintritt, und nicht nur die Möglichkeit eines Entgegenstehens verlange.[174] Ferner wird eingewandt, dass es anderenfalls zu einer Umkehr des Regel-Ausnahmeprinzips käme,[175] da nicht die Fortführung zu belegen sei, sondern das Nichtbestehen entgegenstehender Gegebenheiten.[176] Weiter wird auf den Zweck der Regelung Bezug genommen, die eine Vergleichbarkeit und einen verwendungstatsächlichen Wertausweis bewirken soll, nicht hingegen frühwarnend und gläubigerschützend sei.[177] Schließlich

---

169 *Gehrlein*, WM 1, 3; BeckOGK/*Tiedchen*, § 252 HGB Rn. 28 ff.

170 Vgl. nur *Gehrlein*, WM 1, 3; BeckOGK-*Tiedchen*, § 252 HGB Rn. 24

171 *Groß*, WPG 2010, 199, der allerdings umgekehrt die überwiegende Wahrscheinlichkeit für die Fortführung fordert; Heidel/Schall/*Heyes*/*Thelen*, § 252 HGB Rn. 9; *Kaiser*, ZIP 2012, 248, 2483, der dies im Jahr 2012 noch als hM ausmacht, ihr selbst indes nicht folgt; Baumbach/Hopt/*Merkt*, § 252 HGB Rn. 24; *Wehning*, DStR 2021, 2257, 2261.

172 *Frystatzky*, DStR 2017, 1494, 1495; *Mader/Seitz*, DStR-Beih. 2018, 1, 28, die später auch die Gewissheit der künftigen Einstellung ausreichen lassen (s. Fn. 108).

173 *ADS*, § 252 HGB Tz. 30; Baumbach/Hopt/*Merkt*, § 252 HGB Rn. 7.

174 *Mader/Seitz*, DStR 2018, 1933, 1936.

175 *Mader/Seitz*, DStR 2020, 996, 1002.

176 *Kaiser*, ZIP 2012, 2478, 2488 f.

177 *Hennrichs/Schulze-Osterloh*, DStR 2018, 1731, 1735; *Mader/Seitz*, DStR-Beih. 2018, 1, 11.

wird angeführt, dass eine frühzeitige Aufgabe der Fortführungsannahme die Wirkung einer sich selbsterfüllenden Vorhersage haben könne, so dass einem zwar in Schwierigkeiten befindlichen, aber sanierungsfähigen Unternehmen über die mit der Aufgabe der Fortführungsannahme de facto verbundene Außenwirkung die Sanierungsmöglichkeit genommen werde.[178] Die Aufgabe der Fortführungsannahme erst bei Einstellung der Unternehmenstätigkeit wird dagegen als zu spät angesehen.[179] Diesen Argumenten entsprechend, wird die Fortführungsannahme mehrheitlich als widerlegt angesehen, wenn die Aufgabe der Unternehmenstätigkeit feststehe bzw. umgekehrt formuliert, sei so lange von der Fortführung auszugehen, wie nicht feststehe, dass die Unternehmenstätigkeit aufgegeben werden muss.[180]

Dies entspricht auch der Auffassung des BGH, der eine Widerlegung der Fortführungsannahme erst dann für gegeben hält, wenn es objektiv fehlerhaft sei, weiter von einer Fortführung auszugehen. Dies sei erst der Fall, wenn sich die tatsächlichen oder rechtlichen Gegebenheiten derart konkretisierten, dass eine Fortführung unwahrscheinlich erscheine bzw. die Einstellung der Unternehmenstätigkeit unvermeidbar sei oder bereits feststehe.[181]

Die überzeugenderen Argumente streiten für eine späte Aufgabe der Fortführungsannahme. Ein den insolvenzrechtlichen Gläubigerschutz flankierender Schutz durch die Rechnungslegungsvorschriften ist weder intendiert noch in diesem Zusammenhang tatsächlich zu leisten.[182]

Die Unternehmenstätigkeit beeinträchtigende Ereignisse führen dagegen so lange nicht zu einer Widerlegung der Fortführungsannahme wie dadurch nicht die Fortführung der Unternehmenstätigkeit insgesamt unmöglich wird oder diese eingestellt werden muss. Dies trifft entsprechend dem Grundsatzurteil des BGH auch auf existenzielle und bestandsgefährdende Ereignisse, wie

---

178 BeckOGK/*Tiedchen*, § 252 HGB Rn. 24.

179 Baumbach/Hopt/*Merkt*, § 252 HGB Rn. 7.

180 *A/D/S*, § 252 HGB Tz. 24; MüKoHGB/*Ballwieser*, § 252 HGB Rn. 19 ff.; *Hennrichs/Schulze-Osterloh*, DStR 2018, 1731, 1732; *Gehrlein*, WM 1, 3; *Kaiser*, ZIP 2012, 2478, 2488; *Mader/Seitz*, DStR 2020, 996, 1004; *Matz/Hömig*, DStR 2020, 1642, 1644; Baumbach/Hopt/*Merkt*, § 252 HGB Rn. 7. *Pföhler/Knappe*, WPg 2021, 354, 359; *Pföhler*, BB 2021, 299, 303; BeckOK/*Poll*, § 252 Rn. 9.1.; *Semler/Goldschmidt*, ZIP 2005, 3, 12; BeckOGK/*Tiedchen* § 252 Fn. 24.

181 BGH, Urt. v. 26.01.2017 – IX ZR 285/14, BGHZ 213, 374 = ZInsO 2017, 432 Tz. 24, 25.

182 Vgl. auch oben S. 79 ff.

beispielsweise eine Insolvenz oder aber die Auswirkungen einer Naturkatastrophe oder Pandemie, zu.

Ergibt sich eine Einstellung dagegen nur für einen Teilbereich der Unternehmenstätigkeit, folgt daraus nicht zwingend die Widerlegung der Fortführungsannahme im Übrigen.[183] Insoweit ändert sich nur die Bewertung der von der Teileinstellung betroffenen Vermögensgegenstände,[184] sofern ihnen im Fortführungsbereich keine andere Verwendung zukommt.

Da es für eine Widerlegung der Fortführungsannahme nach § 252 Abs. 1 Nr. 2 HGB darauf ankommt, dass die Gegebenheit entgegensteht, ist auch ein Fortführungswille solange und soweit beachtlich, wie er einer Einstellung der Unternehmenstätigkeit im Tatsächlichen entgegenwirken kann.

Im Ergebnis ist damit eine Bilanzierung zu Fortführungswerten ohne Fortführung der Unternehmenstätigkeit ebenso wenig möglich wie eine Bilanzierung zu Liquidationswerten bei Fortführung der Unternehmenstätigkeit.

H. Zusammenfassung

Der handelsrechtlichen Fortführungsannahme ist eine Prognose zur Überwindbarkeit der tatsächlichen oder rechtlichen Gegebenheiten, die der Fortführung der Unternehmenstätigkeit entgegenstehen, zugrunde zu legen, sobald sich aus den konkreten Umständen oder Ereignissen im Einzelfall erste Anhaltspunkte für ein mögliches Entgegenstehen ergeben.

Prognosezeitraum ist, ausgehend vom Abschlussstichtag, das auf den Abschlussstichtag folgende Geschäftsjahr.

In die Prognose sind alle am Prognosestichtag bekannten und erkennbaren Sachverhalte und Ereignisse einzubeziehen. Bereits eingetretene Ereignisse sind mit ihren tatsächlichen Auswirkungen zu berücksichtigen, sie unterliegen keiner Prognose mehr.

Die Fortführungsannahme ist widerlegt, sobald aufgrund der Gegebenheiten die Einstellung der Unternehmenstätigkeit sicher absehbar ist oder feststeht.

II. Fortführungsprognose im Sanierungskonzept

Ein weiterer Anwendungsbereich von Fortführungsprognosen sind vorinsolvenzliche Sanierungskonzepte. Die Anforderungen an die Erstellung von vorinsolvenzlichen Sanierungskonzepten sowie an die diesen zugrunde zu

183 So auch BeckGOK/*Tiedchen*, § 252 HGB Rn. 26.
184 EBJS/*Böcking/Gros/Wirth*, § 252 HGB Rn. 19.

legenden Fortführungsprognosen sind gesetzlich nicht normiert. Sie ergeben sich zunächst aus dem Erstellungsanlass, dem Sanierungsbedarf sowie den Anforderungen der Stakeholder.

Sanierungskonzepte werden verschiedentlich aufgestellt, um gesetzlichen Anforderungen zu genügen, oder später verwendet, um gesetzliche Anforderungen zu belegen. Sie dienen als Entscheidungsgrundlage in Verhandlungen mit Stakeholdern, zur Exkulpation im Rahmen von Haftungs- und Anfechtungssachverhalten sowie zur Privilegierung von Sanierungsbeiträgen.

Leitlinien für die Erststellung tauglicher Sanierungskonzepte sind der Rechtsprechung des BGH zu entnehmen, hier naturgemäß aus einer Negativabgrenzung, da den Entscheidungen jedenfalls in Teilen unzureichende Sanierungskonzepte zugrunde lagen. Ferner hat das IDW mit dem Standard S 6[185] die rechtlichen Anforderungen in betriebswirtschaftlicher Hinsicht konkretisiert sowie einen umfassenden und einheitlichen Vorgabenrahmen für die Erstellung eines Sanierungskonzepts geschaffen.[186] Diese Prüfungsstandards sind zwar wie angesprochen nicht rechtsverbindlich,[187] sie können jedoch, soweit sie die Anforderungen der Rechtsprechung insbesondere des BGH umsetzen, als praktischer Handlungsleitfaden dienen. Die Einhaltung formeller Anforderungen, wie beispielsweise die umfangreichen Anforderungen des IDW S 6, wird vom BGH jedoch ausdrücklich nicht verlangt.[188]

A. Einsatzbereiche von Sanierungskonzepten

Eine Sanierung ohne Konzept ist nicht vorstellbar.[189]

Das Sanierungskonzept ist dabei sowohl rückwärtsgewandt in seiner Analyse der Krisenursachen wie zukunftsgewandt in seiner Funktion als Fahrplan für die Krisenbewältigung. Es dient zum einen als Beleg für die Ernsthaftigkeit der Krisenbewältigungsbemühungen wie aber auch als Vertrauensgrundlage für das (weitere) Engagement der Stakeholder.[190] Es muss hierbei den Anforderungen verschiedener Interessengruppen genügen.[191]

185 IDW S 6, IDW Life 1/2022.

186 *Crone*, Modernes Sanierungsmanagement, Teil B Absch. 5.3., S. 90.

187 S.o. S. 85.

188 BGH, Urt. v. 12.05.2016 – IX ZR 65/14, ZInsO 2016, 1251, LS 5.

189 *Bamberger*, ZInsO 2020, 1399, 1411.

190 *Bamberger*, ZInsO 2020, 1399, 1411.

191 *Steffan*, ZIP 2016, 1712, 1719.

Dem Sanierungskonzept kommen in rechtlicher Hinsicht verschiedene Funktionen zu.[192]

1. *Entscheidungsgrundlage*

Wenn ein Unternehmen nicht bereits im Angesicht einer Unternehmenskrise aus eigenem Antrieb ein Sanierungskonzept erarbeitet, um eben jene zu überwinden, ist spätestens mit Aufnahme der Verhandlungen um eine Prolongation, Restrukturierung oder aber neue Finanzierung auf Anforderung i.d.R. der Kreditinstitute ein Sanierungskonzept zu erstellen, das diesen als Entscheidungsgrundlage dient.

Basis hierfür sind banken- und aufsichtsrechtliche Risikomanagementregularien. Zu nennen sind hier zum einen die sog. MaRisk, mit denen die Bundesanstalt für Finanzdienstleistungsaufsicht (BaFin) die sich aus dem KWG ergebenden Mindestanforderungen an das bankeninterne Risikomanagement in Form eines Umsetzungsleitfadens definiert.[193] Zum anderen ergeben sich die Kreditvergabe regulierende Sachverhalte aus den Vorgaben des Baseler Ausschusses für Bankenaufsicht,[194] die u.a. aufsichtsrechtlich einzuhaltende Mindestkapital- und Liquiditätsvorschriften definieren. Hiernach sind u.a. Kreditengagements entsprechend ihrem gewichteten Ausfallrisiko mit haftendem Eigenkapital zu unterlegen. Während mit den Basel-Vorgaben damit auf die generelle Kreditvergabe durch die Kreditinstitute Einfluss genommen wird, enthalten die MaRisk konkrete Vorgaben für den Umgang mit Sanierungsengagements.[195] Neben organisatorischen Vorgaben, beispielsweise zur Abgabe des Sanierungsengagements in spezialisierte interne Abteilungen, werden Anforderungen für die weitere Begleitung und Bearbeitung des Sanierungsengagements gemacht, zu denen die Einholung eines Sanierungskonzepts zur Beurteilung der Sanierungsfähigkeit des Darlehensnehmers, die bankeninterne eigenständige Prüfung und Bewertung dieses Konzepts sowie die Überwachung der anschließenden Umsetzung gehören.[196]

192 Vgl. ausführl. *Pape/Opp*, Sanierungsgutachten, S. 5 ff.; *Ganter*, NZI 2014, 673, 674 f. im Hinblick auf die zugrunde liegende Fortführungsprognose.

193 Aktualisierte Fassung MaRisk (BA) 10/2021 anlässlich der COVID-19-Pandemie und des Wirecard-Skandals, vgl. *Krimphove*, BKR 2021, 597; zu den Anforderungen an MaRisk-konforme Sanierungskredite: *Eichholz/Wuschek*, ZInsO 2016, 2180, 2182 ff.

194 Bekannt geworden unter den Bezeichnungen Basel I–IV.

195 Vgl. anschaulich zur über die Krisenphasen zunehmend restriktiveren Behandlung des Engagements: *Groß*, WPg 2010, 119, 129 ff.

196 MaRisk, Stand: Rundschreiben 10/2021, BTO 1.2.5 Rz. 4, 5.

Ebenso gehört die Vorlage eines Sanierungskonzepts auch in den Sanierungsverhandlungen um Unterstützungsbeiträge mit Warenkreditversicherern und sonstigen institutionalisierten Gläubigern regelmäßig zum Standard im dortigen Entscheidungsprozess.

2. *Exkulpation*

Ein von dem Unternehmen erarbeitetes Sanierungskonzept ist aus Sicht der Darlehensgeber ferner erforderlich, um einem möglichen Vorhalt der Sittenwidrigkeit der Kreditgewährung bzw. -besicherung und gegebenenfalls daraus resultierender Rechtsverluste sowie Schadenersatzverpflichtungen im Rahmen der §§ 138, 826 BGB zu begegnen.[197] Erforderlich hierfür sind neben der Sanierungsintention des Darlehensgebers ein von diesem sorgfältig geprüftes, belastbares und erfolgversprechendes Sanierungskonzept des Darlehensnehmers.[198]

Ferner kann auf dieser Basis auch der insolvenzanfechtungsrechtliche Gläubigerbenachteiligungsvorsatz im Sinne des § 133 InsO auf Schuldner- wie auch Gläubigerebene ausgeschlossen sein.[199] Hier ist, neben dem belastbaren und erfolgversprechenden Sanierungskonzept, der Sanierungswille des Schuldners erforderlich, der darin zum Ausdruck kommen muss, dass das Sanierungskonzept bereits in den Anfängen in Umsetzung befindlich ist.[200] Der Gläubiger hingegen muss über die wesentlichen Grundlagen des Konzepts informiert sein, zu denen mindestens die Insolvenzursachen, die beabsichtigten Sanierungsmaßnahmen und die positive Fortführungsprognose gehören.[201] Eine detaillierte Prüfung des Konzepts durch den Gläubiger ist dagegen nicht erforderlich. Dieser darf sich auf die schlüssige Darlegung im Konzept verlassen, sofern er keine entgegenstehenden Anhaltspunkte, u.a. für eine fehlende Erfolgsaussicht des Konzepts, hat.[202]

---

197 Vgl. nur BGH, Urt. v. 12.04.2016 – XI ZR 305/14, NJW 2016, 2662, Tz. 39; BGH, Urt. v. 29.05.2001 – VI ZR 114/00, ZIP 2001, 1412 LS 2.

198 BGH, Urt. v. 11.11.1985 – II ZR 109/84, BGHZ 96, 231 = NJW 1986, 837, 838; BGH, Urt. v. 09.07.1953 – VI ZR 242/52, BGHZ 10, 228, LS.

199 BGH, Urt. v. 08.12.2011 – IX ZR 156/09, ZIP 2012, 137, Tz. 11.

200 BGH, Urt. v. 02.12.2011 – IX ZR 156/09, ZIP 2012, 137, Tz. 11; BGH, Urt. v. 12.11.1992 – IX ZR 236/91, NJW-RR 1993, 238, LS 2.

201 BGH, Urt. v. 12.05.2016 – IX ZR 65/14, ZIP 2016, 1235, LS 2.

202 BGH, Urt. v. 12.05.2016 – IX ZR 65/14, ZIP 2016, 1235, LS 2, 4.

3. *Privilegierung*

Eine Privilegierung kann sich demgegenüber durch den Einsatz eines Sanierungskonzepts für den Darlehensrückzahlungsanspruch eines Sanierungsgesellschafters gemäß § 39 Abs. 4 S. 2 InsO ergeben. Während Rückzahlungsansprüche aus Gesellschafterdarlehen in der Insolvenz regelmäßig gemäß § 39 Abs. 1 Nr. 5 InsO eine nachrangige Insolvenzforderung darstellen und damit in aller Regel nicht zur Forderungsanmeldung zugelassen sind (§ 174 Abs. 3 InsO), ist ein Darlehen, das ein Sanierungsgesellschafter an die Schuldnerin ausgereicht hat, im Sinne einer Rückausnahme als einfache Insolvenzforderung (§ 38 InsO) qualifiziert. Voraussetzung hierfür ist neben einem Anteilserwerb im Zeitpunkt der Insolvenzreife zum Zwecke der Sanierung, dass das Unternehmen im Zeitpunkt der Beteiligung objektiv sanierungsfähig ist.[203] Zum Nachweis der Sanierungsfähigkeit dient dann das Sanierungskonzept.

In steuerlicher Hinsicht ergibt sich eine Privilegierung ferner für sog. Sanierungsgewinne, die dadurch entstehen, dass Gläubiger im Rahmen einer Sanierung auf einen Teil ihrer Forderungen verzichten. Diese Forderungsverzichte führen, sofern ihnen keine Verlustvorträge gegenüberstehen, grundsätzlich zu einer Ertragssteuerpflicht des Unternehmens. Um durch die daraus resultierende Steuerlast den Sanierungserfolg nicht sogleich wieder zunichte zu machen, sieht § 3a Abs. 1 EStG eine Steuerbefreiung des Sanierungsgewinns zum Zwecke der Unternehmenssanierung unter folgenden Voraussetzungen (§ 3a Abs. 2 EStG) vor:

- Sanierungsbedürftigkeit und
- Sanierungsfähigkeit des Unternehmens,
- Sanierungseignung des betrieblich begründeten Schuldenerlasses sowie
- Sanierungsabsicht der Gläubiger

Erforderlich ist eine unternehmensbezogene Sanierung. Eine unternehmerbezogene Sanierung ist dagegen nicht privilegiert.[204] § 3a Abs. 1 S. 1 EStG ist gemäß § 8 Abs. 1 KStG sowie § 7b GewStG auch auf die Körperschafts- und Gewerbesteuer anwendbar. Auch hier dient das Sanierungskonzept zum Nachweis der Sanierungsfähigkeit und -eignung des Unternehmens.

203 Zu den Voraussetzungen im Einzelnen: MüKoInsO/*Behme*, § 39 InsO Rn. 88 ff.; Uhlenbruck/*Hirte*, § 39 InsO Rn. 63 ff.; noch zu § 32a GmbHG: BGH, Urt. v. 21.11.2005 – II ZR 277/03, DStR 2006, 384, LS 2.

204 Bork/Hölzle/*Mohlitz*, Handbuch Insolvenzrecht, Kapitel 23, Rn. 60.

B. Prognosegegenstand

Prognosegegenstand ist die Sanierungsfähigkeit des Unternehmens. Auch dieser Begriff bedarf einer näheren Konkretisierung, zumal der Begriff Sanierung seinerseits kein Rechtsbegriff ist.[205] Er „*umschreibt die Gesamtheit aller Maßnahmen, die geeignet und erforderlich sind, ein Unternehmen aus einer Situation herauszuführen, in der sein Fortbestand gefährdet ist.*“[206]

1. BGH-Rechtsprechung

a) Analyse

Der BGH hat in einer frühen Entscheidung die Prüfung der „*Erfolgsaussichten des Unternehmens der Gemeinschuldnerin*“ für erforderlich gehalten.[207] Ferner hält er für erforderlich, dass die Prüfung der Sanierungsfähigkeit, neben der wirtschaftlichen Lage des Schuldners im Rahmen seiner Wirtschaftsbranche sowie den Krisenursachen, die Vermögens-, Ertrags- und Finanzlage erfasst.[208]

b) Eignung der Maßnahmen

In einer weiteren Entscheidung fordert der BGH, dass die in Angriff genommenen Maßnahmen zusammen objektiv geeignet sein müssen, die Gesellschaft in überschaubarer Zeit durchgreifend zu sanieren und sieht diese in dem der Entscheidung zugrunde liegenden Sachverhalt als nicht gegeben an, da eine erfolgversprechende Realisierung des dort in Rede stehenden Projekts nicht mehr absehbar war.[209]

c) Sanierungsziel

In einer neueren Entscheidung zu den Anforderungen an ein Sanierungskonzept nimmt der BGH neben dem Erfordernis der Wiederherstellung der Zahlungsfähigkeit ferner Bezug auf eine Wiederherstellung der Erfolgsaussichten und Rentabilität.[210] In dem entschiedenen Fall wird der reine Schuldenschnitt als nicht ausreichend erachtet, da Schuldner und Gläubiger nach

---

205 *Wellensiek,* NZI 2002, 233.

206 MünchHdB GesR III/*Oberle,* § 66 Rn. 1.

207 BGH, Urt. v. 09.07.1953 – IV ZR 242/52, BGHZ 10, 228 = BGH NJW 1953, 1665, 1666.

208 BGH, Urt. v. 04.12.1997 – IX ZR 47/97, ZIP 1998, 248, 251.

209 BGH, Urt. v. 21.11.2005 – II ZR 277/03, BGHZ 165, 106 = DStR 2006, 384, Tz. 14, 17.

210 BGH, Urt. v. 12.05.2016 – IX ZR 65/14, ZIP 2016, 1235, LS 2, Tz. 16, 18, 30, 36.

den Feststellungen des BGH im dortigen Fall davon ausgehen mussten, „*dass die Finanzierung des Unternehmens auch künftig nicht stabil ist, sondern dass die bei Unternehmensfortführung zu verdienenden Gelder weiterhin nicht ausreichen werden, um die anfallenden Kosten zu decken*“, so dass der (erneute) Zusammenbruch des Unternehmens bereits absehbar sei.[211]

Diese Ausführungen könnten dazu verleiten, anzunehmen, dass der BGH neben der Wiederherstellung der Zahlungsfähigkeit auch die Wiedererreichung der Ertragsfähigkeit oder darüber hinausgehend auch der Rentabilität fordere. Dem ist nach hiesigem Verständnis indes nicht so. Der Entscheidung lag ein Unternehmen zugrunde, das über keine hinreichend stabile Finanzierung verfügte.[212] Somit war es aus Sicht des BGH geboten, auch die künftige Ertragsfähigkeit in die Prüfung einzubeziehen, da das Unternehmen bei hinreichender Ertragskraft (interne Finanzierung) nicht auf Mittel aus einer externen Finanzierung angewiesen gewesen wäre. Um dieses prüfen zu können, ist eine Analyse der Ertragsfähigkeit sowie der Erfolgsaussichten erforderlich. Die Prüfung der Ertragsfähigkeit war mithin ein Unterpunkt der generellen Prüfung der vom BGH geforderten „*Wiederherstellung der uneingeschränkten Zahlungsfähigkeit*“.[213]

Auch soweit der BGH im Fortgang der Entscheidungsbegründung fordert, dass das Sanierungskonzept neben finanzwirtschaftlichen auch leistungswirtschaftliche Sanierungsmaßnahmen umfassen müsse, nach deren „*Durchführung für das Unternehmen wieder Erfolgsaussichten bestehen und die Rentabilität der unternehmerischen Tätigkeit wiederhergestellt werden kann,*“[214] ist hieraus nicht das Erfordernis einer Wiedererlangung der Ertragsfähigkeit abzuleiten. Auch hier ist für den BGH allein maßgebend, dass die Maßnahmen eine positive Fortführungsprognose begründen, die nach seiner Rechtsprechung und der allgemeinen Ansicht eine Zahlungsfähigkeitsprognose ist.[215]

Soweit der BGH in diesem Zusammenhang den Begriff der Rentabilität verwendet, geht es ihm in der Gesamtschau der Kriterien allein um die „*Rentabilität der unternehmerischen Tätigkeit*“,[216] nicht hingegen um die darüber hinausgehende Erwirtschaftung einer Rendite im Sinne einer Verzinsung des

---

211 BGH, Urt. v. 12.05.2016 – IX ZR 65/14, ZIP 2016, 1235, Tz. 30.

212 BGH, Urt. v. 12.05.2016 – IX ZR 65/14, ZIP 2016, 1235, Tz. 30: „*die Finanzierung auch künftig nicht stabil ist*“.

213 BGH, Urt. v. 12.05.2016 – IX ZR 65/14, ZIP 2016, 1235, Tz. 30.

214 BGH, Urt. v. 12.05.2016 – IX ZR 65/14, ZIP 2016, 1235, Tz. 34 ff.

215 Vgl. nachf. S. 153 ff.

216 BGH, Urt. v. 12.05.2016 – IX ZR 65/14, ZIP 2016, 1235, Tz. 36.

eingesetzten Kapitals. Diese ist nach dem vorstehend Ausgeführten auch nur und insoweit erforderlich, wie eine Finanzierung nicht anderweitig sichergestellt ist.

Zusammengefasst ist nach den Anforderungen des BGH damit die Zahlungsfähigkeit des Schuldners Prognosegegenstand.

2. IDW

Das IDW ermittelt die Sanierungsfähigkeit eines Unternehmens betriebswirtschaftlich durch eine zweistufige Prüfung:

- Auf der ersten Stufe ist die Fortführungsfähigkeit des Unternehmens zu untersuchen, bei der es sich nach dem IDW um eine positive insolvenzrechtliche Fortbestehensprognose handelt.[217] Zu prüfen ist auf dieser Stufe mithin, ob eine drohende Insolvenz abgewendet werden kann.[218]
- Auf der zweiten Stufe ist die Nachhaltigkeit der Fortführungsfähigkeit zu prüfen, die durch das IDW auch als Wettbewerbsfähigkeit bezeichnet und als Wiederherstellung der Rentabilität der unternehmerischen Tätigkeit verstanden wird.[219] Geprüft wird dabei, ob das Unternehmen künftig wieder eine branchenübliche Rendite erwirtschaftet und eine angemessene Eigenkapitalausstattung aufweist.[220]

Ausreichend soll danach sein, dass das Unternehmen im letzten Planjahr eine Rendite am unteren Rand der Branchenbandbreite erzielt.[221] Ferner kann im Rahmen einer wertenden Gesamtbetrachtung bei der Ermittlung der Eigenkapitalausstattung auch das wirtschaftliche Eigenkapital zugrunde gelegt werden, wenn ein qualifizierter Rangrücktritt vorliegt.[222] Höher zu bewerten als das Erreichen einer gegebenenfalls durch Maßnahmen gestaltbaren Kennzahl ist nach dem ausdrücklichen Hinweis des IDW jedoch die dauerhafte Beseitigung der Krisenursachen.[223]

Auch das IDW verlangt mithin die Zahlungsfähigkeit als Prognosegegenstand, indem es die Beseitigung der Insolvenzgründe fordert, geht im Hinblick

---

217 IDW S 6, IDW Life 1/2022, Abschn. 2.2., Rn. 24.
218 *Pape/Opp*, Sanierungsgutachten, Rn. 551 ff.
219 IDW S 6, IDW Life 1/2022, Abschn. 2.2., Rn. 24 ff.
220 IDW S 6, IDW Life 1/2022, Abschn. 2.2., Rn. 27–29.
221 IDW S 6, IDW Life 1/2022, Abschn. 2.2., Rn. 27.
222 IDW S 6, IDW Life 1/2022, Abschn. 2.2., Rn. 29.
223 IDW S 6, IDW Life 1/2022, Abschn. 2.2., Rn. 30.

auf den unternehmerischen Erfolg jedoch über die Anforderungen des BGH hinaus, indem auch eine branchenübliche Renditefähigkeit sowie angemessene Eigenkapitalausstattung verlangt werden. Hintergrund dieser Anforderungen ist die Überlegung, dass ein Unternehmen, das keine Renditefähigkeit aufweist, keine hinreichenden Aussichten hat, Fremd- und/oder Eigenkapitalgeber für sich zu gewinnen und dauerhaft weiter am Markt zu bestehen.[224]

3. *Literatur*

Hiergegen wird, nach der hier vertretenen Auffassung zutreffend, in der Literatur überwiegend eingewandt, dass es für den von der Rechtsprechung intendierten Schutz der Gläubiger allein erforderlich aber auch ausreichend sei, dass die Zahlungsfähigkeit wiederhergestellt werde.[225] Es wird dafür plädiert, auf die als „*überschießend*" bezeichneten Anforderungen der Rentabilität und Eigenkapitalausstattung im Rahmen der rechtlichen Sanierung zu verzichten und so nicht nur das betriebswirtschaftlich geprägte Anforderungsprofil des IDW, sondern auch das gegebenenfalls erweitert verstandene rechtliche Anforderungsprofil des BGH entsprechend zu reduzieren.[226]

4. *Zwischenfazit*

Der Auffassung des BGH ist zuzustimmen, die Anforderungen des IDW sind, jedenfalls im Hinblick auf rechtliche Sanierungskonzepte, wie sie hier betrachtet werden, zu weitgehend. Die hier betrachteten rechtlichen Sanierungskonzepte dienen in den vorstehend angesprochenen Einsatzbereichen der Überwindung einer existenzbedrohenden Krise des Unternehmensträgers, der die Gefahr eines wirtschaftlichen Schadens für die beteiligten Stakeholder innewohnt. Diese Krise ist indes überwunden, wenn und soweit das Unternehmen über eine stabile wirtschaftliche Basis verfügt bzw. diese zurückerlangt, mithin durchfinanziert und zahlungsfähig ist, sowie, soweit für die Wiedererlangung der Zahlungsfähigkeit erforderlich, über eine stabile operative Basis verfügt, mithin insoweit die Ertragsfähigkeit wiederhergestellt ist.

Wenn diese Voraussetzungen gegeben sind, droht den bereits beteiligten Stakeholdern im regelmäßigen Geschäftsverlauf kein Schaden durch

224 *Crone*, Sanierungsmanagement, Teil B Abschn. 5.2.2.2., S. 88.

225 *Sax/Andersch*, ZIP 2017, 710, 712; *Goette*, DStR 2016, 1684, 1689, 1691; Flöther-StaRUG/*Schönfelder*, Anhang B. Rz. 37 ff.; *ders.* WM 2018, 1630, 1632, 1638 f.

226 *Schönfelder*, WM 2018 1630, 1638.

Forderungsausfall. Der Fortbestand des Unternehmensträgers ist ferner durch dessen zurückerlangte Zahlungsfähigkeit sichergestellt.

Die Kritik an dem Anforderungsumfang des nicht nur an der BGH-Rechtsprechung ausgerichteten, sondern insbesondere betriebswirtschaftlich geprägten Sanierungskonzepts des IDW ist damit zu teilen. Die darüber hinausgehenden Anforderungen der Renditefähigkeit und Eigenkapitalausstattung wirken allein zugunsten der vorhandenen Eigenkapitalgeber sowie neu hinzutretender Stakeholder.[227] Der Eigenkapitalgeber als Unternehmer ist in diesem Sinne jedoch nicht schutzbedürftig. Er hat das Schicksal des Unternehmens und mithin auch seines Investments selbst in der Hand. Dass indes künftige Stakeholder schon heute durch Sanierungskonzepte zur Überwindung einer akuten Unternehmenskrise geschützt werden sollen, ist weder interessengerecht noch als Eingriff in die unternehmerische Freiheit sonst zu rechtfertigen. Für den Stakeholder in der Gläubigerposition ist es völlig ausreichend, dass seine Forderung aus der zur Verfügung stehenden Liquidität befriedigt werden kann. Ob diese aus Erträgen stammt und damit der Binnenfinanzierung des Unternehmens, oder aus externen Mitteln, wie Darlehen oder Eigenkapitalzuflüssen, ist für ihn ebenso ohne Bedeutung wie die Frage, ob sich das eingesetzte Eigenkapital oder der Umsatz benchmark-adäquat verzinsen.[228]

C. Prognoseanlass

Der Anlass, ein Sanierungskonzept zu erstellen, ist regelmäßig das Vorliegen einer Unternehmenskrise. Unternehmenskrisen haben aus betriebswirtschaftlicher Sicht unterschiedliche Ausprägungen und je nach Krisenstadium auch ein ganz unterschiedliches Gefährdungspotential im Hinblick auf die Unternehmensfortführung und den Fortbestand des Rechtsträgers. Allgemein anerkannt werden betriebswirtschaftlich folgende Krisenstadien[229] unterschieden, die in der nachfolgend dargestellten Reihenfolge aufeinander aufbauend

227 *Sax/Andersch/Philipp*, ZIP 2017, 710, 712; Flöther-StaRUG/*Schönfelder*, Anhang B. Rz. 37 ff.; *ders.* WM 2018, 1630, 1632.

228 So auch Flöther-StaRUG/*Schönfelder*, Anhang B. Rz. 37 ff.; *ders.* WM 2018, 1630, 1632; *Sax/Andersch/Philipp*, ZIP 2017, 710, 712; und für die vglb. Frage im Rahmen der Fortführungsprognose des § 19 InsO auch *Goette*, DStR 2016, 1684, 1689.

229 Eine ausführliche Darlegung der Krisenstadien: Kübler-HRI/*Zabel*, § 3 Rn. 9 ff., 91 ff.

zunehmend zunächst die Ertragslage und sodann die Liquidität des Unternehmens belasten und schließlich in die Insolvenzreife und damit Antragspflicht münden:

- Stakeholderkrise – Konflikte innerhalb der Stakeholder
- Strategiekrise – sinkende Wettbewerbsfähigkeit aufgrund struktureller Defizite
- Produkt- und Absatzkrise – rückläufige Nachfrage
- Ergebniskrise – Gewinnrückgang/Verlustrealisierung
- Liquiditätskrise – Liquiditätsschwierigkeiten
- Insolvenzreife – Eintritt von Insolvenzgründen (§§ 17 ff. InsO)

Sanierungskonzepte, die in den vorgenannten Bereichen zum Einsatz kommen, haben ihren Anlass naturgemäß in den späteren Krisenstadien, da deren Auswirkungen nicht mehr nur von den internen, sondern zunehmend auch von den externen Stakeholdern wahrgenommen werden und dortigen Handlungsbedarf auslösen. Es stellt sich daher die Frage, wie weit die Krise bereits vorangeschritten sein muss, damit ein Sanierungskonzept nicht nur in betriebswirtschaftlicher, sondern auch in rechtlicher Hinsicht Sanierungskonzept mit den entsprechenden Anforderungen aber auch rechtlichen Folgen ist.[230]

Als Prognoseanlass hat sich der Begriff der Insolvenzreife etabliert.[231] Dieser ist nicht legaldefiniert und bedarf daher der näheren Ausformung. Der BGH hat die Frage nach der konkreten rechtlichen Definition der Insolvenzreife bisher offengelassen, allerdings festgestellt, dass allein die Behandlung eines Darlehens durch den Darlehensgeber als „Sanierungsfall", ohne dass dieser sich indes mit der tatsächlichen wirtschaftlichen Entwicklung und möglichen Anzeichen einer Besserung der Lage des Darlehensnehmers befasst hat, nicht ausreicht.[232] Der Rechtsprechung lagen bisher jedoch, soweit Sanierungskonzepte Gegenstand waren, nur solche, die in einem finanzwirtschaftlichen Krisenstadium erstellt worden waren, zugrunde.

Als Anlasszeitpunkte kommen der Eintritt der Sanierungsbedürftigkeit, der Eintritt der drohendenden Zahlungsunfähigkeit (§ 18 InsO) sowie der Eintritt der Antragspflicht (§§ 17, 19 InsO) in Betracht. Auch hier ergeben sich damit auf dem Zeitstrahl frühe und späte Anlasszeitpunkte.

---

230 Zu den unterschiedlichen Krisenbegriffen in Betriebswirtschaftslehre und Rechtswissenschaft s.a. *Huber*, NZI 2015, 447, 448.

231 *Schönfelder*, WM 2013, 112,113; *Wallner/Neuenhahn*, NZI 2006, 553, 554.

232 BGH, Urt. v. 12.04.2016 – XI ZR 305/14, ZIP 2016, 1058, 1062, Tz. 52.

1. *Sanierungsbedürftigkeit*

Für einen frühen Anlasszeitpunkt spricht aus Gläubigersicht die gläubigerschützende aber auch -begünstigende Wirkung der Anforderungen. Dagegen sprechen zum einen die mit zunehmender Entfernung von einer gedachten Insolvenzreife bestehenden Erkenntnis- sowie Darleg- und Nachweisbarkeitsrisiken und zum anderen auch der erhebliche Aufwand und die damit verbundenen Restriktionen.

Als Eintritt der Sanierungsbedürftigkeit wird hier der Zeitpunkt definiert, in dem ohne Sanierungsmaßnahmen die erforderliche Betriebssubstanz durch die weitere unveränderte Betriebsfortführung verzehrt wird und infolgedessen absehbar ist, dass das Unternehmen in absehbarer Zeit zahlungsunfähig und/oder überschuldet sein wird.[233] Dem wird zu Recht entgegen gehalten, dass die Definition zu vage und mithin wenig rechtssicher in der Anwendung sei sowie ferner, dass der so beschriebene Zeitpunkt für einen außenstehenden Dritten, dem zunächst regelmäßig nur vergangenheitsbezogene betriebswirtschaftliche Daten (Jahresabschluss, betriebswirtschaftliche Auswertungen) zur Verfügung stehen, nicht verlässlich zu erkennen sei.[234]

2. *Drohende Zahlungsunfähigkeit*

Teilweise, und nach der hier vertretenen Auffassung auch zu Recht, wird der Eintritt der Sanierungsbedürftigkeit auch mit der drohenden Zahlungsunfähigkeit gleichgesetzt.[235] Hierbei wird darauf hingewiesen, dass der Zeitpunkt der Insolvenzantragspflicht zu spät sei, um Sanierungskrediten einen Wirkungsraum zu eröffnen.[236]

3. *Insolvenzreife*

Dagegen wird eingewandt, dass es sich bei der drohenden Zahlungsunfähigkeit um keinen Pflichtantragsgrund handelt, woraus abgeleitet wird, dass im Zeitpunkt der drohenden Zahlungsunfähigkeit nach der Wertung des Gesetzgebers die Interessen der Gläubigergemeinschaft noch nicht das Interesse des einzelnen darlehensgebenden Gläubigers überwögen, so dass die mit der Annahme

233 *Obermüller*, InsolvenzR in der Bankpraxis, Rn. 5.28.; *Schönfelder*, WM 2013, 112, 113; *Waldburg*, ZInsO 2014, 1405, 1410.

234 *Wallner/Neuenhahn*, NZI 2006, 553, 554 f.

235 *Wenzel*, NZI 1999, 294.

236 *Neuhof*, NJW 1998, 3225, 3229; *Obermüller*, InsolvenR in der Bankpraxis, Rn. 5.28.

eines Sanierungskredits im Sinne der Rechtsprechung verbundenen Restriktionen und gegebenenfalls auch Sanktionen nicht gerechtfertigt erscheinen. Als zulässiger Zeitpunkt wird daher erst der Eintritt der Zahlungsunfähigkeit und/oder Überschuldung gemäß der §§ 17, 19 InsO anerkannt.[237]

4. *Zwischenfazit*

Aus hiesiger Sicht sprechen die besseren Gründe für den Eintritt der drohenden Zahlungsunfähigkeit als Prognoseanlass für eine Fortführungsprognose im Rahmen eines Sanierungskonzepts im Rechtssinne.

Wie vorstehend angesprochen, hat eine Unternehmenskrise unterschiedliche Krisenstadien, die mehr oder weniger offen zutage treten und ein ganz unterschiedliches Gefährdungspotential im Hinblick auf den Fortbestand des Unternehmens besitzen. Folglich ist auch das Risikopotential der Interaktion der Gläubiger mit dem Unternehmen unterschiedlich stark ausgeprägt. In frühen Krisenstadien unterscheidet sich dieses kaum von dem allgemeinen Risiko einer Interaktion mit nicht krisenbefangenen Unternehmen.

Ausgehend von der Intention eines Sanierungskonzepts wird von dem beteiligten Stakeholder ein Sanierungsbeitrag in Kenntnis der Krise unter Übernahme eines krisenbedingt erhöhten Ausfallrisikos mit Sanierungswillen gefordert. Eine krisenbedingte Erhöhung des Ausfallrisikos ist mit einem rein leistungswirtschaftlichen Krisenstadium regelmäßig noch nicht verbunden. Auch ein Ansatz für einen Unlauterbarkeitsvorwurf gibt es nicht, da ein Wettlauf der Gläubiger um eine möglichst günstige Befriedigungsposition an einem krisenbedingt unzureichenden Haftungsfonds des Unternehmens noch nicht eingesetzt hat. Nach alledem erscheint der Eintritt der Sanierungsbedürftigkeit als zu früher Anlasszeitpunkt, da weder Mehraufwand und Restriktionen noch den Einsatz begünstigende Privilegien risikoadäquat sind.

In rechtssystematischer Hinsicht ist weiter festzustellen, dass der Gesetzgeber die frühzeitige Einleitung von Sanierungsmaßnahmen ausdrücklich fördert, hierfür jedoch mit der drohenden Zahlungsunfähigkeit (§ 18 InsO) als Eintrittsschwelle ein finanzwirtschaftliches Krisenstadium wählt und nicht bereits ein vorgelagertes leistungswirtschaftliches Krisenstadium. Dies kommt aktuell noch einmal in der Kodifizierung des Unternehmensstabilisierungs- und -restrukturierungsgesetz (StaRUG) zum Ausdruck. Im Anschluss an eine in der Literatur

---

237 *Wallner/Neuenhahn*, NZI 2006, 553, 555.

intensiv geführte Diskussion[238] um den Zeitpunkt, ab dem die Instrumente des Stabilisierungs- und Restrukturierungsrahmens zur Verfügung gestellt werden, hat sich der Gesetzgeber mit § 29 Abs. 1 StaRUG für die drohende Zahlungsunfähigkeit gemäß § 18 Abs. 2 InsO entschieden und in den §§ 32 Abs. 3, 33 Abs. 2 StaRUG weiter zum Ausdruck gebracht, dass weder Zahlungsunfähigkeit noch Überschuldung bei Inanspruchnahme bereits eingetreten sein dürfen. Ferner wird in § 89 Abs. 1 StaRUG ausdrücklich festgelegt, dass der Unterlauterbarkeitsvorwurf einer sittenwidrigen Schädigung bzw. gläubigerbenachteiligenden Rechtshandlung nicht bereits auf die Kenntnis eines Beteiligten von der Rechtshängigkeit einer Restrukturierungssache gestützt werden könne.

In diese Systematik müssen sich die Anforderungen an das Sanierungskonzept im Rechtssinne einfügen, da dieses seinerseits ein Mittel der freien Sanierung ist. Mit der gesetzgeberischen Entscheidung den Instrumentenkasten des präventiven Restrukturierungsrahmens nach dem StaRUG ab drohender Zahlungsunfähigkeit zur Verfügung zu stellen, ist aus hiesiger Sicht die Auffassung einer erst mit Antragspflicht eintretenden Möglichkeit eines Sanierungskonzepts im Rechtssinne nicht mehr haltbar. Für die Ausarbeitung und Umsetzung des Sanierungskonzepts stünde dann nur die kurze Sanierungsfrist von 6 Wochen bei Überschuldung bzw. 3 Wochen bei Zahlungsunfähigkeit zur Verfügung (§ 15a Abs. 1 S. 2 InsO). Damit wäre den Sanierungskonzepten, die grundsätzlich eine vollständig gerichtsferne freie Sanierung bewirken sollen, im Tatsächlichen weitgehend der Anwendungs- und Wirkungsbereich genommen. Dies entspricht weder der gesetzgeberischen Intention noch der Systematik der zur Verfügung gestellten Sanierungsmittel.

Nach alledem ist Prognoseanlass des Sanierungskonzepts in rechtlicher Hinsicht der Eintritt der drohenden Zahlungsunfähigkeit nach § 18 Abs. 2 InsO.

D. Prognosemethode

Die Prognosemethode ergibt sich aus dem Prognosegegenstand. Prognosegegenstand ist, der Rechtsprechung des BGH sowie der überwiegenden Auffassung in der Literatur folgend, die Zahlungsfähigkeit des Schuldners. Der BGH fordert die „*Wiederherstellung der uneingeschränkten Zahlungsfähigkeit*“[239]

238 Vgl. nur *Freitag*, ZIP 2019, 541, 546; *Flöther/Wilke*, NZI-Beil. 2019, 80 f.; *Hölzle*, ZIP 2020, 585, 593; *ders.*, ZIP 2017, 1307, 1310; Bieg/Borchardt/Frind/*Hölzle*, Unternehmenssanierung, Teil 2 Kapitel B.I. Rn. 5.

239 BGH, Urt. v. 12.05.2016 – IX ZR 65/14, ZIP 2016, 1235, Tz. 30.

sowie die Wiedererlangung einer positiven Fortführungsprognose.[240] Erforderlich aber auch ausreichend ist damit die Überwindung der Pflichtantragsgründe der §§ 17, 19 InsO. Die Prüfung der Pflichtantragsgründe erfolgt über eine integrierte Finanzplanung, bestehen aus einer Liquiditätsplanung (Cash-Flow-Plan), einer Ertragsplanung (Plan-GuV) sowie einer Vermögensplanung (Plan-Bilanz).[241]

E. Prognosehorizont

I. Prognosegrundlage

Nach den Anforderungen des BGH sind dem Sanierungskonzept und der damit verbundenen Fortführungsprognose die erkannten und erkennbaren tatsächlichen Gegebenheiten zugrunde zu legen.[242] Es werden eine Analyse der Krisenursachen sowie eine Bestandsaufnahme der wirtschaftlichen Lage des Unternehmens im Rahmen seiner Wirtschaftsbranche sowie ferner ein Status zur Finanz-, Ertrags- und Vermögenslage erwartet, auf deren Basis sodann Sanierungsmaßnahmen zu erarbeiten sind.[243]

Dem entsprechend konkretisiert das IDW die Anforderungen an die Prognosegrundlage dahingehend, dass Basisinformationen über die wirtschaftliche und rechtliche Ausgangslage des Unternehmens in seinem Umfeld, einschließlich der Vermögens-, Finanz- und Ertragslage zu erfassen sowie Krisenstadium, -ursache und etwaige Insolvenzgefährdung zu analysieren und Maßnahmen zur Abwendung einer Insolvenzgefahr und Bewältigung der Unternehmenskrise sowie zur Herstellung des Leitbilds des sanierten Unternehmens zu entwickeln sind.[244]

In der Sache unterscheiden sich die Anforderungsprofile nicht. Nach der Entscheidung des BGH ist der Prognoseersteller auch nur von den formalen

---

240 BGH, Urt. v. 12.05.2016 – IX ZR 65/14, ZIP 2016, 1235, Tz. 36.

241 Zur integrierten Finanzplanung: *Greil/Herden*, ZInsO 2011, 109, 113 ff.; zu den Einzelheiten der Fortführungsprognose im Rahmen der §§ 17, 19 InsO s. nachf. S. 91, 124.

242 BGH, Urt. v. 12.05.2016 – IX ZR 65/14, ZIP 2016, 1235, Tz. 15; BGH, Urt. v. 04.12.1997 – IX ZR 47/97, ZIP 1998, 248, 251.

243 BGH, Urt. v. 12.05.2016 – IX ZR 65/14, ZIP 2016, 1235, Tz. 35; BGH, Urt. v. 04.12.1997 – IX ZR 47/97, ZIP 1998, 248, 251; BGH, Urt. v. 11.11.1985 – II ZR 109/84, BGHZ 96, 231 = NJW 1986, 837, 841.

244 Im Überblick: IDW S 6, IDW Life 1/2022, Rn. 11, sowie vertieft: Rn. 53 ff, 61 ff., 68 ff.

Anforderungen u.a. des IDW-Standards S 6 befreit, nicht hingegen von den inhaltlichen Anforderungen.[245]

2. Prognosezeitraum

Auch für den zulässigen Prognosezeitraum vorinsolvenzlicher Sanierungskonzepte sind keine gesetzlichen Vorgaben vorhanden. Der Zeitraum ergibt sich vielmehr regelmäßig aus Art und Umfang der zu überwindenden Krise.[246]

Der BGH hat in seiner Entscheidung vom 21.11.2005 zur Anwendung des Sanierungsprivilegs des durch das Gesetz zur Modernisierung des GmbH-Rechts und zur Bekämpfung von Missbräuchen (MoMiG) aufgehobenen § 32a Abs. 3 S. 3 GmbHG eine Sanierung in *„überschaubarer Zeit“* gefordert.[247] Eine weitere Konkretisierung ist in der höchstrichterlichen Rechtsprechung soweit ersichtlich nicht erfolgt.

Implizit ergibt sich jedoch ein maximaler Sanierungszeitraum im Umfeld der Insolvenzantragspflichten. Ab Eintritt der drohenden Zahlungsunfähigkeit (§ 18 Abs. 2 InsO) stehen noch 12 Monate zur Gestaltung einer freien Sanierung zur Verfügung, bevor jedenfalls ab Monat 12 vor Eintritt der Zahlungsunfähigkeit gemäß § 15a Abs. 1 InsO die sechswöchige Sanierungsfrist wegen Überschuldung (§ 19 Abs. 2 InsO) einsetzt. Soweit das Sanierungsvorhaben dann nicht vollständig frei oder im präventiven Restrukturierungsrahmen umgesetzt werden kann, ist ein Insolvenzantrag zu stellen.

Der Prognosezeitraum ist mithin durch den Eintritt der Insolvenzantragspflichten nach § 15a InsO begrenzt.

3. Prognosestichtag

Prognosestichtag, mithin der Stichtag, dessen Kenntnis- und Wissenstand die Prognosegrundlage bildet, ist auch hier der Tag der Prognoseaufstellung durch den Schuldner. Alle an diesem Stichtag bekannten Ereignisse und Sachverhalte sind der Prognose zugrunde zu legen und mit ihren tatsächlichen bzw. zu prognostizierende Auswirkungen zu berücksichtigen.

Es handelt sich bei der Fortführungsprognose des Sanierungskonzepts jedoch, anders als bei der handelsrechtlichen Fortführungsannahme, nicht um eine auf einen bestimmten Stichtag (dort den Abschlussstichtag) zu erstellende

245 BGH, Urt. v. 12.05.2016 – IX ZR 65/14, ZIP 2016, 1235, LS 5 u. Rn. 19.

246 *Crone*, Sanierungsmanagement, Teil B. Abschn. 5.3.3., S. 94; *Pape/Opp*, Sanierungsgutachten, Rz. 777 ff.

247 BGH, Urt. v. 21.11.2005 – II ZR 277/03, BGHZ 165, 106 = DStR 2006, 384, Tz. 14.

Prognose. Das Sanierungskonzept bildet vielmehr den Fahrplan für den Sanierungszeitraum. Die dem Sanierungskonzept zugrunde liegende Fortführungsprognose ist daher fortlaufend anhand der Entwicklung zu überprüfen und um deren Auswirkungen und neuere und/oder bessere Erkenntnisse zu aktualisieren. Prognosestichtag ist in diesem Sinne jeder Tag des Sanierungszeitraums.

F. Prognosemaßstab

Prognosen sind immer mit Unsicherheiten bezüglich des Eintritts der zugrunde gelegten Annahmen belastet, so dass fraglich ist, wie sicher der Prognoseersteller sein muss bzw. wie unsicher er sein darf.

Der BGH formuliert hierzu: „*Sicher muss der Erfolg nicht sein. Es genügen gute Chancen für eine Sanierung.*"[248] Hierfür wird gefordert, dass die Prognose aus Sicht eines objektiven Dritten nachvollziehbar und vertretbar ist, sowie die Umsetzung des Sanierungskonzepts erfolgversprechend erscheint.[249] Der Eintritt des Sanierungserfolgs muss danach wahrscheinlicher sein als dessen Nichteintritt.

Das IDW fasst diesen Prognosemaßstab zutreffend mit dem Begriff der „überwiegenden Wahrscheinlichkeit" zusammen.[250]

Wenn das Sanierungskonzept geeignet sein soll, Rechtseinbußen zu vermeiden und Privilegierungen zu begründen, genügt eine einfache Wahrscheinlichkeit des Eintritts des Sanierungserfolgs nicht. Bei dieser wäre der Erfolg des Sanierungskonzepts ebenso wahrscheinlich wie der Nichterfolg. In Bezug auf die Krisensituation wäre damit keine Besserung eingetreten. Demgegenüber würde das Erfordernis einer weit überwiegenden Wahrscheinlichkeit den Prognosemaßstab überspannen und der krisenbedingt aufgrund der größeren Anzahl an Einflussfaktoren höheren Unsicherheit nicht gerecht werden.

Das rechtliche Sanierungskonzept soll den Eintritt eines Insolvenzgrundes vermeiden. Somit ist aus hiesiger Sicht der im Rahmen der Insolvenzgründe maßgebliche Prognosemaßstab anzuwenden. Dies ist die überwiegende Wahrscheinlichkeit.[251] Mit dem Maßstab der überwiegenden Wahrscheinlichkeit

248 BGH, Urt. v. 12.05.2016 – IX ZR 65/14, ZIP 2016, 1235, Tz. 39.

249 BGH, Urt. v. 12.05.2016 – IX ZR 65/14, ZIP 2016, 1235, Tz. 30, 39; BGH, Urt. v. 12.11.1992 – IX ZR 236/91, ZIP 1993, 276, 279; BGH, Urt. v. 09.07.1953 – IV ZR 242/52, BGHZ 10, 228 = NJW 1953, 1665, 1666.

250 IDW S 6, IDW Life 1/2022, Rn. 21.

251 S. nachf. S. 136 ff., 145 f., 175 f.

muss der Erfolg des Sanierungskonzepts daher wahrscheinlicher sein als der Misserfolg. Es muss mithin mehr für als gegen eine erfolgreiche Umsetzung sprechen.

G. Zusammenfassung

Die Fortführungsprognose im Rahmen eines rechtlichen Sanierungskonzepts ist eine Prognose zu Wiedererlangung bzw. Erhaltung der Zahlungsfähigkeit des Schuldners.

Diese wird auf Basis einer integrierten Finanzplanung, bestehend aus einer Liquiditätsplanung (Cash-Flow-Plan), einer Ertragsplanung (Plan-GuV) sowie einer Vermögensplanung (Plan-Bilanz), bei drohender Zahlungsunfähigkeit erstellt.

Sie beruht auf den erkannten und erkennbaren tatsächlichen Gegebenheiten, einer Analyse der Krisenursachen, einer Bestandsaufnahme der wirtschaftlichen Lage des Unternehmens im Rahmen seiner Wirtschaftsbranche sowie ferner einem Status zur Finanz-, Ertrags- und Vermögenslage.

Für eine positive Fortführungsprognose ist eine überwiegende Erfolgswahrscheinlichkeit des Sanierungskonzepts erforderlich.

Der Prognosezeitraum ist durch den Eintritt der Antragspflicht nach § 15a InsO begrenzt.

Kapitel 4 Insolvenzrechtliche Fortführungsprognosen

Insolvenzrechtliche Fortführungsprognosen werden im Rahmen der Verfahrenseröffnung, der Verfahrensführung sowie im Umfeld der Insolvenzantragstellung gestellt.

I. Fortführungsprognosen im Rahmen der Verfahrenseröffnung

Im Rahmen der Verfahrenseröffnung ergeben sich Fortführungsprognosen bei der Begutachtung der Fortführungs- und Sanierungsaussichten sowie der Beurteilung der Insolvenzgründe.

A. Begutachtung der Fortführungs- und Sanierungsaussichten

Gemäß § 22 Abs. 1 S. 2 Nr. 3 InsO ist der vorläufige verfügungsbefugte Insolvenzverwalter verpflichtet, zu prüfen, welche Aussichten für eine Fortführung des schuldnerischen Unternehmens bestehen. Gemeint ist hierbei die nachinsolvenzliche Fortführung des Unternehmens. Die Fortführungsprognose für die Dauer des Insolvenzeröffnungsverfahrens ergibt sich demgegenüber aus § 22 Abs. 1 S. 2 Nr. 2 InsO.[252]

Diese Verpflichtung zur Prüfung der nachinsolvenzlichen Fortführungs- und Sanierungsaussichten wird regelmäßig auch auf den vorläufigen Insolvenzverwalter mit Zustimmungsvorbehalt übertragen (§ 22 Abs. 2 InsO). Ist keine vorläufige Insolvenzverwaltung angeordnet, kann das Insolvenzgericht auch einen Sachverständigen isoliert mit dieser Prüfung beauftragen (§ 5 Abs. 1 InsO).

Die Prüfung gilt als schwierigste und anspruchsvollste Aufgabe des vorläufigen Insolvenzverwalters.[253] Dies erklärt sich insbesondere vor dem Hintergrund, dass der vorläufige Insolvenzverwalter auf ein ihm völlig unbekanntes Unternehmen trifft mit einem oftmals herausfordernden Zustand des betrieblichen

---

252 Vgl. nachf. S. 196 ff.

253 MüKoInsO/*Haarmeyer/Schildt*, § 22 InsO Rn. 163; KS-*Uhlenbruck*, Die Rechtsstellung des vorläufigen Insolvenzverwalters, S. 360; Uhlenbruck/*Vallender*, § 22 InsO Rn. 266.

Rechnungswesens. Dabei kann bisweilen aus dessen Qualität nicht zwingend auch auf die Fortführungsgeeignetheit des operativen Geschäftsbetriebs geschlossen werden. Häufig sind Organisations- und Managementfehler insolvenzursächlich, die gerade im Rahmen einer übertragenden Sanierung behoben werden können. Auf der anderen Seite der Bandbreite möglicher Unternehmen ist ein Unternehmen mit vorzüglicher Organisationsstruktur und aussagefähigem Berichtswesen denkbar, dessen Fortführungsprognose den Insolvenzverwalter mit Blick auf den Umfang des Daten- und Informationsmaterials sowie die Komplexität der Unternehmensstruktur oder Konzerneinbindung vor Herausforderungen stellt.

1. Prognosezweck

Die bereits in das Insolvenzeröffnungsverfahren vorverlagerte Fortführungsprognose soll die Entscheidungen im eröffneten Insolvenzverfahren bestmöglich vorbereiten.[254] Sie ist in dem Sinn weniger Fortführungs- und mehr Sanierungsprognose, nämlich die Frage nach der Fortführung im Anschluss an eine insolvenzrechtliche Sanierung. Der Zeitraum des Eröffnungsverfahrens soll in diesem Sinne genutzt werden, um Sanierungschancen auszuloten[255] und Sanierungen soweit möglich bereits vorzubereiten, ohne jedoch die Eröffnungsentscheidung sowie die Entscheidungen des eröffneten Insolvenzverfahrens vorwegzunehmen.[256]

Zugleich flankiert die Prüfung der Fortführungs- und Sanierungsaussichten die Fortführungsprognose für das Insolvenz(eröffnungs)verfahren. Sofern sich nämlich eine realistische Fortführungs- und Sanierungsaussicht ergibt, wird sich in aller Regel eine durch die Fortführung erwirtschaftete Unterdeckung jedenfalls mit Blick auf die Vermeidung einstellungsbedingter Verbindlichkeiten für die Gläubiger günstiger und masseschonender darstellen. Günstigenfalls ergeben sich ferner auch höhere Realisierungswerte für die Vermögensgegenstände.[257]

---

254 Nerlich/Römermann/*Mönning*, § 22 InsO Rn. 201; MüKoInsO/*Haarmeyer/Schildt*, § 22 InsO Rn. 166, 167.

255 BT-Drucks. 12/703 S. 185; Wimmer FK-InsO/*Schmerbach*, § 22 InsO Rn. 99.

256 KS-*Uhlenbruck*, Die Rechtsstellung des vorläufigen Insolvenzverwalters, S. 360; Uhlenbruck/*Vallender*, § 22 InsO Rn. 266.

257 Vgl. hierzu auch nachf. S. 197 ff.

2. *Prognosegegenstand*

a) *Fortführung*

Prognosegegenstand ist nach dem Wortlaut die Fortführung des Unternehmens des Schuldners. Der Begriff „Unternehmen" ist rechtlich nicht definiert.[258] Nach allgemeiner Ansicht erfasst die Fortführungsprognose des § 22 Abs. 1 S. 2 Nr. 3 InsO jedoch nicht nur Sanierungsmöglichkeiten unter Erhaltung des Rechtsträgers, sondern auch Sanierungsmöglichkeiten unter Übertragung des operativen Geschäftsbetriebs.[259]

In Betracht kommen damit eine Fortführung und Eigensanierung im Insolvenzplanverfahren mit einer Gläubigerbefriedigung entweder aus künftig erwirtschafteten Erträgen („earn out") oder einer Planeinzahlung („cash out") sowie eine Reorganisation im Insolvenzverfahren verbunden mit einem Asset-Deal („übertragende Sanierung").

b) *Sanierung*

Auch hier stellt sich die Frage, welcher betriebswirtschaftliche Zustand erreicht werden muss, um eine Fortführungs- und Sanierungsfähigkeit anzunehmen. Eine Vorgabe hierzu enthält das Gesetz nicht.

(1) *Wiederherstellung der Zahlungsfähigkeit*

Aus dem Verfahrensziel der bestmöglichen Gläubigerbefriedigung ergibt sich hierfür ebenfalls kein Aufschluss.

Allenfalls aus dem Grundsatz der Marktkonformität[260] mag sich indirekt ableiten lassen, dass über ein Insolvenzverfahren keine künftig nicht marktfähigen Unternehmen an den Markt zurückgebracht bzw. auf dem Markt belassen werden sollen. Ein Folgeinsolvenzverfahren sollte mithin bestmöglich verhindert werden, auch wenn dieses erfahrungsgemäß nie ganz ausgeschlossen werden kann.

Ein Folgeinsolvenzverfahren droht bei Eintritt der Zahlungsunfähigkeit (§ 17 InsO) und der Überschuldung (§ 19 InsO), die über die Fortführungsprognose

---

258 MüKoHGB/*Busse/von Colbe/Fehrenbach*, § 290 HGB Rn. 11; Henssler/Strohn, GesR/*Keßler*, § 15 AktG Rn. 2.

259 Jaeger/*Gerhardt*, § 22 InsO Rn. 153; MüKoInsO/*Haarmeyer/Schildt*, § 22 InsO Rn. 91; HmbKommInsO/*Schröder*, § 22 InsO Rn. 80; Uhlenbruck/*Vallender*, § 22 InsO Rn. 266.

260 Vgl. MüKoInsO/*Ganter*, § 1 InsO Rn. 43; Gottwald/Haas/*Koch/de Bra*, Insolvenzrechts-Handbuch, § 64 Rn. 6 f.

ebenfalls Zahlungsfähigkeitsprognose ist.[261] Mithin reicht es aus, dass das insolvenzbedingt sanierte Unternehmen wieder zahlungsfähig ist.

(2) Wiederherstellung der Ertragsfähigkeit bzw. Rentabilität

Eine teilweise geforderte grundsätzliche Wiederherstellung der Ertragsfähigkeit bzw. Rentabilität[262] ist dagegen nicht zu fordern, wenngleich diese betriebswirtschaftlich auf Sicht erstrebenswert ist.

Dies hat seinen Hintergrund darin, dass oberstes Ziel des Insolvenzverfahrens die Gläubigerbefriedigung ist (§ 1 S. 1 InsO). Im Insolvenzverfahren kann daher eine Sanierung des Schuldners erfolgen, aber nur und insoweit wie sie diesem Ziel dient. Die Wiederherstellung der Ertragsfähigkeit und Rentabilität des Unternehmens wirkt jedoch in die Zukunft und nutzt damit maßgeblich dem Schuldner und dessen Gesellschaftern. Die Befriedigungsperspektive der Gläubiger bleibt davon dagegen regelmäßig unberührt. Hiervon ist nur dann eine Ausnahme gegeben, wenn der Insolvenzplan eine Gläubigerbefriedigung (auch) aus künftigen Erträgen vorsieht (sog. earn out-Plan). Dann ist für die Sanierung auch die Wiederherstellung der Ertragsfähigkeit erforderlich.

c) Auswirkungen auf die Quotenaussicht

Da der vorläufige Insolvenzverwalter durch die Fortführungsprognose des § 22 Abs. 1 Nr. 3 InsO zugleich auch die spätere Entscheidung der Gläubigerversammlung (§ 157 InsO) vorbereitet, ist der Fortführungsprognose ebenfalls ein Ausblick der Auswirkungen des bzw. der in Betracht kommenden Sanierungsvorhaben auf die Befriedigungsaussichten beizufügen.

d) Zwischenfazit

Die Prognose betrifft damit die Möglichkeit zur weiteren Fortführung des Geschäftsbetriebs im Rahmen einer Sanierungslösung, die Wiederherstellung regelmäßig der Zahlungsfähigkeit durch die Sanierungslösung sowie die sich daraus ergebende Quotenaussicht für die Insolvenzgläubiger.

---

261 Vgl. ausführlich sogleich S. 153 ff.

262 Jaeger/*Gerhardt,* § 22 InsO Rn. 158 f.; Bieg/Borchardt/Frind/*Frind*, Unternehmenssanierung, Teil 3 Kapitel A.II. Rn. 3

3. *Prognoseanlass*

Prognoseanlass ist die Übernahme der vorläufigen Insolvenzverwaltung unter einem entsprechenden Sachverständigenauftrag sowie auch die Übernahme eines isoliert erteilten Sachverständigenauftrags im Insolvenzeröffnungsverfahren.

4. *Prognosemethode*

a) *Insolvenzverfahrensgeprägtes Sanierungskonzept*

Anders als teilweise angenommen wird,[263] ist von dem vorläufigen Insolvenzverwalter oder Sachverständigen nicht die Erstellung eines umfassenden Sanierungskonzepts zu erwarten.[264] Dieses kann er, nicht zuletzt wegen des beschränkten Zeitrahmens, auch gar nicht leisten. Es handelt sich vielmehr nach zutreffender Auffassung um eine insolvenzverfahrensspezifische Prognose, die auf die Fortführungs- und Sanierungsfähigkeit unter Insolvenzbedingungen abzielt.[265] Es kann mithin nur ein Sanierungskonzept im und mit den Möglichkeiten des Insolvenzverfahrens verlangt werden.

Die vorstehend dargelegten Anforderungen an Sanierungskonzepte[266] sind daher auf die Prognosesituation im Insolvenzeröffnungsverfahren anzupassen. Hier wie dort ist die Wiedererlangung bzw. Erhaltung der Zahlungsfähigkeit Prognosegegenstand, wobei sich hier die Prognose auch (nur) auf die Zahlungsfähigkeit des Unternehmens beschränken kann, wenn sich für den Unternehmensträger keine Perspektive ergibt.

Anders als beim vorinsolvenzlichen Sanierungskonzept ist dagegen im Insolvenzeröffnungsverfahren keine integrierte Unternehmensplanung zu erstellen. Es ist vielmehr anhand der sich aus der Betriebsfortführung im Insolvenzeröffnungsverfahren ergebenden Erkenntnisse zu prognostizieren, ob der Geschäftsbetrieb bei einem finanzwirtschaftlichen Reset über das Insolvenzverfahren in der Sanierungslösung künftig durchfinanziert ist.

Der Prognose sind dabei die erkannten und erkennbaren tatsächlichen Gegebenheiten, eine Analyse der Insolvenzursachen sowie eine Bestandsaufnahme der wirtschaftlichen Lage des Schuldners zugrunde zu legen.

---

263 Jaeger/*Gerhardt*, § 22 InsO Rn. 158; KS-*Uhlenbruck*, Die Rechtstellung des vorläufigen Insolvenzverwalters, S. 361.

264 MüKoInsO/*Haarmeyer/Schildt*, § 22 InsO Rn. 165.

265 HmbKommInsO/*Schröder*, § 22 InsO Rn. 81.

266 S.o. S. 115.

b) *Teilprognosen*

Die Prüfung erfolgt danach dreigeteilt. Zunächst ist die grundsätzliche Sanierungseignung des Unternehmens zu prüfen, sodann sind Möglichkeiten einer Eigensanierung bzw. übertragenden Sanierung zu prüfen und schließlich die Auswirkungen der sich ergebenden Möglichkeiten auf die Befriedigungsaussichten. Die Prüfungsschritte greifen dabei teilweise ineinander über.

(1) Sanierungseignung

Im Rahmen der Prüfung der Sanierungseignung des Geschäftsbetriebs ist zu klären, ob der operative Geschäftsbetrieb des Schuldners fortführungsfähig ist. Hierzu sind, wie vorstehend angesprochen, eine Analyse der internen und externen Insolvenzursachen vorzunehmen sowie eine Bestandsaufnahme der wirtschaftlichen Lage des Unternehmens im Rahmen seiner Wirtschaftsbranche. Ferner ist der Status der Finanz-, Ertrags- und Vermögenslage zu ermitteln.[267] Hierbei ist auch auf die Erkenntnisse aus der Betriebsfortführung unter Insolvenzbedingungen im Insolvenzeröffnungsverfahren zurückzugreifen.[268]

Sodann ist auf der Ebene des operativen Geschäftsbetriebs zu prüfen, welche leistungs- und finanzwirtschaftlichen Sanierungsmaßnahmen erforderlich und unter Insolvenzbedingungen umsetzbar sind sowie den erforderlichen Sanierungserfolg bewirken können. Liegt im Unternehmen bereits ein Sanierungskonzept vor oder sind Sanierungsansätze bereits erarbeitet worden, sind auch diese in die Prüfung mit einzubeziehen.

Sollte sich der Geschäftsbetrieb als nicht aus sich heraus sanierungsgeeignet erweisen, ist zu prüfen, ob sich eine Sanierungsperspektive durch eine Übertragung des operativen Geschäftsbetriebs im Ganzen oder in Teilen ergeben kann und ob diese in rechtlicher und tatsächlicher Hinsicht auch umsetzbar ist.

(2) Sanierungsmöglichkeiten

(i) Eigensanierung im Insolvenzplanverfahren

Sofern sich eine eigenständige Sanierungsfähigkeit des Geschäftsbetriebs ergibt, ist weiter zu prüfen, ob, neben den Sanierungsmaßnahmen zum Erhalt der künftigen Zahlungsfähigkeit des Geschäftsbetriebs, ein die Zahlungsfähigkeit des Rechtsträgers wieder herstellender Schuldenschnitt über ein Insolvenzplanverfahren gelingen kann. Es ist damit zu prüfen, aus welchen Mitteln den

---

267 HmbKommInsO/*Schröder*, § 22 InsO Rn. 83; Jaeger/*Gerhardt*, § 22 InsO Rn. 160.
268 Vgl. dazu nachf. S. 197 ff.

Gläubigern im Insolvenzplanverfahren eine Insolvenzquote angeboten werden kann. Dies können künftige Erträge sein (earn out-Plan) oder aber eine Planeinzahlung eines Investors, die regelmäßig den Wert, der dann beim Schuldner verbleibenden Vermögensgegenstände, den Insolvenzgläubigern gegenüber abgilt (cash out-Plan). Der Wert der abzugeltenden Vermögensgegenstände bzw. die Angemessenheit des Angebots ist dabei regelmäßig über einen parallelen M&A-Prozess zu evaluieren (sog. Dual-Track).[269]

(ii) Übertragende Sanierung
Ist der Geschäftsbetrieb dagegen nicht eigenständig sanierungsfähig oder ein Schuldenschnitt über ein Insolvenzplanverfahren nicht darstellbar, ist weiter zu prüfen, ob sich eine Sanierungsmöglichkeit über eine übertragende Sanierung, d.h. die Veräußerung des operativen Geschäftsbetriebs an einen Investor, ergeben kann. Hierzu sind regelmäßig ein Investorenprozess aufzusetzen und bestmöglich noch im Insolvenzeröffnungsverfahren mindestens indikative Kaufangebote einzuholen.

Wie einleitend angesprochen, ist hier darauf zu achten, dass die Betriebsübernahmelösung Aussicht auf Erfolg verspricht, mithin der übernehmende Rechtsträger zahlungsfähig ist und über den vernünftigerweise betriebswirtschaftlich zu überblickenden Zeitraum auch bleibt. Die diesbezüglichen Prüfungsmöglichkeiten des vorläufigen Insolvenzverwalters sind naturgemäß begrenzt. Er kann, über Eigenauskünfte des Betriebsübernehmers hinaus, Informationen nur aus öffentlich zugänglichen Registern sowie über Wirtschaftsauskunfteien beziehen.

(3) Befriedigungsaussichten

Sofern sich eine oder gegebenenfalls auch mehrere Sanierungsalternativen für den Rechtsträger und/oder den operativen Geschäftsbetrieb ergeben, sind die Auswirkungen der Umsetzung der jeweiligen Sanierungsalternative auf die Befriedigungsaussichten der Gläubiger zu prognostizieren.

5. Prognosehorizont

a) Prognosegrundlage

Der Einzelfall bestimmt Art und Umfang der Prognosegrundlage. Entsprechend den dargelegten grundsätzlichen Anforderungen an Prognosen sind alle verfügbaren sowie unter Insolvenzbedingungen mit vertretbarem Zeit- und

269 Vgl. nachf. S. 229.

Kostenaufwand zu beschaffenden Informationen heranzuziehen und im Rahmen der Prognoseerstellung fruchtbar zu machen.[270]

Es sind damit alle im Unternehmen sowie bei dessen Beratern verfügbaren Informationen und Daten heranzuziehen. Informationen ergeben sich des weiteren aus einer regelmäßig parallelen Betriebsfortführung unter Insolvenzbedingungen durch die Zusammenarbeit mit den Mitarbeitern, Kunden, Lieferanten und Dienstleistern des Unternehmens. Weitere Erkenntnisse ergeben sich aus Gesprächen und Verhandlungen mit beteiligten Kredit- und Finanzierungsinstituten.

Ferner sind durch den vorläufigen Insolvenzverwalter bzw. Sachverständigen eigene Branchenkenntnisse und Erfahrungen aus Insolvenzverfahren bzw. einer Sachverständigentätigkeit in vergleichbaren Unternehmen und vergleichbarem Umfeld fruchtbar zu machen. Darüber hinaus mag es fallbezogen angezeigt erscheinen, Erkenntnisse und Ergebnisse aus Marktstudien hinzuzuziehen.

b) Prognosezeitraum

Der Prognosezeitraum bemisst sich aus dem Sanierungszeitraum der in Betracht kommenden Sanierungsalternative.

Fortführungsprognosen, die eine Eigensanierung mit einem cash-out-Insolvenzplan oder eine übertragende Sanierung beinhalten, müssen, damit sie insolvenzbeendend sind, eine prognostizierte Zahlungsfähigkeit für die Dauer von jedenfalls 12 Monaten ab Verfahrensaufhebung ausweisen, da anderenfalls unmittelbar nach Aufhebung des Insolvenzverfahrens eine erneute Insolvenzantragspflicht gegeben wäre.

Bei einem earn-out-Insolvenzplan sind darüber hinaus die Zahlungsfähigkeit sowie auch die Ertragsfähigkeit für die Dauer des earn-out-Zeitraums sicherzustellen. Dies ist regelmäßig längstens die Dauer der Planüberwachung (§ 260 InsO), die auf maximal drei Jahre festgelegt ist (§ 268 Abs. 1 Nr. 2 InsO).

c) Prognosestichtag

Prognosestichtag ist der Tag der Gutachteneinreichung beim Insolvenzgericht.

---

270 Vgl. oben S. 72 f.

6. *Prognosemaßstab*

Ein Prognosemaßstab ist gesetzlich nicht vorgegeben. Es sollen die Aussichten für eine Fortführung prognostiziert werden, mithin deren Chancen. Der Wahrscheinlichkeitsgrad ist damit grundsätzlich offen. Gleichwohl macht es nur Sinn in tatsächlicher, wirtschaftlicher und rechtlicher Hinsicht umsetzbare Fortführungs- und Sanierungsaussichten zu prüfen und der Gläubigergemeinschaft zur Entscheidung zu stellen (§ 157 InsO), die darüber mit Mehrheitsvotum entscheidet (§ 76 Abs. 2 InsO). Da die vorgeschlagene Fortführungslösung nicht ihrerseits mit einem Insolvenzrisiko belastet sein sollte, sollte die Fortführung mit dem gleichen Grad wahrscheinlich sein, wie eine die Insolvenzgründe abwendende Sanierungslösung,[271] mithin überwiegend wahrscheinlich.

7. *Zusammenfassung*

Die Prognose zu den Fortführungs- und Sanierungsaussichten des Unternehmens betrifft den nachinsolvenzlichen Zeitraum.[272] Zu prüfen sind die Möglichkeit einer Eigensanierung des Schuldners im Insolvenzplanverfahren sowie die Möglichkeit einer Sanierung des operativen Geschäftsbetriebs durch übertragende Sanierung.

Die Prognose dient der Vorbereitung der Entscheidung der Gläubigerversammlung zum Fortgang des Insolvenzverfahrens, ohne diese jedoch vorwegzunehmen.

Prognosegegenstand sind die Zahlungsfähigkeit und die Quotenaussicht.

Prognosegrundlage sind die erkannten und erkennbaren tatsächlichen Verhältnisse des Unternehmens unter Berücksichtigung der externen und internen Insolvenzursachen auf Basis einer Bestandsaufnahme der wirtschaftlichen Lage des Unternehmens im Rahmen seiner Wirtschaftsbranche sowie einem Status seiner Vermögens-, Finanz- und Ertragslage.

Der Prognosezeitraum wird durch die in Aussicht genommene Sanierung definiert.

Prognosemaßstab ist die überwiegende Wahrscheinlichkeit der erfolgreichen Umsetzung der Sanierung.

---

271 S.o. S. 114 f.

272 Zur Fortführungsprognose im Insolvenzeröffnungsverfahren s.u. S. 197 ff.

B. Zahlungsfähigkeitsprüfung

Die Zahlungsfähigkeitsprüfung der §§ 17, 18 InsO ist Fortführungsprognose par excellence, auch wenn sie in Literatur und Rechtsprechung kaum als solche bezeichnet wird. Je nach Zeithorizont ergibt sich aus ihr ein Antragsrecht (§ 18 InsO), dann eröffnet sie den Weg in die Sanierungsverfahren wahlweise nach dem StaRUG oder der InsO, oder aber sie begründet eine Antragspflicht (§ 17 InsO). Sie markiert damit die Grenze zwischen den vorinsolvenzlich freien Sanierungsmöglichkeiten und den streng verfahrensgebundenen Sanierungsmöglichkeiten des Insolvenzrechts.

I. Zahlungsunfähigkeit (§ 17 InsO)

Bei der Zahlungsunfähigkeit nach § 17 InsO handelt es sich um den allgemeinen Insolvenzeröffnungsgrund, der für alle Rechtsträger und Vermögensmassen wie auch für Eigenanträge und Gläubigeranträge gleichermaßen anwendbar ist.[273] In § 17 Abs. 2 S. 1 InsO ist die Zahlungsunfähigkeit legaldefiniert und ergänzend dazu in § 17 Abs. 2 S. 2 InsO eine widerlegliche Vermutung für den Fall einer Zahlungseinstellung normiert. Gleichwohl ist das heutige Verständnis der Zahlungsunfähigkeit erst durch zwei Grundsatz-Entscheidungen des BGH geformt und gefestigt worden.

Mit seiner Entscheidung vom 24.05.2005 hat der BGH festgestellt, dass es sich nicht, wie der Wortlaut nahelegt, um eine Zeitpunkt(il)liquidität handelt, sondern um eine Zeitraum(il)liquidität im Umfang oberhalb einer Zahlungsstockung.[274] Er greift hierbei auf die Merkmale der Wesentlichkeit und der Dauer der zu Zeiten der Konkursordnung in ständiger Rechtsprechung angewandten Definition der Zahlungsunfähigkeit zurück, die diese als „*das auf einem nicht nur vorübergehenden Mangel an Zahlungsmitteln beruhende Unvermögen, wesentliche Teile der fälligen Verbindlichkeiten zu erfüllen*“ verstand.[275]

In der späteren Grundsatzentscheidung vom 19.12.2017 hat der BGH ferner festgelegt, dass, ebenfalls anders als der Wortlaut nahelegen mag, nicht nur die am Prüfungsstichtag fälligen Verbindlichkeiten in die Betrachtung

---

273 BT-Drucks. 12/2443, S. 114.

274 BGH, Urt. v. 24.05.2005 – IX ZR 123/04, BGHZ 163, 134 = NZI 2005, 547, LSe („10 %/3 Wochen“).

275 Vgl. Kübler/Prütting/Bork/*Steffek*, § 17 InsO Rn. 4; Wimmer FK-InsO/*Schmerbach*, § 17 InsO Rn. 7.

einzubeziehen sind, sondern auch die im Prognosezeitraum fällig werdenden Verbindlichkeiten (sog. Passiva II).[276]

Dieses Verständnis der Zahlungsfähigkeitsprüfung ist in Rechtsprechung und Literatur gefestigt, so dass die zunächst noch geäußerte Kritik[277] an einzelnen Merkmalen in den Hintergrund tritt, soweit sie nicht ohnehin durch die Rechtsprechung aufgegriffen worden ist.[278]

a) Prognosezweck

Der Prognosezweck der Zahlungsfähigkeitsprüfung ergibt sich aus der Zielsetzung der Insolvenzordnung, die mit § 1 InsO sogar ausdrücklich in das Gesetz aufgenommen worden ist. Vorrangiges Ziel des Insolvenzverfahrens ist danach die gemeinschaftliche Gläubigerbefriedigung,[279] die nach allgemeinem Verständnis bestmöglich sein soll.[280]

Die Fortführungsprognose im Rahmen der Zahlungsfähigkeitsprüfung dient vor diesem Hintergrund zur Ermittlung des Grades an Illiquidität eines Schuldners, der von der Rechtsordnung sowohl im Hinblick auf die Wesentlichkeit wie auch die Dauer zum Schutz der Gläubigergemeinschaft nicht mehr hingenommen wird und daher die Insolvenzantragspflicht auslöst.[281]

b) Prognosegegenstand

Prognosegegenstand ist die Fähigkeit des Schuldners, seine Verbindlichkeiten im Zeitpunkt ihrer Fälligkeit vertragsgerecht bedienen zu können. Es ist damit die Frage zu beantworten, ob das finanzielle Gleichgewicht über den Prognosezeitraum hindurch gewahrt bleibt.

---

276 BGH, Urt. v. 19.12.2017 – II ZR 88/16, BGHZ 217, 130 = NJW 2018, 1089, LSe („Passiva II").

277 Vgl. z.B. *Himmelsbach/Thonfeld*, NZI 2001, 11, 13 ff.; K. Schmidt/*K. Schmidt*, § 17 InsO Rn. 20.

278 Uhlenbruck/*Mock*, § 17 InsO Rn. 4.

279 Uhlenbruck/*Mock*, § 22 InsO Rn. 2; HmbKomInsO/*Schröder*, § 22 InsO Rn. 1.

280 BT-Drucks. 12/2443, S. 108; BVerfG, Beschl. v. 23.05.2006 – 1 BvR 2530/04, NZI 2006, 453 Tz. 34; BGH, Urt. v. 11.05.2006 – IX ZR 247/03, BGHZ 167, 363 = NZI 2006, 457, Tz. 17; BGH, Urt. v. 21.04.2005 – IX ZR 281/03, BGHZ 163, 32 = NJW 2005, 2015, 2016.

281 Vgl. zur Rechtfertigung auch Nerlich/Römermann/*Mönning/Gutheil*, § 22 InsO Rn. 7.

Prognostiziert werden dabei nach heutigem Verständnis der Zahlungsunfähigkeit die Größe der Liquiditätslücke, deren Dauer sowie das Fehlen eines Ausnahmesachverhalts.

(1) Wesentliche Deckungslücke

Als wesentlich wird eine Deckungslücke ab einem Schwellenwert von 10 % Unterdeckung angesehen. Dabei sind die am Stichtag vorhandenen liquiden Mittel, die Zahlungszuflüsse aus innerhalb des Prognosezeitraums liquidierbaren Vermögensgegenständen sowie die Zahlungszuflüsse aus dem regulären Geschäftsbetrieb zu berücksichtigen. Von diesen sind die am Stichtag fälligen Verbindlichkeiten sowie die innerhalb des Prognosezeitraums fällig werdenden Verbindlichkeiten abzusetzen. Zu dem sich ergebenden Betrag ist der Saldo der fälligen und im Prognosezeitraum fällig werdenden Verbindlichkeiten ins Verhältnis zu setzen.

In Anwendung des Grundsatzurteils des BGH vom 19.12.2017[282] ergibt sich mithin folgende Berechnungsmethode:[283]

$$\text{Liquiditätslücke in Prozent} = \frac{\left(\underset{(Stichtag)}{\text{liquide Mittel}} + \underset{(t_1\ bis\ t_{21})}{\text{liquidierb. VmGgst.}} + \underset{(t_1\ bis\ t_{21})}{\text{Zhlgseingänge}}\right) - \left(\underset{(Stichtag)}{\text{fällige Verbindlkeiten}} + \underset{(t_1\ bis\ t_{21})}{\text{fällig werdende Verb.}}\right)}{\underset{(Stichtag)}{\text{Passiva I}} + \underset{(t_1\ -\ t_{21})}{\text{Passiva II}}}$$

Davon abweichend wählt das Institut der Wirtschaftsprüfer in Deutschland e.V. (IDW) als Bezugsgröße nur die am Stichtag fälligen Verbindlichkeiten und gelangt so zu einer früher einsetzenden Zahlungsunfähigkeit, ohne dies jedoch, über die dort als erstrebenswert angesehene Vorverlagerung des Eröffnungszeitpunkts hinaus, weiter zu begründen.[284] Wie zuvor bereits angesprochen, haben die Prüfungsstandards des IDW keine Rechtsnormqualität,[285] so dass eine an den Voraussetzungen des BGH ausgerichtete Ermittlung der Deckungslücke im Rahmen der rechtlichen Überschuldungsprüfung erforderlich aber auch ausreichend ist.

Diese Auffassung korrespondiert auch mit der kürzlich aufrecht erhaltenen BGH-Rechtsprechung zur Annahme einer Zahlungseinstellung. Danach ist es

---

282 BGH, Urt. v. 19.12.2017 – II ZR 88/16, BGHZ 217, 130 = NJW 2018, 1089, Tz. 62 („Passiva II“).

283 In Anlehnung an: *Crone/Werner*, KSI 2021, 268, 272.

284 IDW S 11, IDW Life 1/2022 Rn. 25.

285 S.o. S. 85.

für die Annahme einer Zahlungseinstellung zwar nicht erforderlich, dass die 10 %-Schwelle nachweislich überschritten ist, die Widerlegung über den Nachweis einer Unterschreitung wird jedoch zugelassen.[286] Der BGH hält damit einen früheren Eintritt der Zahlungsunfähigkeit als nach Maßgabe der von ihm festgelegten Kriterien für nicht geboten.

(2) Dauer

Als nicht mehr nur vorübergehend wird eine Zahlungsunfähigkeit angesehen, die die Dauer von drei Wochen überschreitet. Unterhalb dieser Schwelle nimmt der BGH grundsätzlich eine bloße Zahlungsstockung an. Zugleich geht er davon aus, dass ein Zeitraum von regelmäßig drei Wochen ausreiche, um die erforderliche Liquidität zu beschaffen und die Liquiditätslücke jedenfalls unter die Schwelle von 10 % zu führen.[287]

(3) Ausnahmesachverhalt

Die Schwellenwerte begründen jedoch keine starre Grenze, sondern eine widerlegliche Vermutung.[288] Dies eröffnet die Möglichkeit, im Einzelfall zu gerechten Entscheidungen zu kommen, bei denen sich aus den besonderen Umständen das Erfordernis einer Abweichung von den Schwellenwerten ergibt.[289]

Der BGH beschreibt in seiner Grundsatzentscheidung vom 24.05.2005 zwei Ausnahmesachverhalte:

(a) Deckungslücke noch < 10 % aber demnächst > 10 %

Ausnahmsweise begründet eine unterhalb der Schwelle von 10 % liegende Deckungslücke eine Zahlungsunfähigkeit, wenn „*bereits absehbar ist, dass die Lücke demnächst mehr als 10 Prozent erreichen wird.*“[290]

In dieser Feststellung klingt an, was hier bereits oben unter den allgemeinen Anforderungen an die Prognoseerstellung ausgeführt wurde. Nur ein unsicheres Ereignis kann und darf Gegenstand einer Prognose sein. Ist der Eintritt des Ereignisses dagegen bereits sicher, darf dieses nicht mehr prognostiziert werden.[291] In dem Fall ist es auch sachgerecht, den Eintritt der Zahlungsunfähigkeit

286 BGH, Urt. v. 06.05.2021 – IX ZR 72/20, ZIP 2021, 1447, Tz. 25; BGH, Urt. v. 19.12.2017 – II ZR 88/16, BGHZ 217, 130 = NJW 2018, 1089, LSe, Tz. 23.
287 BGH, Urt. v. 19.12.2017 – II ZR 88/16, BGHZ 217, 130 = NJW 2018, 1089, LSe, Tz. 32; BGH, Urt. v. 24.05.2005, BGHZ 163, 134 = NZI 2005, 547, 548.
288 BGH, Urt. v. 24.05.2005 – IX ZR 123/04, BGHZ 163, 134 = NZI 2005, 547, 550.
289 Uhlenbruck/*Mock*, § 17 InsO Rn. 24, 25.
290 BGH, Urt. v. 24.05.2005 – IX ZR 123/04, BGHZ 163, 134 = NZI 2005, 547 LS 2.
291 S.o. S. 72.

und damit die Insolvenzantragspflicht sogleich anzunehmen und nicht erst zuzuwarten, bis der Schwellenwert tatsächlich erreicht ist. Letzteres käme in den Wirkungen einem „Schwarze-Peter-Spiel“ unter den Gläubigern gleich, bei dem es vom Zufall abhinge, welcher Gläubiger noch voll befriedigt wird und welcher eine Vermögenseinbuße erleidet.

Ein entsprechender Ausnahmesachverhalt lag z.B. der Entscheidung des OLG Rostock vom 10.07.2006 zugrunde.[292] Hier hatte der Schuldner über den Zeitraum von 15 Monaten hinweg nie die Sozialversicherungsbeiträge vollständig und fristgerecht bezahlt, die Deckungslücke hatte allerdings die Schwelle von 10 % noch nicht überschritten. Darin war gleichwohl ein Beweisanzeichen für die Zahlungsunfähigkeit gesehen worden.

(b) Deckungslücke > 10 % aber demnächst < 10 %

Ausnahmsweise begründet dagegen auch eine länger als drei Wochen andauernde Deckungslücke oberhalb von 10 % keine Zahlungsunfähigkeit, wenn *„mit an Sicherheit grenzender Wahrscheinlichkeit zu erwarten ist, dass die Liquiditätslücke demnächst vollständig oder fast vollständig beseitigt wird und den Gläubigern ein Zuwarten nach den besonderen Umständen des Einzelfalls zuzumuten ist.“*[293]

Während sich vorangehend die Korrektur zulasten des Schuldners auswirkt, bietet diese Ausnahme eine Korrekturmöglichkeit zugunsten des Schuldners. Offen und bisher, soweit ersichtlich, auch noch nicht Gegenstand einer Entscheidung ist, ob und inwieweit dieser Ausnahmesachverhalt eine zeitliche Obergrenze hat. In der Literatur werden Höchstgrenzen zwischen drei und wohl höchstens sechs Monaten angenommen.[294]

Im Zusammenspiel der Insolvenzgründe ist mit Blick auf die mit dem SanInsFoG eingeführten Prognosezeiträume in den §§ 18, 19 InsO aus hiesiger Sicht auf jeden Fall eine unterjährige Höchstgrenze anzunehmen, da im 12-Monatszeitraum bereits der Insolvenzeröffnungsgrund der Überschuldung ansetzt. Geht man weiter davon aus, dass im wesentlichen saisonbezogene Geschäftsbetriebe in den Anwendungsbereich fallen, spricht einiges für eine sechsmonatige Höchstfrist, da ein Saisonbetrieb, dem es nicht gelingt, aus eigener Kraft oder mit externen Liquiditätshilfen die nächste Saison zu erreichen, keine Aussicht hat, weiter am Markt zu bestehen.[295] Auch in dem Fall gebietet

---

292 OLG Rostock, Urt. v. 10.07.2006 – 3 U 15/05, ZInsO 2006, 1109 LS 1.

293 BGH, Urt. v. 24.05.2005 – IX ZR 123/04, BGHZ 163, 134 = NZI 2005, 547 LS 3.

294 *Fischer*, ZGR 2006, 403, 408; HK-InsO/*Laroche*, § 17 InsO Rn. 20; IDW S 11, IDW Life 1/2022, Rn. 17.

295 So auch *Hölzle*, ZIP 2006, 101, 103.

es der Gläubigerschutz, das Unternehmen im Zeitpunkt des Eintritts der Zahlungsunfähigkeit vom Markt zu nehmen. Ein Zuwarten, noch dazu mit einer sich verschlechternden Perspektive, ist den Gläubigern dann nicht zuzumuten.

c) *Prognoseanlass*

Ein Prognoseanlass ist nicht erst gegeben, wenn sich eine finanzielle Schieflage abzeichnet, die Zahlungspflichten drücken oder aber Fälligkeiten bereits geschoben werden.[296]

Die Zahlungsfähigkeit ergibt sich vielmehr aus der laufenden Liquiditätsplanung, deren Aufstellung und beständige Aktualisierung zum regelmäßigen Pflichtenprogramm eines Geschäftsleiters gehört. Insoweit ist die Zahlungsfähigkeitsprüfung auch nicht erst bei Eintritt der Krise, sondern laufend vorzunehmen.

In der Krise verschärft sich vielmehr die reguläre Pflicht zur kontinuierlichen Beobachtung der wirtschaftlichen Lage zu einer fortlaufenden wirtschaftlichen Selbstprüfungspflicht.[297] Dies kommt insbesondere auch in der als „nur" klarstellend verstandenen Regelung des § 1 StaRUG zum Ausdruck, der rechtsformübergreifend den Geschäftsleitern sowohl eine Beobachtungspflicht bezüglich den Fortbestand gefährdender Risiken wie auch eine Sanierungspflicht auferlegt. Diese Sorgfalts-, Beobachtungs- und Sanierungspflicht ergab sich nach allgemeiner Ansicht bereits zuvor aus dem gesellschaftsrechtlichen und insolvenzrechtlichen Pflichtenkanon.[298]

d) *Prognosemethode*

Das Gesetz gibt keine konkrete Methode zur Zahlungsfähigkeitsprüfung vor. § 17 Abs. 2 S. 1 InsO ist nur und bereits mit einiger Auslegung zu entnehmen, dass den liquiden Mitteln die fälligen Zahlungspflichten gegenüberzustellen sind.

Die Anforderungen an Art und Weise der Prüfung sind wie eingangs angesprochen erst durch die Rechtsprechung des BGH konturiert worden. Allgemein anerkannt und gefestigter Rechtsprechung folgend, ist die Prüfung in

296 „Management by Kontostand" bzw. das Führen einer sog. „Schiebeliste" belegen vielmehr eine Zahlungseinstellung i.S.d. § 17 Abs. 2 S. 2 InsO: BGH, Urt. v. 19.12.2002 – IX ZR 377/99, NZI 2003, 253, 255.

297 *Schulz*, NZI 2020, 1073, 1074.

298 *Desch*, BB 2020, 2498, 2499; *Hölzle*, Praxisleitfaden, § 1 StaRUG Rn. 18 f.; *Thole*, ZIP 2020, 1985, 1986.

zwei Stufen vorzunehmen.[299] Zunächst ist anhand eines Liquiditätsstatus zu ermitteln, ob eine maßgebliche Liquiditätslücke (> 10 %) besteht und sodann anhand eines vom BGH als „Liquiditätsbilanz" bezeichneten Liquiditäts- bzw. Finanzplans zu prüfen, ob diese dauerhafter (> 3 Wochen) oder nur temporärer Natur ist.[300]

(1) Finanzstatus

Im Finanzstatus sind die vorhandenen liquiden Mittel den am Stichtag fälligen Verbindlichkeiten gegenüberzustellen.[301] Ergibt sich hieraus eine Liquiditätsunterdeckung unterhalb von 10 % ist am Stichtag Zahlungsfähigkeit gegeben und eine weitere Prüfung, vorbehaltlich der zuvor angesprochenen, regelhaften Prüfung bestandsgefährdender Risiken, nicht erforderlich.

(2) Liquiditätsplan

Überschreitet die stichtagsbezogene Deckungslücke indes den Schwellenwert, ist über den Finanzplan zu prüfen[302], ob die Deckungslücke innerhalb von drei Wochen vollständig bzw. fast vollständig, d.h. unter den Schwellenwert, geschlossen werden kann.

Optimalerweise kann der Finanzplan aus der betrieblichen Finanzplanung abgeleitet werden, die in betriebswirtschaftlicher Hinsicht aus einer integrierten Ertrags-, Finanz- und Vermögensplanung besteht.[303]

In einer Vielzahl an Fällen weist das betriebliche Rechnungswesen indes keine den Anforderungen einer integrierten Finanzplanung entsprechende Qualität auf. Dann ist für den Drei-Wochenzeitraum eine kurzfristige Liquiditätsplanung von Hand und stand alone vorzunehmen. Diese baut auf dem Finanzstatus auf und schreibt diesen im Hinblick auf die im Prognosezeitraum zu erwartenden Einnahmen und Ausgaben fort.

---

299 Nickert/Lamberti/*Kriegel*, Überschuldungs- und Zahlungsfähigkeitsprüfung, S. 24 ff.; HmbKommInsO/*Schröder*, § 17 InsO Rn. 48 ff.

300 BGH, Urt. v. 19.12.2017 – II ZR 88/16, BGHZ 217, 130 = NJW 2018, 1089, LSe, Tz. 32 ff.; Uhlenbruck/*Mock*, § 17 InsO Rn. 23 ff.

301 Ein Muster findet sich bei: *Blöse/Wieland-Blöse*, Praxisleitfaden Insolvenzreife, S. 188.

302 MüKoInsO/*Eilenberger*, § 17 InsO Rn. 10 ff.; Nickert/Lamberti/*Nickert*, Überschuldungs- und Zahlungsfähigkeitsprüfung, S. 88 ff.; Kübler/Prütting/Bork/*Steffek*, § 17 InsO Rn. 55, 56.

303 Crone/Werner/*Werner/Schreitmüller*; Sanierungsmanagement, Kapitel 9.1, S. 263.

Einnahmenseitig sind alle im Drei-Wochenzeitraum belastbar zu erwartenden Einzahlungen aus dem regulären Geschäftsbetrieb anzusetzen sowie Veräußerungserlöse aus liquidierbaren Vermögensgegenständen, soweit eine Veräußerung in erforderlicher Zeit konkret möglich und beabsichtigt ist und die weitere Betriebsfortführung nicht gefährdet. Ausgabenseitig sind alle im Drei-Wochenzeitraum fällig werdenden, bereits bestehenden und entstehenden, Verbindlichkeiten anzusetzen.[304]

Mit dieser Vorgehensweise wird die Zahlungsfähigkeit jedoch nur ausgehend von einem Stichtag geprüft. Die Liquiditätsplanung ist daher rollierend fortzuschreiben, um eine fortlaufende Information zur Zahlungsfähigkeit des Schuldners zu erhalten.[305]

e) Prognosehorizont

(1) Prognosegrundlage

Entsprechend den allgemeinen Anforderungen an eine Prognose[306] sind die Daten der schuldnerischen Finanzbuchführung sorgfältig auszuwerten und gegebenenfalls aufzuarbeiten bzw. zu ertüchtigen. Hierbei sind insbesondere die Aktualität und Vollständigkeit des Datenmaterials zu hinterfragen und zu prüfen.

Prognosegrundlage sind alle sich daraus ergebenden liquiditätsrelevanten Sachverhalte und Geschäftsvorfälle. Diese sind entsprechend ihrer Liquiditätswirksamkeit in den Finanzstatus bzw. den Finanzplan einzuarbeiten.

Die Auswirkungen der weiteren Betriebsfortführung sind sodann entsprechend dem betrieblichen Forecast, zu prognostizieren und die sich daraus ergebenden Sachverhalte ihrer Liquiditätswirksamkeit entsprechend ebenfalls in den Finanzplan einzuarbeiten. Der betriebliche Forecast ist, den allgemeinen Grundsätzen einer Prognose entsprechend,[307] ebenfalls im Hinblick auf die Aktualität, Vollständigkeit und Belastbarkeit zu hinterfragen und zu prüfen. Die Ansätze sind dabei auf Basis der Vergangenheitsdaten sowie der

---

304 Ein Muster findet sich bei *Harz/Comtesse/Conrad*, ZInsO 2019, 2241, 2248; Müko-InsO/*Eilenberger*, § 17 InsO Rn. 14; HmbKommInsO/*Schröder*, § 17 InsO Rn. 50.

305 Eine übersichtliche Handreichung zur Erstellung einer rollierenden Liquiditätsplanung für einen 13-Wochen-Zeitraum nebst Muster findet sich bei Crone/Werner/*Werner/Schreitmüller*, Kapitel 9.2, S. 268 ff.; weitere Muster bei Bieg/Borchardt/Frind/*Martini*, Unternehmenssanierung, Teil 3 Kapitel E X. Rn. 55; *Blöse/Wieland-Blöse*, Praxisleitfaden Insolvenzreife, S. 189.

306 S. dazu oben S. 55 f.

307 Vgl. o. S. 68 ff.

vorhandenen Informationen zu laufenden Vertragsanbahnungen, Aufträgen, Produktionsständen etc. aber auch der Branchenlage, zu plausibilieren.

Eine umfassende Darlegung der hierbei im einzelnen auftretenden Fragestellungen würde den Umfang der vorliegenden Abhandlung überschreiten, so dass hierzu auf die ausführlicheren Kommentierungen verwiesen wird.[308] Folgender Überblick mag eine erste Einschätzung geben:

(a) Einnahmen

Zahlungspflichten können nur mit Geld und anderen üblichen Zahlungsmitteln erfüllt werden.[309] Im Finanzstatus und Finanzplan können daher nur liquide zur Verfügung stehende Mittel angesetzt werden. Neben Bargeld und Devisen sind dieses Kontoguthaben sowie offene Kreditlinien. Die Mittel müssen frei verfügbar sein.

Vermögensgegenstände können dagegen nur und insoweit mit ihrem erzielbaren Veräußerungserlös angesetzt werden, wie eine Veräußerung in erforderlicher Zeit, hier also drei Wochen, konkret umsetzbar und auch beabsichtigt ist.[310] Soll keine Veräußerung, sondern eine Beleihung erfolgen, ist Voraussetzung, dass diese auch möglich ist, insbesondere also, dass der Schuldner noch zins- und kapitaldienstfähig sowie der Vermögensgegenstand noch frei und beleihbar ist.[311]

Mit den gleichen Prämissen können auch durch den Schuldner aufzunehmende Darlehensmittel berücksichtigt werden, wenn und soweit deren Gewährung sowie Inanspruchnahme in erforderlicher Zeit konkret in Aussicht steht.

Die Planung des Forderungseinzugs muss anhand der eingeräumten Zahlungsziele sowie unter Berücksichtigung gegebenenfalls bestehender oder auch nur erhobener Einwendungen und Einreden geplant werden.[312] Effekte

---

308 MüKoInsO/*Eilenberger*, § 17 InsO Rn. 6 ff.; Nerlich/Römermann/*Mönning/Gutheil*, § 17 InsO Rn. 12 ff.; Uhlenbruck*Mock*, § 17 InsO Rn. 20 ff.; K. Schmidt/*K. Schmidt*, § 17 InsO Rn. 6 ff.; Wimmer FK-InsO/*Schmerbach*, § 17 InsO Rn. 9 ff.; HmbKommInsO/*Schröder*, § 17 InsO Rn. 4 ff.; Kübler/Prütting/Bork/*Steffek*, § 17 InsO Rn. 22 ff.; BeckOK InsR/*Wolfer*, § 17 InsO Rn. 5 ff.

309 BGH, Beschl. v. 19.07.2007 – IX ZB 36/07, ZIP 2007, 1666, Tz. 30.

310 BGH, Urt. v. 03.12.1998 – IX ZR 313/97, NZI 1999, 70, LS 2 (noch zur KO, kurzfristig = 1 Monat ab Eintritt der Zahlungsstockung); BGH, Beschl. v. 19.07.2007 – IX ZB 36/07, BGHZ 173, 286 = ZIP 2007, 1666, Tz. 32 (kurzfristige Veräußerbarkeit einer Immobilie); BGH, Urt. v. 19.12.2017 – II ZR 88/16, ZInsO 2018, 381, Tz. 61 (reine Veräußerungsmöglichkeit reicht nicht); HambKommInsO/*Schröder*, § 17 InsO Rn. 21.

311 K. Schmidt/*K. Schmidt*, § 17 InsO Rn. 14.

312 BGH, Urt. v. 19.12.2017 – II ZR 88/16, ZInsO 2018, 381, Tz. 70.

aus Forderungsfactoring können berücksichtigt werden, soweit eine Vereinbarung in erforderlicher Zeit nicht nur geschlossen sondern auch umgesetzt werden kann.

(b) Ausgaben

Die Prüfung bezieht sich nur auf Geldschulden. Anderweitige vertragliche oder gesetzliche Verpflichtungen sind nur und insoweit zu berücksichtigen, wie sich aus ihnen eine Zahlungspflicht ergibt. Es sind alle Zahlungspflichten des Schuldners zu berücksichtigen, also auch solche, für die ein Dritter mithaftet, ebenso solche, die auf die Stellung einer Geldsicherheitsleistung gerichtet sind.[313]

Die Verbindlichkeiten sind mit ihrem Nennwert anzusetzen.[314] Maßgebend ist allein das objektive Bestehen der Verbindlichkeit. Ein Abschlag bei streitigen oder ungewissen Verbindlichkeiten ist nicht vorzunehmen.[315]

Zu berücksichtigen sind jedoch nur fällige bzw. im Prognosezeitraum fällig werdende Zahlungspflichten. Die Fälligkeit bestimmt sich nach zivilrechtlichen Grundsätzen. Eine Verbindlichkeit ist damit ab dem Zeitpunkt fällig, ab dem der Gläubiger die Leistung fordern kann (§ 271 BGB). Der zivilrechtlichen Fälligkeit hat der BGH in teleologischer Auslegung mit der Anforderung eines „ernstlichen Einforderns" das Merkmal einer insolvenzrechtlichen Fälligkeit hinzugefügt, um Sachverhalte tatsächlicher Stundung aus der Prüfung herausnehmen zu können.[316] Verzugseintritt ist dagegen nicht erforderlich.[317]

Fälligkeitsbestimmungen, Ratenzahlungsvereinbarungen sowie Stundungen sind zu berücksichtigen. Zurückhaltung geboten ist bei stillschweigenden Stundungen. Auch eine stillschweigende Stundung setzt einen Stundungswillen voraus, fehlt dieser, handelt es sich nur um eine erzwungene Stundung, die die Fälligkeit nicht hinausschiebt.[318] Die Stundung wirkt ferner nur ab dem Zeitpunkt ihrer Gewährung. Auch eine rückwirkend erteilte Stundung beseitigt die Fälligkeit für die Vergangenheit nicht.[319]

---

313 Vgl. insgesamt: Wimmer FK-InsO/*Schmerbach*, § 17 InsO Rn. 9.

314 K. Schmidt/*K. Schmidt*, § 17 InsO Rn. 8.

315 *Leithaus/Wachholtz*, ZIP 2019, 679, 652; Wimmer FK-InsO/*Schmerbach*, § 17 InsO Rn. 10; K. Schmidt-InsO/*K. Schmidt*, § 17 InsO Rn. 8; HmbKommInsO/*Schröder*, § 17 InsO Rn. 6 mwN.

316 BGH, Urt. v. 19.07.2007 – IX ZB 36/07, BGHZ 173, 286 = NZI 2007, 579 LS 1.

317 BGH, Urt. v. 24.05.2005 – IX ZR 123/04, ZInsO 2005, 807, 808.

318 BGH, Urt. v. 14.02.2008 – IX ZR 38/04, ZInsO 2008, 378, Tz. 22.

319 OLG Brandenburg, Urt. v. 06.03.2013 – 7 U 23/11, ZInsO 2013, 987, 989.

Einwendungen und Einreden sind ebenfalls zu berücksichtigen. Rechtlich nicht durchsetzbare Zahlungspflichten sind nicht anzusetzen. Dies gilt, solange der Schuldner hierauf nicht verzichtet hat, auch wenn er sich bisher nicht darauf berufen hat.[320]

Nicht durchsetzbar sind auch Verbindlichkeiten, denen ein gesellschaftsrechtliches Auszahlungsverbot entgegensteht (§ 30 GmbHG) sowie Forderungen, für die ein überschuldungswirksamer, sog. qualifizierter, Rangrücktritt vorliegt.[321]

(2) Prognosezeitraum

Aus der BGH-Rechtsprechung ergibt sich nur ein Drei-Wochenzeitraum als Prognosezeitraum.[322] Dieser ist, sofern keine Ausnahmesachverhalte bestehen bzw. in Anspruch genommen werden sollen, ausreichend, um den gesetzlichen Anforderungen insbesondere auch im Hinblick auf die Antragspflicht (§ 15a InsO) zu genügen.

Im Sinne eines risikoaversen Vorgehens lassen die Ausnahmesachverhalte des vorgenannten BGH-Urteils jedoch einen darüber hinausgehenden Planungszeitraum geboten erscheinen. Unter Berücksichtigung der angesprochenen allgemeinen Prüfungs- und Risikovorsorgepflicht sowie des Prognosezeitraums des Pflichtantragsgrunds der Überschuldung gemäß § 19 Abs. 2 S. 1 InsO von 12 Monaten erscheint es ratsam, die Prognose über einen Zeitraum von 12 Monaten zu erstrecken, wobei gegenwartsnah auf Wochenbasis und gegenwartsfern auf Monatsbasis geplant werden sollte.[323]

(3) Prognosestichtag

Prognosestichtag ist mit der hier vertretenen Auffassung zur durchgängigen Prüfungspflicht, die sich aus der allgemeinen Sorgfalts-, Beobachtungs- und Sanierungspflicht des Geschäftsleiters ergibt, jeder Tag unternehmerischer Tätigkeit des Schuldners.

f) Prognosemaßstab

Ein Prognosemaßstab ist § 17 InsO nicht zu entnehmen.

---

320 Uhlenbruck/*Mock*, § 17 InsO Rn. 114; HmbKommInsO/*Schröder*, § 17 InsO Rn. 11.

321 Vgl. z.d. Anforderungen: BGH, Urt. v. 05.03.2015 – IX ZR 133/14, BGHZ 204, 231 = ZInsO 2015, 681, Tz. 11 ff.

322 BGH, Urt. v. 24.05.2005 – IX ZR 123/04, BGHZ 163, 134 = NZI 2005, 547, LS 2.

323 Zu den sich dann ergebenden Anforderungen an die Prognose s. nachf. S. 160 ff.

(1) Eintritt der Zahlungsunfähigkeit

Das Erfordernis für einen Prognosemaßstab im Rahmen der Zahlungsfähigkeitsprüfung des § 17 InsO ergibt sich erst aus dem durch den BGH konturierten Verständnis der Zahlungsunfähigkeit als Zeitraumilliquidität, auch wenn der zu prognostizierende Zeitraum kurz und die Ungewissheit daher naturgemäß gering ist. Für diesen Zeitraum hat der BGH keinen Prognosemaßstab definiert.

(a) Ausnahmesachverhalte

Nur für die Ausnahmesachverhalte hält er einen hohen Wahrscheinlichkeitsmaßstab für erforderlich, indem er eine „*bereits absehbare*" bzw. mit „*an Sicherheit grenzender Wahrscheinlichkeit*" eintretende Entwicklung erwartet.[324] Damit ist das abgesenkte Beweismaß des § 294 ZPO, der (nur) überwiegenden Wahrscheinlichkeit nicht ausreichend. Gefordert wird vielmehr die richterliche Überzeugung im Sinne des Regelbeweismaßes des § 286 ZPO.[325] Erforderlich aber auch ausreichend ist hierfür ein „*für das praktische Leben brauchbarer Grad an Gewissheit, der Zweifeln Schweigen gebietet, ohne sie völlig auszuschließen.*"[326] Der Eintritt des künftigen Ereignisses muss damit zur richterlichen Überzeugung feststehen.[327]

Dies ist insoweit begründet, als die Ausnahmesachverhalte den Eintritt der insolvenzrechtlichen Zahlungsunfähigkeit und damit auch die damit verbundenen Pflichten und Konsequenzen außerhalb der für regelmäßig und angemessen erachteten Grenzen der Wesentlichkeit und Dauer verschieben. Damit ist naturgemäß ein größerer Schutzbedarf für die Beteiligten verbunden.

(b) Regelsachverhalt

Ein vergleichbarer Schutzbedarf innerhalb der Grenzen der Wesentlichkeit und Dauer ist dagegen nicht ersichtlich, so dass die Übernahme des Beweismaßes der Ausnahmesachverhalte überzogen erscheint und auch nicht in die Systematik der weiteren Insolvenzeröffnungsgründe passend.

In den weiteren Insolvenzeröffnungsgründen ist Prognosemaßstab eine überwiegende Eintrittswahrscheinlichkeit. In § 18 InsO hat der Gesetzgeber den Prognosemaßstab mit dem Wort „voraussichtlich" angegeben, das nach herrschender Ansicht unter Bezugnahme auf die Gesetzesbegründung als

---

324 BGH, Urt. v. 24.05.2005 – IX ZR 123/04, BGHZ 163, 134 = NZI 2005, 547 LS 3.

325 Vgl. zu den allg. Anforderungen MüKoZPO/*Prütting*, § 286 ZPO Rn. 35 ff.

326 Vgl. nur BGH, Urt. v. 19.07.2019 – V ZR 255/17, NJW 2019, 3147, Tz. 27.

327 MüKoZPO/*Prütting*, § 286 ZPO Rn. 47.

überwiegende Wahrscheinlichkeit verstanden wird.[328] Für eine Fortführungsprognose nach § 19 Abs. 2 S. 1 InsO hat der Gesetzgeber ebenfalls, und zwar ausdrücklich, die überwiegende Wahrscheinlichkeit als Prognosemaßstab festgelegt.

Die Zahlungsfähigkeitsprognose des § 17 InsO ist über den wenn auch kurzen Prognosezeitraum von drei Wochen ebenfalls eine Fortführungsprognose. Nach alledem ist als stimmiger Prognosemaßstab der Zahlungsfähigkeitsprognose im Bereich des Regeltatbestandes der Fortführungsprognose des § 17 InsO ebenfalls die überwiegende Wahrscheinlichkeit anzusehen.

(2) Prognoseereignisse

Im Hinblick auf die der Finanzplanung zugrunde zu legenden Ereignisse ist entsprechend den vorstehend dargelegten allgemeinen Anforderungen an die Prognose[329] zu differenzieren. Sicherere Ereignisse sind mit ihrer Auswirkung bzw. ihrem Ergebnis der Planung zugrunde zu legen. Ungewisse Ereignisse sind dagegen zu prognostizieren. Sie sind zugrunde zu legen solange und soweit ihr Eintreten überwiegend wahrscheinlich ist.[330]

g) Zusammenfassung

Der Zahlungsfähigkeitsprüfung liegt eine Fortführungsprognose in Bezug auf das Merkmal der Dauer zugrunde, über das die Zahlungsunfähigkeit von der Zahlungsstockung abgegrenzt wird. Der Prognosezeitraum beläuft sich mithin jedenfalls auf 3 Wochen, um den Anforderungen der BGH-Rechtsprechung an die Prüfung der Zahlungsfähigkeit zu genügen, sollte aber 12 Monate betragen, um auch die Prüfung entsprechend dem Pflichtinsolvenzantragsrund der Überschuldung (§ 19 InsO) abzudecken.

Prognostiziert wird die Fähigkeit des Schuldners, seine fälligen Zahlungen zu mindestens 90 % innerhalb einer Frist von Fälligkeit plus maximal drei Wochen zu bezahlen.

Prognosegrundlage sind die sich aus der Auswertung und erforderlichenfalls Aufarbeitung bzw. Ertüchtigung der schuldnerischen Finanzbuchhaltung ergebenden sowie die aus den Vergangenheitsdaten und der operativen

---

328 BGH, Urt. v. 05.12.2013 – IX ZR 93/11, NJW-RR 2014, 235, 236 Tz. 10; Uhlenbruck/*Mock*, § 18 Rn. 26; Kübler/Prütting/Bork/*Pape*, § 18 InsO Rn. 10; HmbKommInsO/*Schröder*, § 18 InsO Rn. 15.

329 S.o. S. 72 f.

330 So im Ergebnis auch HmbKommInsO/*Schröder*, § 18 InsO Rn. 26.

Ist-Situation abzuleitenden betriebs- und finanzwirtschaftlichen Gegebenheiten des schuldnerischen Unternehmens in seiner Wirtschaftsbranche.

Prognosemaßstab sowohl für die Zahlungsfähigkeit als Prognoseergebnis wie auch die in die Prognose einzustellenden Sachverhalte und Ereignisse ist die überwiegende Wahrscheinlichkeit.

Ausnahmesachverhalte können, wie darlegt, erleichternd oder erschwerend wirken, erfordern indes den erhöhten Prognosemaßstab der an Sicherheit grenzenden Wahrscheinlichkeit.

2. *Drohende Zahlungsunfähigkeit (§ 18 InsO)*

Der Insolvenzgrund der drohenden Zahlungsunfähigkeit bietet ein Antragsrecht. Er begründet keine Antragspflicht. Sein Eintreten bildet die Eintrittsschwelle in das Restrukturierungsverfahren nach dem StaRUG (§ 29 StaRUG). Er bietet dem Schuldner damit die Möglichkeit, Verfahrenshilfen unterschiedlicher Intensität und unterschiedlichen Ausmaßes in Anspruch zu nehmen, um eine beabsichtigte Sanierung gegebenenfalls auch gegen den Willen einzelner Beteiligter durch- und umzusetzen.

a) Prognosezweck

Sowohl das Restrukturierungsverfahren wie auch das Insolvenzverfahren sind anlassgebundene Verfahren. Ihre Inanspruchnahme setzt einen Auslösetatbestand voraus. Dies versteht sich vor dem Hintergrund der mit den Verfahren jeweils verbundenen Eingriffe in die Gläubigerposition und – im Insolvenzverfahren – auch in die Schuldnerposition.[331] Den Eingangsschranken der §§ 29 StaRUG, 16, 18 InsO kommt insoweit die Funktion eines Schutzschildes zu.[332] Während es im Bereich der Pflichtantragsgründe im wesentlichen darum geht, den Schuldner vor einer verfrühten Antragstellung zu schützen, geht es bei den Antragsrechten darum, die Gläubiger vor einer vorschnellen und leichtfertigen Antragstellung zu schützen[333] und eine missbräuchliche Inanspruchnahme zu vermeiden.[334] In diesem Sinne berechtigt nicht bereits das Vorliegen von wirtschaftlichen Schwierigkeiten zur Antragsstellung, diese müssen vielmehr die

---

331 K. Schmidt *K.Schmidt*, § 16 InsO Rn. 1 f.; Kübler/Prütting/Bork/*Steffek*, § 16 InsO Rn. 3 f.

332 *Hölzle*, Praxisleitfaden, § 29 StaRUG Rn. 4; Uhlenbruck/*Mock*, § 16 InsO Rn. 4.

333 Uhlenbruck/*Mock*, § 16 InsO Rn. 4; Kübler/Prütting/Bork/*Pape*, § 18 InsO Rn. 11.

334 Bieg/Borchaft/Frind/*Martini*, Unternehmenssanierung, Teil 3 Kapitel E X. Rn. 52.

Qualität einer bei ungehindertem Fortschreiten drohenden Existenzgefährdung aufweisen.[335]

Zweck der Fortführungsprognose des § 18 InsO ist es damit, festzustellen, ob eine entsprechend qualifizierte künftige Existenzgefährdung droht und damit eine Antragsberechtigung gegeben ist.

b) Prognosegegenstand

Gegenstand der Prognose ist das künftige Eintreten einer Zahlungsunfähigkeit des Schuldners. Zu fragen ist daher, ob das finanzielle Gleichgewicht des Schuldners unter den gegebenen Bedingungen sowie unter Berücksichtigung der für den weiteren Verlauf zu prognostizierenden Ereignisse über den Prognosezeitraum hinweg aus dem Lot gerät.

Dies ist in der Systematik der Insolvenzgründe der Fall, sobald die vorstehend dargelegten Voraussetzungen des Pflichtantragsgrunds der Zahlungsunfähigkeit (§ 17 InsO) im Prognosezeitraum eintreten.[336] Bei der Prüfung sind dabei auch die „Zahlungspflichten einzubeziehen, deren Fälligkeit lediglich überwiegend wahrscheinlich ist."[337]

c) Prognoseanlass

Der Insolvenzeröffnungsgrund der drohenden Zahlungsunfähigkeit bietet ein Antragsrecht. Damit ist in rechtlicher Hinsicht kein verpflichtender Prognoseanlass festzumachen.

In wirtschaftlicher Hinsicht sollte, sofern eine vorinsolvenzliche Sanierung angestrebt wird, die Prognose jedenfalls mit Eintritt in ein erfolgsrelevantes Krisenstadium erstellt werden, um noch über einen entsprechenden Handlungsspielraum und -zeitraum zu verfügen.

---

335 Uhlenbruck/*Mock*, § 16 InsO Rn. 4; MüKoInsO/*Vuia*, § 16 InsO Rn. 2.

336 In ständiger Rspr. BGH, Urt. v. 19.12.2017 – IIZR 88/16, NJW 2018, 1089 Tz. 45; BGH, Urt. v. 13.08.2009 – IX ZR 159/06, NZI 2009, 768 Tz. 10; BGH, Urt. v. 08.10.2009 – IX ZR 173/07, NZI 2009, 847 Tz. 11; die abweichende Auffassung von K. Schmidt/*K. Schmidt*, § 18 Rn. 12 bezog sich noch auf die vormalige Ansicht, dass die Passiva II in die Prüfung nicht einzubeziehen seien; Uhlenbruck/*Mock*, § 18 Rn. 19 unter Berufung auf *K. Schmidt*.

337 BGH, Urt. v. 05.12.2013 – IX ZR 93/11, NJW-Spez. 2014, 151 LS.

d) Prognosemethode

Das Gesetz schreibt keine konkrete Prognosemethode vor. Vielmehr greift § 18 Abs. 2 InsO die Definition des § 17 Abs. 2 S. 1 InsO auf und ergänzt diese für die Voraussetzung des Drohens um das Merkmal „voraussichtlich".

(1) Liquiditätsplan

Der BGH greift nur auf die allgemeine Beschreibung der Zahlungsfähigkeitsprüfung zurück und ergänzt diese im Umfang um künftig eingehende Einnahmen und anfallende Ausgaben.[338]

In der Literatur wird teilweise vertreten, dass die Aufstellung eines Finanzplans, der als reiner Liquiditätsplan verstanden wird, ausreiche, da die Prüfung der Zahlungsfähigkeit anders als die Fortführungsprognose des § 19 InsO nicht auf die Prüfung des Fortbestands des Rechtsträgers abziele.[339]

Das IDW versteht die Prüfung ebenfalls primär als Liquiditätsplanung, in die jedoch nach dortiger Auffassung die Entwicklung der Ertrags-, Finanz- und Vermögenslage einzubeziehen ist.[340]

(2) Integrierte Finanzplanung

Im Vordringen befindlich scheint inzwischen die Anforderung einer integrierten Finanzplanung, bestehend aus einer Liquiditätsplanung (Cash-flow-Plan), einer Ertragsplanung (Plan-GuV) sowie einem Vermögensplan (Plan-Bilanz), zum Beleg der drohenden Zahlungsunfähigkeit zu sein.[341] Dies wird damit begründet, dass die Erstellung der Plan-GuV sowie Plan-Bilanz der Finanzplanung vorausgehe und somit die Grundlage der Finanzplanung bilde sowie ferner damit, dass sich erst aus der integrierten Planung sowohl Steuerzahlungspflichten wie auch etwaige Ausschüttungssperren und mögliche Verletzungen von Covenants ableiten ließen, die jeweils liquiditätswirksam sind.[342]

---

338 BGH, Urt. v. 05.12.2013 – IX ZR 93/11, NJW-RR 2014, 235, Tz. 10.

339 Uhlenbruck/*Mock*, § 18 Rn. 27 ff.; K. Schmidt/*K. Schmidt*, § 18 InsO Rn. 22; HmbKommInsO/*Schröder*, § 18 Rn. 24.

340 IDW S 11, IDW life 1/2022 Rn. 43.

341 MüKoInsO/*Drukarcyzk*, § 18 InsO Rn. 33, 55; Nerlich/Römermann/*Mönning*, § 18 InsO Rn. 28 unter Berufung auf MüKoInsO/*Drukarczyk;* BeckOK InsR/*Wolfer*, § 18 InsO Rn. 21 ebenfalls unter Berufung auf MüKoInsO/*Drukarczyk; Balthasar*, NZI Beil. 2021, 18.

342 MüKoInsO/*Drukarcyzk*, § 18 InsO Rn. 33; Crone/Werner/*Werner/Schreitmüller*, Sanierungsmanagement, Kapitel 9.4.3, S. 283; *Nickert/Kühne*, Unternehmensplanung, S. 25 f.

(3) Zwischenfazit

Der im Vordringen befindlichen Auffassung ist aus hiesiger Sicht zuzustimmen. Wie zuvor schon ausgeführt,[343] ist die Zahlungsfähigkeit ausgehend von einem Finanzstatus über einen Liquiditäts- bzw. Finanzplan zu prüfen.

Während der Liquiditätsplan für den kurzen Drei-Wochenzeitraum aufgrund der Übersichtlichkeit der zu erfassenden Geschäftsvorfälle noch quasi mit der Hand und stand alone erstellt werden kann, ist dieses für den darüber hinausgehenden Zeitraum der Zahlungsfähigkeitsprüfung des § 18 InsO von 24 Monaten (§ 18 Abs. 2 S. 2 InsO) nicht möglich, da wesentliche Erkenntnisse zur Ertragslage und zur Entwicklung der Vermögenslage sich nicht aus einer reinen Liquiditätsplanung ergeben. Eine reine Liquiditätsplanung führt damit nicht zu einer belastbaren Prognose.

Einen umfassenden Überblick bietet dagegen eine integrierte Finanzplanung, die als „*Abbildung der tatsächlichen Finanzbuchhaltung in die Zukunft*" verstanden wird.[344] Hierbei wird über die Plan-GuV der Erfolg abgebildet, über den Liquiditätsplan die Cashflow-Entwicklung sowie über die Plan-Bilanz die Vermögensentwicklung. Die Planungen greifen ineinander über. Die integrierte Finanzplanung bildet damit die Zahlungsströme unter Berücksichtigung des wirtschaftlichen Erfolgs der Unternehmung sowie der Entwicklung der Vermögenslage ab und erfasst so alle Bereiche möglicher liquiditätsrelevanter Entwicklungen im Unternehmen.[345]

Hierfür spricht ferner systematisch die Verzahnung der Insolvenzgründe der drohenden Zahlungsunfähigkeit und der Überschuldung über das Element der drohenden Zahlungsfähigkeit. Für die Prüfung der drohenden Zahlungsunfähigkeit nach § 19 InsO wird nach allgemeiner Ansicht eine integrierte Finanzplanung gefordert.[346] Es wäre von daher nicht stimmig, bei der Prüfung des Antragsrechts (der drohenden Zahlungsunfähigkeit) geringere Anforderungen zu stellen als bei der Prüfung der drohenden Zahlungsunfähigkeit im Bereich der Antragspflicht (Überschuldung). Anhaltspunkte oder aber Erfordernisse für eine Erleichterung sind, gerade auch unter Berücksichtigung, dass es sich um ein Antragsrecht handelt, nicht ersichtlich. Wie angesprochen, sind

---

343 S.o. S. 131 ff.

344 Crone/Werner/*Werner/Schreitmüller*; Sanierungsmanagement, Kapitel 9.1, S. 263.

345 Vgl. ausführlich sowie mit Beispielplanung: Crone/Werner/*Werner/Schreitmüller*, Sanierungsmanagement, Kapitel 9.4, S. 275 ff.

346 S. nachf. S. 160 f.

die Gläubiger im Gegenteil eher vor einer übereilten Antragstellung und einem damit verbundenen Wertverlust zu schützen.

Da es sich ferner um ein Antragsrecht und mithin den freiwilligen Eintritt in das Insolvenzverfahren handelt, und nicht um eine Antragspflicht und damit die Frage nach dessen Vermeidung, stellen sich Fragen nach weitergehenden Anforderungen wie beispielsweise der Ertragsfähigkeit nicht.[347] Es wäre auch nicht erklärlich, einem zwar ertragsfähigen aber drohend zahlungsunfähigen Schuldner den Eintritt in das Verfahren quasi mit der Begründung zu verwehren, die Lage wäre noch nicht schlecht genug. Bei einer solchen Vorgehensweise würde die Sanierungsfähigkeit des Schuldners durch weiteres Zuwarten ungerechtfertigt und gegen die Intention des Gesetzgebers, frühzeitige Sanierungsmaßnahmen zu fördern,[348] geschwächt.

Nach alledem ist zur Prüfung der drohenden Zahlungsunfähigkeit gemäß § 18 InsO eine integrierte Finanzplanung erforderlich.

e) Prognosehorizont

(1) Prognosegrundlage

(a) Zahlungsfähigkeitsprüfung

Im Hinblick auf die Anforderungen an die Prognosegrundlage kann auf die vorangegangenen Ausführungen zur Zahlungsfähigkeitsprüfung zurückgegriffen werden.[349] Prognosegrundlage sind die sich aus der Auswertung und erforderlichenfalls Aufarbeitung bzw. Ertüchtigung der schuldnerischen Finanzbuchhaltung ergebenden sowie die aus den Vergangenheitsdaten und der operativen Ist-Situation abzuleitenden betriebs- und finanzwirtschaftlichen Gegebenheiten des schuldnerischen Unternehmens sowie seine Vermögenslage.

Aufgrund des längeren Prognosezeitraums stellen sich hier naturgemäß in größerem Umfang Prognosefragen, die unter Beachtung der vorstehend dargelegten Qualitätsanforderungen an eine Prognose zu beantworten sind.[350]

(b) Vorgreiflichkeit von Sanierungsverfahren

Nicht in die Prognose einzubeziehen sind dagegen die Auswirkungen einer in Aussicht genommenen Sanierung im präventiven Restrukturierungsrahmen

---

347 Diese aus der Fortführungsprognose des § 19 InsO herrührende Diskussion in den § 18 InsO übertragend: MüKoInsO/*Drukarczyk*, § 18 InsO Rn. 75 ff.

348 Vgl. nur BT-Drucks. 19/24181, S. 84; BT-Drucks. 17/5712, S. 17.

349 S. zuvor S. 133 ff.

350 S. oben S. 56 ff.

nach dem StaRUG sowie im Insolvenzverfahren. Dies ergibt sich für beide Verfahren bereits aus der strukturellen Überlegung, dass der Antragsgrund nicht die Wirkungen des Verfahrens vorwegnehmen kann, dessen Voraussetzung er ist. Für das StaRUG ergibt sich diese Auffassung auch aus der Gesetzesbegründung.[351] Dies wird in der Literatur überwiegend anerkannt.[352]

Dagegen wird jedoch in systematischer Hinsicht eingewandt, dass es widersprüchlich sei, die Prognosegrundlage bei § 18 InsO anders als bei § 19 InsO zu bestimmen, obgleich es sich in beiden Fällen um eine Zahlungsfähigkeitsprognose handele.[353]

Hiergegen wird zutreffend auf den strukturellen Unterschied zwischen den genannten Eröffnungsgründen hingewiesen.[354] Während es sich bei § 18 InsO um ein Antragsrecht handelt, bestimmt § 19 InsO eine Antragspflicht. § 18 InsO fragt danach, ob bei unbeeinflusstem Verlauf ein Insolvenzeröffnungsgrund eintritt und deshalb zur Vermeidung des Eintretens dieses Eröffnungsgrundes eine freie Sanierung unter Inanspruchnahme der modularen Sanierungsinstrumente des StaRUG unternommen werden darf. § 19 InsO fragt demgegenüber, ob trotz aller Anstrengungen der Eintritt eines Insolvenzeröffnungsgrundes nicht mehr verhindert werden kann. § 19 InsO fragt daher mit dem „es sei denn" gerade nach der Vermeidung der Antragspflicht, die in dem dann gegebenen Krisenstadium nur durch Sanierung erfolgen kann. Als vorinsolvenzliche Sanierungsmaßnahme hat der Gesetzgeber ausdrücklich das StaRUG zur Verfügung gestellt, so dass es systematisch nicht schlüssig wäre, nur eine ganz freie Sanierung nicht aber eine unterstützte Sanierung nach dem StaRUG als zulässige Sanierungsmaßnahme zu erachten.[355]

(2) Prognosezeitraum

Der Prognosezeitraum ist nunmehr durch den Gesetzgeber mit dem SanInsFoG auf „in aller Regel 24 Monate" festgelegt worden (§ 18 Abs. 2 S. 1 InsO). Hintergrund der Aufnahme eines Prognosezeitraums ist die Beseitigung von

351 BT-Drucks. 19/24181, S. 88.

352 *Morgen/Arends/Schierhorn*, ZRI 2021, 305, 308; Ebke/Seagon/Piekenbrock/*Brinkmann*, Überschuldung: Quo vadis?, S. 67, 72; *Frind*, BB 2019, 2381, 2386 f.; *Kuntz*, ZIP 2021, 597, 601; *Thole*, ZInsO 2019, 1622, 1626.

353 *Piekenbrock*, NZI Beil. 2019, 47, 48; *ders.*, NZI Beil. 2021, 82; Ebke/Seagon/Piekenbrock/*ders.*, Überschuldungsbegriff, S. 13, 16.

354 Ebke/Seagon/Piekenbrock/*Brinkmann*, Überschuldung: Quo vadis?, S. 67, 73.

355 Im Anschluss an: Ebke/Seagon/Piekenbrock/*Brinkmann*, Überschuldung: Quo vadis?, S. 67, 73.

Unsicherheiten, die sich aus dem zuvor vertretenen Meinungsspektrum ergeben hatten.[356] Der gewählte Zeitraum wird unter Berücksichtigung der mit zunehmendem Zukunftsbezug abnehmenden Prognosesicherheit als noch belastbar planbar angesehen.[357]

Diese Formulierung erlaubt nach der Begründung ausdrücklich einzelfallabhängige Abweichungen.[358] Die Untergrenze dürfte systematisch mit Blick auf den Prognosezeitraum des § 19 InsO von 12 Monaten regelmäßig auf 12 Monate begrenzt sein. Eine Abweichung nach oben käme dagegen bei länger laufenden sowie außerhalb des Prognosezeitraums endfälligen Verbindlichkeiten in Betracht, die bereits vom Prognosestichtag ausgehend sicher weder bedienbar noch refinanzierbar sind.

Ein Erfordernis dafür besteht indes nach hiesiger Auffassung nicht. Grund ist auch hier, dass sichere Ereignisse mit ihren Wirkungen in die Prognose einzubeziehen sind und selbst nicht mehr prognostiziert werden dürfen.[359] Ein Zuwarten bis zum Eintritt der Zahlungsunfähigkeit oder aber bei beabsichtigter Insolvenzantragstellung dem Ablauf des noch überschießenden Zeitraums ist den Gläubigern nicht zuzumuten. Der absehbare Wertverlust der Forderungen darf nicht, quasi einer Lotterie gleich, zufällig auf die Gläubigergemeinschaft verteilt werden oder gegebenenfalls sogar noch neu hinzutretende Gläubiger treffen.[360]

(3) Prognosestichtag

Da der Insolvenzgrund der drohenden Zahlungsunfähigkeit ein Antragsrecht und keine Antragspflicht begründet, ist jeder außerhalb der Pflichtantragsgründe aber innerhalb des gesetzlichen Prognosehorizonts liegender Stichtag zulässiger Prognosestichtag.

f) Prognosemaßstab

Als Prognosemaßstab ist im Gesetz das Adjektiv „voraussichtlich“ gewählt. Der Eintritt der Zahlungsunfähigkeit muss von der Wortbedeutung her mithin mit einiger Gewissheit zu erwarten sein.

---

356 BT-Drucks. 19/24181, S. 196.

357 BT-Drucks. 19/24181, S. 196.

358 BT-Drucks. 19/24181, S. 196; so auch BeckOK InsR/*Fridgen/Geiwitz/Göpfert*, § 18 InsO Rn. 23.

359 S. zuvor S. 55.

360 S. auch oben S. 129 f.

Nach allgemeinem Verständnis handelt es sich hierbei um den Prognosemaßstab der überwiegenden Wahrscheinlichkeit.[361] Dieser ist nicht nur auf die Gesamtprognose, sondern auch auf die ihr zugrunde liegenden Einzelprognosen anzuwenden.[362] Es muss mithin mehr für den Eintritt der Zahlungsunfähigkeit als dagegen sprechen.

g) *Zusammenfassung*

Der Prüfung der drohenden Zahlungsunfähigkeit liegt eine Fortführungsprognose regelmäßig über einen Zeitraum von 24 Monaten zugrunde. Abweichende Zeiträume sind in begründeten Ausnahmefällen möglich.

Prognostiziert wird die Fähigkeit des Schuldners, innerhalb des Prognosezeitraums seine fälligen Zahlungen zu mindestens 90 % innerhalb einer Frist von Fälligkeit plus maximal drei Wochen zu bezahlen.

Die Prognose wird anhand einer integrierten Finanzplanung, bestehend aus einer Liquiditäts-, Ertrags- und Vermögensplanung, getroffen.

Prognosegrundlage sind die sich aus der Auswertung und erforderlichenfalls Aufarbeitung bzw. Ertüchtigung der schuldnerischen Finanzbuchhaltung ergebenden sowie die aus den Vergangenheitsdaten und der operativen Ist-Situation abzuleitenden betriebs- und finanzwirtschaftlichen Gegebenheiten des schuldnerischen Unternehmens sowie seine Vermögenslage.

Prognosemaßstab sowohl für die drohende Zahlungsfähigkeit als Prognoseergebnis wie auch die in die Prognose einzustellenden Sachverhalte und Ereignisse ist die überwiegende Wahrscheinlichkeit.

C. Überschuldungsprüfung (§ 19 InsO)

Die am intensivsten diskutierte Fortführungsprognose des Insolvenzrechts ist die Fortführungsprognose im Rahmen der Überschuldungsprüfung nach § 19 Abs. 2 S. 1 InsO. Ihr Ausgang bestimmt den Eintritt der Überschuldung und damit der Insolvenzantragspflicht gemäß § 15a InsO. Sie ist insoweit bedeutsam, als der Eintritt der Überschuldung dem Eintritt der Zahlungsunfähigkeit (§ 17 InsO) als allgemeinem Pflichtantragsgrund deutlich vorgelagert ist.

---

361 BGH, Urt. v. 05.12.2013 – IX ZR 93/11, NJW-RR 2014, 235, 236, Tz. 10; Uhlenbruck/*Mock*, § 18 Rn. 26; Kübler/Prütting/Bork/*Pape*, § 18 InsO Rn. 10; K. Schmidt/*K. Schmidt*, § 18 InsO Rn. 21; HmbKommInsO/*Schröder*, § 18 InsO Rn. 15.

362 BGH, Urt. v. 05.12.2013 – IX ZR 93/11, NJW-RR 2014, 235, Tz. 10.

1. *Überblick*

a) *Zur historischen Entwicklung*

Die Art und Weise der Überschuldungsprüfung hat in der Vergangenheit verschiedene Änderungen erfahren, die das Gewicht der Fortführungsprognose betrafen. Bei dem heutigen Überschuldungsbegriff handelt es sich im Tatsächlichen um einen „alten“ Überschuldungsbegriff (sog. modifiziert zweistufiger Überschuldungsbegriff), der bereits vor Inkrafttreten der Insolvenzordnung zu Zeiten der Konkursordnung und Gesamtvollstreckungsordnung galt.[363] Er geht auf die Entwicklung von *Karsten Schmidt* zurück, der das prognostische Element aus der ursprünglich rein bilanziellen Überschuldungsprüfung herauslöste und dieses erstmals als eigenständiges und ausschlaggebendes Tatbestandsmerkmal verstand.[364] Hintergrund war die Überlegung, dass es keine Rechtfertigung für die Einleitung eines Insolvenzverfahrens über das Vermögen eines Unternehmens gebe, das niemals zahlungsunfähig würde[365] oder mit der neueren Formulierung, dass *„ein Unternehmen, das nur auf eine einzige Weise, nämlich durch einen Insolvenzantrag, ins Jenseits befördert werden kann, (...) diesen Insolvenzantrag nicht verdient (hat), (...) also zu ihm nicht gezwungen werden (darf).“*[366]

Der so verstandene „alte“ Überschuldungsbegriff war vom BGH erstmals mit der sog. *Dornier*-Entscheidung vom 13.07.1992[367] übernommen, dann aber nach Einführung der Insolvenzordnung mit der Entscheidung vom 05.02.2007 zu § 19 InsO a.F. mangels gesetzlicher Grundlage wieder aufgegeben worden.[368] Der Gesetzgeber der InsO war aus Gründen des Gläubigerschutzes ausdrücklich wieder zum sog. herkömmlich zweistufigen Überschuldungsbegriff zurückgekehrt, bei der die Fortführungsprognose nur den Bewertungsmaßstab für die Überschuldungsprüfung vorgab.[369]

Erst im Zuge der weltweiten Finanz- und Wirtschaftskrise 2007/2008 hat der Gesetzgeber zur Vermeidung einer befürchteten Welle an Insolvenzverfahren im Zuge der krisenbedingten Wertvernichtung auf den „alten“ modifiziert zweistufigen Überschuldungsbegriff umgeschwenkt.[370] Dieser wurde mit

363 *Hölzle*, ZIP 2008, 2003.

364 *K. Schmidt*, AG 1978, 334 ff.

365 *K. Schmidt*, AG 1978, 334, 335.

366 *K. Schmidt*, ZIP 2013, 485, 490.

367 BGH, Urt. v. 13.07.1992 – II ZR 269/91, BGHZ 119, 201 = ZIP 1992, 1382.

368 BGH, Urt. v. 05.02.2007 – II ZR 234/05, BGHZ 171, 46 = DStR 2007, 728, 731.

369 *Bork*, ZIP 2019, S1, S4.

370 *Fischer*, NZI 2016, 665,

dem Finanzmarktstabilisierungsgesetz (FMStG) vom 17.10.2008, zunächst nur befristet, wieder eingeführt. Die Befristung ist schließlich im Dezember 2012 im Anschluss an die Expertenbefragung von *Bitter/Hommerich*[371] aufgehoben worden.[372]

b) Zur Diskussion und Kritik am Überschuldungstatbestand

Das ausschlaggebende Gewicht der Fortführungsprognose hat im Zuge des Gesetzgebungsverfahrens zur Umsetzung der EU-Richtlinie über präventive Restrukturierungsmaßnahmen[373] wieder zu vermehrter Kritik am heutigen Überschuldungsbegriff geführt, die dabei auch an die frühere Kritik anknüpfte, die der modifiziert zweistufige Überschuldungsbegriff vor Einführung der Insolvenzordnung erfahren hatte.[374] Sogar die Abschaffung des Eröffnungsgrundes der Überschuldung wurde gefordert.[375]

(1) Argumente der Kritiker

Der Eröffnungsgrund der Überschuldung wird von seinen Kritikern für bedeutungslos gehalten, da nur ein minimaler Anteil an Insolvenzeröffnungsanträgen auf die Überschuldung als Eröffnungsgrund gestützt werde und die Überschuldung auch im Rahmen der Geltendmachung von Haftungsansprüchen (z.B. § 64 GmbHG a.F.) wegen der hohen Darleg- und Nachweisbarkeitshürden kaum herangezogen werde.[376] Da es sich ferner im Kern um eine Zahlungsfähigkeitsprüfung handele, wird des weiteren infrage gestellt, ob sich aus dem Insolvenzgrund der Überschuldung für die Praxis ein Mehrwert ergebe.[377] Die Fortführungsprognose gilt den Kritikern zudem in ihren Anforderungen als

---

371 *Bitter/Hommerich*, Die Zukunft des Überschuldungsbegriffs, S. 3; *Bitter/Hommerich/Reiß*, ZIP 2012, 1201 ff.

372 Vgl. zur Entwicklung ausführl.: *Bork,* ZIP Beil. 2019, 1, 2 ff.; *Gehrlein,* GmbHR 2021, 183 ff.

373 EU 2019/1023 v. 20.06.2019.

374 *Hecker/Glozbach*, BB 2009, 1544, 1545.

375 *Frystatzki*, NZI 2011, 521, 527; *Hölzle,* ZIP 2008, 2003, 2005; *Hunkemöller/Tymann*, ZInsO 2011, 712, 717; FS-Kayser/*Westpfahl*, Überschuldungstatbestand, S. 1109, 1143.

376 *Ahrendt/Plischkaner*, NJW 2009, 964, 965; *Bitter/Hommerich*, Zukunft des Überschuldungsbegriffs, S. 4 ff.; *Bitter/Hommerich/Reiß*, ZIP 2012, 1201, 1209; *Hunkemöller/Tymann*, ZInsO 2011, 712, 717; *Möhlmann-Mahlau/Schmitt*, NZI 2009, 19, 23; *Penzlin*, NZG 2000, 464; Kübler/Prütting/Bork/*Pape*, § 19 InsO Rn. 14 f.

377 *Hölzle*, ZIP 2008, 2003, 2005.

wenig praktikabel und justitiabel.[378] Weiterhin wird eingewandt, dass die Fortführungsprognose zu manipulations- und missbrauchsanfällig sei. Schließlich wird darauf hingewiesen, dass sowohl ihre Aufstellung wie auch die spätere Bewertung zu subjektiv und so durch Fehleinschätzungen gefährdet sei.[379]

Insoweit wird teilweise auch vertreten, dass wieder zum ursprünglichen Überschuldungsbegriff der InsO zurückzukehren sei.[380] Dem ist indes entgegenzuhalten, dass sich die damit (vermeintlich) abzuschaffende Unsicherheit nur auf die Ebene der Bewertung im Überschuldungsstatus verlagert.[381]

(2) Argumente der Befürworter

Die Befürworter halten dem entgegen, dass die geringe Anwendung der Norm die mit ihr verbundene und erforderliche Disziplinierungswirkung nicht obsolet mache, eher im Gegenteil.[382] Sie führen weiter an, dass eine frühe Verfahrenseröffnung sowohl aus gläubigerschützenden wie auch sanierungsfördernden Gründen geboten und erforderlich sei.[383] Der Gesetzgeber hat sich schließlich im Zuge des Gesetzes zur Fortentwicklung des Sanierungs- und Insolvenzrechts (SanInsFoG) für eine Beibehaltung des Insolvenzantragsgrunds der Überschuldung entschieden und die Kritik daran nur insoweit aufgegriffen, als der Prognosezeitraum in Abgrenzung zum Insolvenzeröffnungsgrund der drohenden Zahlungsunfähigkeit nunmehr ausdrücklich auf 12 Monate festgelegt ist (§ 19 Abs. 2 S. 1 InsO).

(3) Zwischenfazit

Der Gesetzgeber hat sich mit dem SanInsFoG vor dem Hintergrund der dargelegten umfangreichen Diskussion um den Insolvenzeröffnungsgrund der Überschuldung nicht nur grundsätzlich für dessen Beibehaltung, sondern ausdrücklich auch für die Beibehaltung in der jetzigen Form entschieden.[384] Hierfür sprechen aus hiesiger Sicht gute Gründe.

Der Gesetzgeber schafft mit der Einführung des StaRUG sowie den Modifikationen der InsO durch das SanInsFoG einen Rechtsrahmen, in dem

378 FS-Kayser/*Westpfahl*, Überschuldungstatbestand, S. 1109, 1118.
379 FS-Kayser/*Westpfahl*, Überschuldungstatbestand, S. 1109, 1115.
380 *Bork*, ZIP 2019, S1, S16 ff.; *Neuberger*, ZIP 2019, 1549, 1557.
381 Vgl. nur *Hüttemann*, Überschuldung, S. 761, 768 ff.
382 *Bork*, ZIP 2019, S. S1, S4, S33.
383 *Bork*, ZIP 2019, S. S1, S10 f.
384 BT-Drucks. 19/24181, S. 196.

krisenbefangene Unternehmen einen Sanierungsversuch mit Auswirkungen zu Lasten der Gläubiger unternehmen können. Dadurch sollen jedoch die Sanierung und der Unternehmenserhalt auch weiterhin nicht zum (vorrangigen) Verfahrenszweck erhoben werden.[385] Dem liegt die Überlegung zugrunde, dass frühzeitig eingeleitete und gut vorbereitete Sanierungen auch gesamtwirtschaftlich von Nutzen sein können.[386]

Dabei darf jedoch nicht übersehen werden, dass in den hier maßgeblichen finanzwirtschaftlichen Krisenstadien ein Scheitern der Sanierung die Vermögenseinbuße der Gläubiger vertieft, während sich daraus für den Schuldner kaum weitergehenden Vermögensauswirkungen ergeben. Der Schuldner nutzt mithin eine Chance, ohne deren Risiko zu tragen. Dieses Risiko ist den Gläubigern nur dann zuzumuten, wenn es auch eine realistische Chance auf Überwindung der Krise gibt. Diese gibt es wiederum nur, wenn die Sanierung rechtzeitig und gut vorbereitet in Angriff genommen wird. Ebenso ist es vor dem Hintergrund der Zielsetzung der Insolvenzordnung, eine bestmögliche Gläubigerbefriedigung zu ermöglichen, erforderlich, eine Verfahrenseinleitung in einem Stadium zu bewirken, in dem die Vermögensposition der Gläubiger noch werthaltig, wenn auch nicht mehr vollwertig, ist.

Nach alledem bedarf es eines Pflichtantragsgrundes, der dem späten Krisenstadium der eingetretenen Zahlungsunfähigkeit vorgelagert ist, und, quasi als rote Linie, den Schuldner im Rahmen der Selbstprüfungs- und Sanierungspflicht zur rechtzeitigen Einleitung von Sanierungsmaßnahmen anhält.

2. *Rechtliche Rahmenbedingungen*

Die rechtlichen Anforderungen an die Fortführungsprognose sind mit Ausnahme des Prognosemaßstabs gesetzlich nicht festgelegt, es handelt sich mithin um einen unbestimmten Rechtsbegriff.[387]

Aus den Gesetzesmaterialien ist ebenfalls nicht ersichtlich, wann der Gesetzgeber eine Fortführungsprognose für gegeben hält. Was das vom Gesetzgeber in der Gesetzesbegründung zum FMStG angesprochene „erfolgreiche Operieren am Markt“[388] konkret rechtlich und/oder betriebswirtschaftlich kennzeichnen soll, bleibt offen. Auch der in Teilen der Literatur zur weiteren Auslegung herangezogene Begriff „Turnaround“, der in der Gesetzesbegründung zwei

385 BT-Drucks. 19/24181, S. 85.

386 BT-Drucks. 19/24181, S. 84 f.

387 *Haarmann/Vorwerk*, BB 2015, 1603.

388 BT-Drucks. 16/10600, S. 13.

Absätze zuvor verwendet wird, gibt hierüber keinen Aufschluss.[389] Im Darstellungszusammenhang ist vielmehr davon auszugehen, dass hiermit der gesamtwirtschaftliche Turnaround und nicht der betriebswirtschaftliche Turnaround des Unternehmens gemeint ist. In der Logik der Gesetzesänderung ist das Unternehmen betriebswirtschaftlich gerade nicht krisenbefangen, sondern gerät allein aufgrund der wertvernichtenden Auswirkungen der gesamtwirtschaftlichen Krise in die Gefahr, einen Insolvenzantrag stellen zu müssen.

Es sind damit die Anforderungen an die Fortführungsprognose so zu erarbeiten, dass sie den verfolgten Zweck verwirklichen und in die Systematik der Insolvenzantragsgründe passen.

3. *Begrifflichkeit*

Teilweise wird die Fortführungsprognose des § 19 Abs. 2 S. 1 InsO in Abgrenzung zur handelsrechtlichen Fortführungsprognose des § 252 Abs. 1 Nr. 2 HGB auch als Fortbestehensprognose bezeichnet.[390]

Der BGH hat in seiner letzten Entscheidung zur Fortführungsprognose die Begriffe synonym verwendet,[391] während er noch zuvor zwischen der insolvenzrechtlichen Fortbestehensprognose und der handelsrechtlichen Fortführungsprognose differenzierte.[392]

Der Gesetzgeber spricht hingegen ausdrücklich von Fortführung, so dass hier die Prognose des § 19 Abs. 2 S. 1 InsO ebenfalls als Fortführungsprognose bezeichnet wird. Eine Differenzierung erschiene auch künstlich, da es in beiden Fällen um eine Fortführung geht und eine Unterscheidung nur im Hinblick auf das Prognoseobjekt gegeben ist. Die handelsrechtliche Fortführungsprognose betrachtet das Unternehmen und die insolvenzrechtliche Fortführungsprognose den Rechtsträger. Beiden Prognosen ist ferner gemein, dass es sich um die Prognose dynamischer Entwicklungen und nicht statischer Zustände handelt, wie es der Begriff Fortbestehensprognose nahelegt.

---

389 So auch *Morgen/Rathje*, ZIP 2018, 1955, 1959.

390 *Krauß/Ackermann*, ZInsO 2019, 1878 f.; *Roth*, ZInsO 2017, 2199, 2202.

391 BGH, Urt. v. 13.07.2021 – II ZR 84/20 „Sammelklage-Inkasso", NZI 2021, 872: LS 2 – Fortführungsprognose; Tz. 76: Fortbestehensprognose; Tz. 77: Fortführungsprognose.

392 BGH, Urt. v. 26.01.2017 – IX ZR 285/14, DStR 2017, 956.

4. *Anforderungen an die überschuldungsrechtliche Fortführungsprognose*

a) Prognosezweck

Da es sich bei der Überschuldung um einen Pflichtantragsgrund handelt (§ 15a Abs. 1 S. 1 InsO), ergibt sich der Prognosezweck zuvorderst aus der Zielsetzung des Insolvenzverfahrens. Oberstes Ziel des Insolvenzverfahrens ist die gemeinschaftliche Gläubigerbefriedigung, die mit § 1 InsO besonders hervorgehoben wird. Hineinzulesen ist das Adjektiv „bestmöglich".[393] Zur bestmöglichen gemeinschaftlichen Gläubigerbefriedung stehen nach § 1 S. 1 InsO zwei gleichwertige Möglichkeiten zur Verfügung: die Verwertung des Schuldnervermögens und die Sanierung des Unternehmens mit abweichender Befriedigungsregelung.

Weiteres Ziel der Insolvenzordnung ist die rechtzeitige Verfahrenseinleitung, um so sowohl höhere Befriedigungsaussichten für die Gläubiger[394] zu erreichen als auch nicht mehr marktfähige Unternehmen rechtzeitig vom Markt zu nehmen.[395] Soweit durch die Förderung einer rechtzeitigen Verfahrenseinleitung auch größere Sanierungschancen für das schuldnerische Unternehmen bewirkt werden sollen, handelt es sich hierbei nur um ein die bestmögliche Gläubigerbefriedigung unterstützendes Ziel. Die Sanierung des Schuldners ist auch unter dem SanInsFoG kein Selbstzweck des Insolvenzverfahrens.[396]

Dem Insolvenzgrund der Überschuldung kommt hier mit Blick auf den früheren Eintritt zusätzlich präventiv gläubigerschützende Wirkung zu.[397] Diese Wirkung ist allerdings durch den Paradigmenwechsel des Gesetzgebers durch die Änderung des Überschuldungsbegriffs mit dem FMStG bewusst beschränkt worden.[398] Während die Fortführungsprognose bei Einführung der InsO, wie eingangs angesprochen, nur den Bewertungsmaßstab der

---

393 BGH, Urt. v. 11.05.2006 – IX ZR 247/03, BGHZ 167, 363 = NZI 2006, 457, Tz. 17; BGH, Urt. v. 21.04.2005 – IX ZR 281/03, BGHZ 163, 32 ff. = NJW 2005, 2015, 2016.

394 Uhlenbruck/*Pape*, § 1 InsO Rn. 8.

395 *Cranshaw/Portisch*, ZInsO 2020, 2072, 2078; *Hirte/Knof/Mock*, ZInsO 2008, 1217; Uhlenbruck/*Pape*, § 1 InsO Rn. 8.

396 *Skauradszun,* KTS 2021, 1,4.

397 *Frystatzki*, NZI 2011, 521; Uhlenbruck/*Mock*, § 19 InsO Rn. 2; Kübler/Prütting/Bork/*Pape*, § 19 InsO Rn. 25; K. Schmidt/*K. Schmidt*, § 19 InsO Rn. 2; *Thonfeld*, NZI 2009, 15, 17.

398 Vgl. auch *Goette*, DStR 2016, 1684,1689 f.

Überschuldungsmessung bestimmte, kann sie nunmehr trotz Vorliegens einer Schuldenunterdeckung das Eintreten der Insolvenzantragspflicht verhindern.[399]

Hieran hat der Gesetzgeber durch die spätere Entfristung ausdrücklich festgehalten und den Überschuldungstatbestand auch im Rahmen der Gesetzgebung zum SanInsFoG in dieser Hinsicht nicht verändert. Hintergrund der Änderung ist das Ziel des Gesetzgebers, die Verpflichtung zur Einleitung eines Insolvenzverfahrens nicht bereits mit einer oftmals krisenbedingten Wertveränderung[400] der Vermögensgegenstände auszulösen, sondern erst dann, wenn sich erweist, dass das Unternehmen nicht mehr marktfähig ist.[401]

Die Ausgestaltung des Insolvenzgrunds muss daher so erfolgen, dass aus Gläubigersicht der frühestmögliche Zeitpunkt der Antragspflicht getroffen wird, der zugleich aus Schuldnersicht der spätestmögliche Zeitpunkt ist.[402] Hieraus ergibt sich für die Ausgestaltung der Fortführungsprognose, dass die Antragspflicht des Schuldners in dem Zeitpunkt einsetzen muss, in dem der Schuldner nicht mehr auf eigene Kosten und Risiko wirtschaftet, sondern auf Kosten und Risiko der Gläubigergemeinschaft.[403] Nach dem Paradigmenwechsel des Gesetzgebers in 2008 ist allerdings zu beachten, dass dieser Zeitpunkt nicht bereits dann gegeben ist, wenn eine rechnerische Schuldenunterdeckung eintritt, sondern erst dann, wenn eine überwiegende Wahrscheinlichkeit dafür gegeben ist, dass das Unternehmen nicht mehr erfolgreich am Markt bestehen kann.

b) Prognosegegenstand

Fraglich ist damit, welcher betriebswirtschaftliche Sanierungszustand gegeben sein bzw. wiederhergestellt werden muss, um eine positive insolvenzrechtliche Fortführungsprognose anzunehmen.[404] Hierzu bieten sich aus betriebswirtschaftlicher Sicht grundsätzlich vier Sanierungsstadien an, die die Stufen der Eskalationsleiter der Krisenstadien[405] quasi rückwärts wieder hinaufsteigen:

---

399 *Fischer*, NZI 2016, 665, 666; *Goette*, DStR 2016, 1684, 1687 f.; Uhlenbruck/*Mock*, § 19 InsO Rn. 42; HmbKommInsO/*Schröder*, § 19 InsO Rn. 13.

400 Ausschlaggebend war wie eingangs angesprochen die weltweite Finanz- und Wirtschaftskrise 2008, vgl. BT-Drucks. 16/10600, S. 1, 9, 12 f.

401 Ausführlich auch unter Berücksichtigung des SanInsFoG herausgearbeitet von *Skauradszun*, KTS 2021.

402 S.a. *Sikora*, ZInsO 2010, 1762, 1764.

403 So auch Ebke/Seagon/Piekenbrock/*Brinkmann*, Antragspflicht bei Überschuldung, S. 70.

404 *Goette*, DStR 2016, 1684,1689.

405 S.o. S. 108.

- Zahlungsfähigkeit
- Ertragsfähigkeit
- Renditefähigkeit
- Wiederherstellung des Eigenkapitals

Hintergründe dieser Überlegungen sind, neben der betriebswirtschaftlichen Erforderlichkeit dieser Voraussetzungen zur Gesundung des Unternehmens, Bestrebungen, Missbrauchsgestaltungen zu vermeiden und Fälle absehbaren Scheiterns bereits frühzeitig aus dem Markt zu nehmen.

(1) Zahlungsfähigkeit

Mit Blick auf den allgemeinen Pflichtantragsgrund der Zahlungsunfähigkeit (§ 17 InsO) steht es außer Zweifel, dass eine positive Fortführungsprognose das Vorliegen der Zahlungsfähigkeit bedingt.[406] Es entspricht insoweit auch allgemeinem Konsens, dass es sich bei der Fortführungsprognose „im Kern" um eine Zahlungsfähigkeitsprognose handelt.[407]

Die Unterschiede bestehen im Detail, und zwar konkret im Hinblick auf die Mittelherkunft. Teilweise wird verlangt, dass sich die Zahlungsfähigkeit ausschließlich aus einer Innenfinanzierung, mithin aus erwirtschafteten Erträgen, ergeben müsse. Nach überwiegender Ansicht wird demgegenüber auch eine Außenfinanzierung zugelassen. Eine vermittelnde Auffassung stellt auf die Zahlungsfähigkeit bei unbeschränkter Mittelherkunft ab, verlangt jedoch, dass die Inanspruchnahme der Außenfinanzierung nicht zu einer Erhöhung der rechnerischen Überschuldung führe.

Durchgesetzt hat sich am Ende die Auffassung, dass es sich um eine reine Zahlungsfähigkeitsprognose handelt.[408]

---

406 *Frystatzki*, NZI 2011, 173; *Sikora*, ZInsO 2010,1761, 1762.

407 *Bork*, ZIP 2000, 1709, 1710; Braun/*Bußhardt*, § 19 InsO, Rn. 14 f.; *Fischer*, NZI 2016, 665, 673; *Groß/Amen*, DB 2005, 1861, 1862; A. Schmidt/*Kuleisa*, SanierungsR, § 19 InsO Rn. 18; Uhlenbruck/*Mock*, § 19 InsO Rn. 219; Nerlich/Römermann/*Mönning*, § 19 InsO Rz. 45; Kübler/Prütting/Bork/*Pape*, § 19 InsO Rn. 42; MüKoInsO/*Drukarczyk/Schüler*, § 19 InsO Rn. 56; K. Schmidt/*K. Schmidt*, § 19 InsO, Rn. 53; HmbKommInsO/*Schröder*, § 19 InsO Rn. 12; BeckOK InsR/*Wolfer*, § 19 InsO Rn. 10.

408 *Bork*, ZIP 2000, 1709, 1710; Graf-Schlicker/*Bremen*, § 19 InsO Rn. 16; *Frystatzki*, NZI 2011, 173, 179; *Goette*, DStR 2016, 1752, 161; Uhlenbruck/*Mock*, § 19 InsO Rn. 219, 220; Jaeger/*Müller*, § 19 InsO Rn. 36; *Rendels/Zabel*/Körner, ZRI 2021, 653, 655; *Sikora*, ZInsO 2010, 1761, 1762.

(a) Zahlungsfähigkeit – (auch) außenfinanziert

Die am wenigsten einschränkende Auffassung legt der Fortführungsprognose eine Zahlungsfähigkeitsprognose nach dem Maßstab des § 18 InsO zugrunde, so dass die drohende Zahlungsunfähigkeit die positive Fortführungsprognose ausschließt.[409] Diese ist nunmehr durch die mit dem SanInsFoG vom 20.12.2020 eingeführte Ergänzung in § 19 Abs. 2 S. 1 InsO auf die Dauer von 12 Monaten beschränkt. Für eine positive Fortführungsprognose ist damit ausschließlich erforderlich, dass das finanzielle Gleichgewicht über den Prognosezeitraum gewahrt bleibt. Ob sich die Zahlungsmittel dabei aus erwirtschafteten Erträgen und/oder externen Liquiditätszuschüssen ergeben, ist für diese Auffassung ohne Belang.[410]

Dies wird damit begründet, dass es zur Erreichung des Gläubigerschutzes ausreiche, dass die Zahlungsfähigkeit des Unternehmens gewahrt bleibe. Genau dies entspreche dem zu schützenden Befriedigungsanspruch der Gläubiger.[411] Ferner wird darauf hingewiesen, dass es keine allgemeinen Anforderungen dahingehend gebe, dass rein fremdfinanzierte bzw. nicht ertragsfähige Unternehmungen nicht am Markt teilnehmen dürften,[412] sowie darauf, dass die Gläubiger keinen Anspruch darauf haben, dass die Mittel zum Ausgleich ihrer Forderungen ausschließlich aus erwirtschafteten Erträgen stammen.[413]

Diese Auffassung entspricht der ständigen Rechtsprechung des BGH, der für eine positive Fortführungsprognose fordert, dass die Finanzkraft des Schuldners mittelfristig zur Fortführung des Unternehmens ausreicht, wobei die Finanzkraft aus einer integrierten Finanzplanung, mit einer nachvollziehbaren Vermögens-, Liquiditäts- und Ertragsplanung, abzuleiten ist.[414]

---

409 BGH, Urt. v. 19.11.2019 – II ZR 53/18, NZI 2020, 167 Tz. 27; Ebke/Seagon/Piekenbrock/*Piekenbrock*, Überschuldung: quo vadis? S. 13, 16, 17; *Rendels*, ZRI 2021, 653, 654.

410 *Bitter/Kresser*, ZIP 2012, 1733, 1740; Scholz/*Bitter*, Vor § 64 GmbHG Rn. 56; *Hermanns/Blome*, ZInsO 2018, 362, 370; *Fischer*, NZI 2016, 665; *Klein*, Überschuldungstatbestand, S. 196; *Haarmann/Vorwerk*, BB 2015, 1603, 1609; Jaeger/*Müller*, § 19 InsO Rn. 35.

411 *Haarmann/Vorwerk*, BB 2015, 1603, 1610; *Frystatzki*, NZI 2011, 173–179; *goette*, DStR 2016, 1684, 1690; *Klein*, Überschuldungstatbestand, S. 204; *Penzlin*, NZG 2000, 464, 467; *Schmidt*, ZIP 2013, 485, 491; MüKoInsO/*Drukarczyk/Schüler*, § 19 InsO Rn. 73.

412 *Morgen/Rathje*, ZIP 2018, 1955, 1960.

413 *Goette*, DStR 2016, 1684, 1691; *Haarmann/Vorwerk*, BB 2015, 1603, 1609.

414 BGH, Urt. v. 13.07.2021 – II ZR 84/20, NZG 2021, 1175, Tz. 68; BGH, Urt. v. 23.01.2018 – II ZR 246/15, ZInsO 2018, 815, Tz. 23; BGH, Urt. v. 18.10.2010 – II

(b) Zahlungsfähigkeit – (nur) innenfinanziert

Eine weitergehende Auffassung verlangt, dass der Liquiditätsbedarf des Unternehmens nur durch erwirtschaftete Erträge finanziert werden dürfe. Für eine positive Fortführungsprognose ist nach dieser Auffassung damit ausschlaggebend, dass das Unternehmen ertragsfähig ist.[415] Ein Unternehmen ist danach ertragsfähig, wenn die laufenden Kosten des Geschäftsbetriebs aus den erwirtschafteten Erträgen gedeckt werden können, so dass keine Verluste entstehen.[416] Hierbei wird für den Nachweis der Ertragsfähigkeit zum Teil auch ein längerer, mehrjähriger Prognosezeitraum für zulässig erachtet.[417] Teilweise wird unter dem Stichwort der Ertragsfähigkeit auch verlangt, dass das Unternehmen Einnahmenüberschüsse[418] erzielen müsse, wobei offenbleibt, ob es sich um den Cash-Flow,[419] ein positives Betriebsergebnis oder aber den Jahresüberschuss handeln soll.

Dies wird u.a. damit begründet, dass im Rahmen der insolvenzrechtlichen Fortführungsprognose keine geringeren Anforderungen gestellt werden dürften als im Rahmen der handelsrechtlichen Fortführungsannahme.[420]

Dem ist indes entgegenzuhalten, dass die handelsrechtliche Fortführungsannahme die Überwindbarkeit der Fortführung entgegenstehender Gegebenheiten prognostiziert. Der Prognosegegenstand richtet sich dabei nach dem Prognoseanlass. Es ist mithin nicht zwingend und in jedem Fall eine Ertragsfähigkeitsprognose zu erstellen. Ferner kann sich, wie dargelegt, auch für ein nicht ertragsfähiges Unternehmen noch eine handelsrechtliche Fortführungsperspektive ergeben, nicht zuletzt im Rahmen eines Insolvenzverfahrens.[421]

ZR 151/09, ZInsO 2010, 2396, Tz. 13; BGH, Urt. v. 06.06.1994 – II ZR 292/91, BGHZ 126, 181 = NJW 1994, 2220, 2223; so auch: OLG Hamburg, ZInsO 2018, 935, 938; *Gehrlein*, GmbHR 2021, 183, 186.

415 OLG Naumburg, Urt. v. 20.08.2003 – 5 U 67/3, ZInsO 2004, 512 LS 4; *Ehlers*, ZInsO 2016, 1244, 1247 (plus Aussicht auf Renditefähigkeit); *Ehlers*, NZI 201, 161, 162 (Aussicht auf Ertrags- und Wettbewerbsfähigkeit); *Harz/Bornmann/Conrad/Ecker*, NZI 2015, 737, 742 (Außenfinanzierung nur als Ausnahme); Nickert/Lamberti/*Nickert*, Überschuldungs- und Zahlungsfähigkeitsprüfung, S. 170.

416 FS-Wehr/*Schröder*, Fortführungsprognose, S. 42.

417 *Dahl/Schmitz*, NZG 2009, 567 („mittelfristig"); *Frind*, NZI 2018, 431, 434; *Sikora*, ZInsO 2010, 1761, 1763.

418 *Dahl*, NZI 2008, 719, 720.

419 *Rieger*, Fortbestehensprognose, S. 136 ff., 141 (Cash-flow aus laufendem Geschäftsbetrieb).

420 *Ehlers*, NZI 2011, 161.

421 Vgl. oben S. 81, 87.

Weiter wird zur Begründung angeführt, dass ein nicht ertragsfähiges Unternehmen nicht auf Dauer überlebensfähig sei,[422] und insoweit von der Gunst des die Verluste finanzierenden Gläubigers bzw. Gesellschafters hinsichtlich der Fortführung abhänge. Die Fortführung nicht ertragsfähiger Unternehmen erfolge ferner zulasten der Gläubiger, da weitere Verluste die bestehende Überschuldung vertieften.[423] Dabei wird auch befürchtet, dass bei einem weiteren „künstlichen" Aufrechterhalten des Unternehmens der vorhandene Haftungsfonds Stück für Stück versilbert bzw. mit Sicherungsrechten ausschöpfend belastet wird.[424] *Sikora* schlägt zur Lösung eine zweigeteilte Zahlungsfähigkeitsprognose vor, bei der ergänzend zu einer „primären Zahlungsfähigkeitsprognose" entsprechend dem Maßstab des § 19 InsO mit einer „sekundären" periodenübergreifenden Zahlungsfähigkeitsprognose die Nachhaltigkeit der Zahlungsfähigkeit zu prüfen ist.[425]

Dieser Auffassung ist insoweit beizupflichten, als die Erhaltung des Haftungsfonds für die Gläubiger vom Ziel des Überschuldungstatbestands erfasst ist. Der Schutz greift indes nur und insoweit ein, wie die Befriedigungsaussicht der Gläubiger dies erfordert. Da die Befriedigungsaussicht bereits aus dem Erfordernis der Zahlungsfähigkeit heraus gegeben ist, besteht kein darüber hinausgehender Schutzbedarf und mithin auch keine Berechtigung für die reine Zahlungsfähigkeit übersteigende Anforderungen. Mit Blick auf die gesetzliche Festlegung des Prognosezeitraums durch das SanInsFoG ist ferner auch der Vorschlag eines über eine Verlängerung des Prognosezeitraums beizubringenden Nachhaltigkeitsnachweises nach hiesigem Verständnis nicht mehr haltbar.

Zutreffend weisen *Bitter/Kresser*[426] darauf hin, dass das Erfordernis einer Ertragsfähigkeit sogar gläubigerschädigend wirken kann, wenn dadurch mit

---

422 *Dahl*, NZI 2008, 719, 720; *Küting/Eichenlaub*, GmbHR 2014, 169, 171 (unter Hinweis, dass auch dies gestaltbar sei und daher für eine „nachhaltige" Sanierung nach den Erfordernissen des Einzelfalls plädierend).

423 *Bitter*, ZIP 2021, 321, 323 f.; *Bitter/Kresser*, ZIP 2012, 1733, 1740 f.; *Eckert/Happe*, ZInsO 2008, 1098, 1100; *Ehlers*, ZInsO 2016, 1244, 1245; *Ehlers*, NZI 2011, 161, 166; *Frystatzki*, NZI 2014, 840, 845 (insoweit für eine Verlängerung des Prognosezeitraums plädierend); *Gehrlein*, GmbHR 2021, 183, 188; *Steffan/Solmecke*, ZInsO 2015, 1365, 1373.

424 *Ehlers*, NZI 2011, 161, 162, 166; *Sikora*, ZInsO 2010, 1761, 1762; *Wolf*, DStR 2009, 2682, 2685.

425 *Sikora*, ZInsO 2010, 1761, 1674.

426 *Bitter/Kresser*, ZIP 2012, 1733, 1734.

einem zur Unzeit eingeleiteten Insolvenzverfahren Wertverluste einhergingen, die bei einem Zuwarten unter der Prämisse fortbestehender Zahlungsfähigkeit vermieden werden könnten. Sie weisen weiter darauf hin, dass in solchen Konstellationen aus der Gläubigerentscheidung zur Gewährung von Stundungen oder Liquiditätshilfen zur Aufrechterhaltung des Betriebs auf den Fortsetzungswillen der Gläubiger geschlossen werden könne. Da dem Gläubigerwillen nach Maßgabe der §§ 157, 160 InsO auch die wesentlichen Entscheidungen des Insolvenzverfahrens unterliegen, ist es stimmig, diesem auch im Vorfeld gebührende Beachtung zu schenken, solange die Zahlungsfähigkeit gewahrt bleibt.

Dies bedeutet trotz aller Einwände jedoch nicht, dass die Ertragfähigkeit eines Unternehmens ganz ohne Belang wäre. Im Tatsächlichen ist die Ertragsfähigkeit des Unternehmens integraler Bestandteil der Zahlungsfähigkeitsprognose, da in Höhe der Ertragskraft kein (Fremd-)Finanzierungsbedarf besteht, und kein selbständiger Prognosegegenstand.[427] Umgekehrt kann dagegen nicht aus dem Vorliegen der Ertragsfähigkeit – ohne Liquiditätsplanung – auf die jederzeitige Zahlungsfähigkeit geschlossen werden.[428]

(c) Zahlungsfähigkeit – ohne Substanzverzehr

Sonderkonstellationen wie z.B. bei der sog. Pensionsgesellschaft, bei der das bestehende Vermögen durch laufende Pensionszahlungen aufgezehrt wird, ohne dass weitere Einnahmen aus einer operativen Geschäftstätigkeit hinzutreten, haben dazu geführt, dass in der Literatur eine Variation der ertragsfähigkeitsbasierten Zahlungsfähigkeitsprüfung als vermittelnde Ansicht entwickelt wurde. Diese hat das AG Hamburg in seiner Entscheidung vom 02.12.2011[429] aufgegriffen.

Danach ist eine positive Fortführungsprognose regelmäßig bei Zahlungsfähigkeit des Unternehmens über den Prognosezeitraum gegeben, es sei denn, dass bereits im Zeitpunkt der Prognoseerstellung absehbar ist, dass das Unternehmen zu keinem Zeitpunkt Erträge erwirtschaften wird, sondern vielmehr die bestehende Substanz durch Verluste verzehren und Illiquidität eintreten

---

427 *Aleth/Harlfinger*, NZI 2001, 166, 168; *Bork*, ZIP 2000, 1709, 1710; *Eichenlaub*, Überschuldungsprüfung, S. 68 f.; *Haarmann/Vorwerk*, BB 2015, 1603, 1609; *Hübert*, Sorgfaltskonforme Prognosen, S. 451; *Klein*, Überschuldungstatbestand, S. 204; *Möhlmann-Mahlau/Schmitt*, NZI 2009, 19, 22, *Penzlin*, NZG 2000, 464, 467; *Schäfer*, Eröffnungsgrund der Überschuldung, S. 114 f.; *Weller*, DStR 2010, 1046, 1048.

428 MüKoInsO/*Drukarczyk/Schüler*, § 19 Rn. 95; *Sikora*, ZInsO 2010, 1761, 1763.

429 AG Hamburg, Beschl. v. 02.12.2011 – 67c IN 421/11, NZI 2012, 85, 86 f.

wird.[430] Eine positive Fortführungsprognose bedingt danach die Zahlungsfähigkeit und den Fortbestand des Haftungsfonds. Erforderlich ist mithin, dass sich die Überschuldung nicht vertieft.

Dem ist indes entgegenzuhalten, dass die so verstandene Fortführungsprognose, entgegen der gesetzgeberischen Intention und dem Wortlaut, am Ende der rechnerischen Überschuldungsprüfung (wieder) ausschlaggebendes Gewicht zuweist.

(2) Wiederherstellung der Renditefähigkeit und des Eigenkapitals

Vereinzelt wurde auch vertreten, dass eine positive Fortführungsprognose die Wiederherstellung der Renditefähigkeit und des Eigenkapitals des Unternehmens erfordere.[431] Dies ist unter betriebswirtschaftlicher Betrachtung zwar richtig und regelmäßig für die vollständige Gesundung des Unternehmens auch erforderlich. In rechtlicher Hinsicht werden die Anforderungen an den Eintritt bzw. Nichteintritt des Insolvenzgrundes indes unzulässig überspannt.[432]

Wären Renditefähigkeit und Unversehrtheit des Eigenkapitals Prognosegegenstand würde der Eintritt der Überschuldung noch vor den Eintritt der drohenden Zahlungsunfähigkeit verlegt, die ihrerseits jedoch nur ein Antragsrecht und nicht eine Antragspflicht begründet. Es ist systematisch nicht zu rechtfertigen, dass ein Pflichtantragsgrund (§ 19 InsO) durch Auslegung in den Zeitraum vor ein Antragsrecht (§ 18 InsO) verlegt wird. Dies gilt umso mehr, als die drohende Zahlungsunfähigkeit die Eingangsschwelle in das Sanierungsverfahren nach dem StaRUG bildet (§ 29 StaRUG), die eingetretene Überschuldung dieses hingegen ausschließt.

(3) Zwischenfazit

Nach alledem ist der herrschenden Meinung zu folgen, dass es sich bei der Fortführungsprognose des § 19 Abs. 2 S. 1 InsO um eine reine Zahlungsfähigkeitsprognose im Sinne des § 18 InsO handelt. Überschuldung ist damit gegeben,

---

430 *Gehrlein*, GmbHR 2021, 183, 190; Schmidt-SanR/*Kuleisa*, § 19 Rn. 24; HambKommInsO/*Schröder*, § 19 Rn. 22; FS-Wehr/*Schröder*, Fortführungsprognose, S. 40; ähnl. im Hinblick auf das Erfordernis einer den Prognosezeitraum überdauernden Durchfinanzierung: FS-Wellensiek/*Riegger/Spahlinger*, Fortführungsprognose, S. 119, 126.

431 Gilt als aufgegebene Auffassung: vgl. *Bitter/Kresser*, ZIP 2012, 1733, 1736; *Piekenbrock*, NZI Beil 2019, 47; FS-Wehr/*Schröder*, Fortführungsprognose, S. 33.

432 So auch Jaeger/*Müller* § 19 InsO Rn. 34.

sobald im Prognosezeitraum eine wesentliche und nicht nur vorübergehende Liquiditätslücke auftritt.

c) Prognoseanlass

Des weiteren stellt sich die Frage, ob es einen besonderen Prognoseanlass braucht oder die Prognose fortlaufend zu erstellen ist.

Sofern ein besonderer Prognoseanlass für erforderlich gehalten wird, werden hierfür Krisenindizien wie eine negative Entwicklung von Erfolgsgrößen, das Auftreten einer handelsbilanziellen Überschuldung oder aber auch der Verlust des hälftigen Eigenkapitals benannt.[433] Teilweise wird aber auch davon ausgegangen, dass es keinen eindeutigen Indikator für die Prognose gebe.[434]

Mit der auch hier vertretenen allgemeinen Ansicht handelt es sich bei der insolvenzrechtlichen Fortführungsprognose des § 19 Abs. 2 S. 1 InsO um eine Zahlungsfähigkeitsprognose.[435] Diese ist indes unabhängig vom „Gesundheitszustand" des Unternehmens zu erstellen und fortlaufend fortzuschreiben.[436] Wie zuvor bereits angesprochen, gehört die laufende Überwachung der Entwicklung der Finanz-, Ertrags- und Vermögenslage des Unternehmens zum allgemeinen Pflichtenkanon des Geschäftsleiters, der sich bereits aus den Bestimmungen des jeweiligen Gesellschaftsrechts ergibt und mit § 1 StaRUG noch einmal rechtsformübergreifend normiert wurde.[437]

d) Prognosemethode

Die Prognosemethode ist durch das Gesetz ebenfalls nicht vorgegeben. Da es sich jedoch nach der herrschenden und auch hier vertretenen Ansicht um eine Zahlungsfähigkeitsprognose handelt, ist diese nach den Maßstäben des § 18 InsO für den 12-Monatszeitraum des § 19 Abs. 2 S. 1 InsO aufzustellen.[438]

---

433 FS-Greiner/*Groß/Amen*, Die Fortbestehensprognose, S. 83, 84 f.; *Haußer/Heeg*, ZIP 2010, 1427, 1428 f., *Möhlmann-Mahlau/Schmitt*, NZI 2009, 19, 21; *Rieger*, Fortbestehensprognose, S. 144 ff.

434 *Greil/Herden*, ZInsO 2010, 833, 834; *Klein*, Überschuldungstatbestand, S. 150 ff., 161; *Schäfer*, Eröffnungsgrund der Überschuldung, S. 75 f.

435 S.o. S. 153 ff.

436 So auch *Bork*, ZIP 2011, 101, 102; *Möhlmann-Mahlau/Schmitt*, NZI 2009, 18, 21; im Ergebnis auch *Rieger*, Fortbestehensprognose, S. 161.

437 *Hölzle*, Praxisleitfaden SanInsFoG, § 1 Rn. 18 f.; s. auch oben S. 89.

438 *Bork*, ZIP 2000, 1709, 1710; Graf-Schlicker/*Bremen*, § 19 InsO Rn. 16; *Frystatzki*, NZI 2011, 173, 179; *Goette*, DStR 2016, 1752, 161; Uhlenbruck/*Mock*, § 19 InsO Rn. 219, 220; Jaeger/*Müller*, § 19 InsO Rn. 36; *Rendels/Zabel/Körner*, ZRI 2021, 653, 655; *Sikora*, ZInsO 2010, 1761, 1762.

Nach allgemeiner Auffassung ist dabei zur Prüfung der Finanzkraft des Schuldners eine Ertrags- und Finanzplanung zu erstellen.[439] Der Ertragsplan (Plan-GuV) ergibt sich aus der betrieblichen Absatz- und Umsatzplanung in Kombination mit den betrieblichen Teilplänen zur Produktionsplanung.[440] Darauf aufbauend ist der Liquiditätsplan zu entwickeln, der zunächst alle liquiditätswirksamen Zahlungsströme des Prognosezeitraums abbildet und sodann die sich aus dem Ertragsplan ergebenden (voraussichtlichen) Zahlungsströme in die Planung überführt.[441] Die Zahlungsströme sind dabei vollständig, unsaldiert, termingenau und im Periodenverbund zu erfassen.[442] Zur Ermittlung der Steuerbemessungsgrundlagen und damit der liquiditätswirksamen Steuerzahlungen sowie erforderlichenfalls Prüfung der gesellschaftsrechtlichen Kapitalerhaltungs- und Ausschüttungssperrvorschriften ist ferner eine Plan-Bilanz zu erstellen.[443]

Im Ergebnis ist daher, wie bereits zuvor bei der Fortführungsprognose der drohenden Zahlungsunfähigkeit dargelegt, eine integrierte Finanzplanung, bestehend aus einer Liquiditätsplanung, einer Ertragsplanung und einer Vermögensplanung, zu erstellen.

e) Prognosehorizont

(1) Prognosegrundlage

Die Prognose ist auf Basis eines vom Fortführungswillen getragenen, in tatsächlicher, wirtschaftlicher und rechtlicher Hinsicht umsetzbaren Unternehmenskonzepts zu erstellen, das mit Blick auf die Krisenlage den dargestellten Anforderungen an ein Sanierungskonzept entspricht.[444]

(a) Fortführungswille

Mit der Annahme einer positiven Fortführungsprognose ist denklogisch der Umstand verbunden, dass jemand auch den Willen haben muss, die

---

439 *Bork*, ZIP 2000, 1709, 1711; *Klein*, Überschuldungstatbestand, S. 205; Schmidt-SanR/*Kuleisa*, § 19 InsO Rn. 18; Kübler/Prütting/Bork/*Pape*, § 19 InsO Rn. 42; HmbKommInsO/*Schröder*, § 19 InsO Rn. 20; *Sikora* ZInsO 2010, 1761, 1767 ff.

440 *Crone/Werner*, Sanierungsmanagement, Teil B. 9.4.1. S. 276; *Weller*, DStR 2010, 1046, 1048.

441 *Crone/Werner*, Sanierungsmanagement, Teil B. 9.4.2. S. 279 ff.; *Weller*, DStR 2010, 1046, 1047.

442 MüKoInsO/*Drukarczyk*, § 18 InsO Rn. 33; *Sikora*, ZInsO 2010, 1761, 1768.

443 *Sikora*, ZInsO 2010, 1761, 1768 f; *Weller*, DStR 2010, 1046, 1049.

444 S.o. S. 115.

Fortführung entsprechend der Planung zu bewirken,[445] wobei dieser regelmäßig vermutet wird.[446]

Diesbezüglich wird bisweilen in Frage gestellt, ob der Fortführungswille bei den Gesellschaftern und/oder dem Geschäftsleiter vorliegen muss bzw. ob auch der Fortführungswille eines Dritten, z.B. eines künftigen Erwerbers, ausreicht.

(i) Gesellschafter/Geschäftsführer

Der BGH hatte in einem Nebensatz seiner Entscheidung vom 09.10.2006 den „*Fortführungswillen des Schuldners bzw. seiner Organe*" gefordert,[447] woraufhin teilweise vertreten wurde, dass der Fortführungswille des Geschäftsleiters oder aber des Geschäftsleiters und der Gesellschafter erforderlich sei.[448]

Dem ist zu entgegnen, dass regelmäßig die Gesellschafter über den Fortbestand bzw. die Auflösung entscheiden, so dass nur ihr Wille maßgebend sein kann.[449] Bei der GmbH beispielsweise ist der Geschäftsführer befugt, innerhalb des Gesellschaftszwecks alle zu dessen Erreichung erforderlichen Veranlassungen und Entscheidungen zu treffen, er ist dabei aber an gegebenenfalls erteilte Weisungen der Gesellschafter gebunden (§ 37 Abs. 1 GmbHG). Anders scheint dies auf den ersten Blick bei der Aktiengesellschaft zu sein, bei der der Vorstand die Gesellschaft in eigener Verantwortung leitet (§ 76 Abs. 1 AktG). Doch auch hier trifft die Auflösungsentscheidung die Hauptversammlung und mithin die Gesellschafter (§ 262 Abs. 1 Nr. 2 AktG). Der Fortführungswille der Geschäftsleiter manifestiert sich nach alledem erst auf der nachgelagerten Ebene der Ausgestaltung der Fortführungs- und Sanierungsplanung. Sollte dieser nicht vorliegen, wäre der Geschäftsleiter von den Gesellschaftern entsprechend abzuberufen und gegen einen Geschäftsleiter, der den Fortführungswillen der Gesellschafter umsetzt, zu ersetzen.

Insoweit ist auch bei einer führungslosen Gesellschaft grundsätzlich ein Fortführungswille anzunehmen, solange die Gesellschafter nicht deren Auflösung beschlossen haben oder durch ein offenkundiges Verschließen vor den

---

445 BGH, Beschl. v. 09.10.2006 – II ZR 303/05, NZI 2007, 44; *Goette*, DStR 2016, 1684, 1688; Kübler/Prütting/Bork/*Pape*, § 19 InsO Rn. 38; *Schäfer*, Eröffnungsgrund der Überschuldung, S. 92.

446 BGH, Urt. v. 21.11.2005 – II ZR 277/03, BGHZ 119, 201 = DStR 2006, 384, LS 2, 386.

447 BGH, Beschl. v. 09.10.2006 – II ZR 303/05, DStR 2006, 2186.

448 Schmidt-SanR/*Kuleisa*, § 19 InsO Rn. 19 (beide); Hess KK-InsO/*Hess*, § 19 InsO Rn. 23 (Geschäftsleiter); *Haarmann/Vorwerk*, BB 2015, 1603, 1605 (Geschäftleiter).

449 *Goette*, DStR 2016, 1684, 1689; HmbKommInsO/*Schröder*, § 19 InsO Rn. 36.

wirtschaftlichen Schwierigkeiten des Schuldners oder ein Ignorieren derselben einen fehlenden Fortführungswillen zum Ausdruck gebracht haben.[450]

(ii) Dritter/Erwerber

Die hier betrachtete Fortführungsprognose wird im Rahmen der Überschuldungsprüfung gestellt. Anders als bei der oben dargelegten handelsrechtlichen Fortführungsannahme ist hier die Fortführung des Rechtsträgers und nicht des Unternehmens maßgebend.

Insoweit kann ein nur bei einem Dritten vorliegender Fortführungswille nur maßgeblich sein, wie sich dieser auf den Rechtsträger bezieht, mithin die Veräußerung im Rahmen eines Share Deals erfolgt.[451] Ein nur auf eine übertragende Sanierung (Asset Deal) gerichteter Fortführungswille, hätte hingegen die Liquidation des Rechtsträgers zur Folge und wäre daher aus der Perspektive der Fortführung eben dieses Rechtsträgers kein tauglicher Fortführungswille.[452]

(iii) bei solventer Liquidation

Ferner stellt sich die Frage, ob ein „Fortführungs"-Wille auch im Falle einer beschlossenen Liquidation gegeben ist, wenn und soweit eine solvente Liquidation angestrebt wird und erreichbar erscheint, oder ob mit dem Liquidationsbeschluss zugleich die positive Fortführungsprognose i.S.d. § 19 Abs. 2 S. 1 InsO entfällt. Diese Frage verschärft sich noch, wenn die beabsichtigte Liquidation nur durch einen abschließenden Forderungserlass der Gläubiger solvent wird.

Diesbezüglich wird vertreten, dass sich der Fortführungswille nach dem Gesellschaftszweck bestimmen müsse, der im Falle der Liquidation auf eine solvente Abwicklung gerichtet sei, so dass in diesem Sinne ein Fortführungswille gegeben sei.[453] Dies wird damit begründet, dass es sich bei der Fortführungsprognose letztlich um eine Schuldendeckungsprognose handele und eine Schuldendeckung bei solventer Liquidation eintrete, wobei auch

---

450 Vgl. zu den Prüfungserschwernissen: *Hecker*, BB 2009, 1544, 147.

451 So auch *Klein*, Überschuldungstatbestand, S. 194.

452 So auch *Eichenlaub*, Überschuldungsprüfung, S. 54 f., a.A. FS K. Schmidt/*Hüttemann*, Überschuldung, S. 761, 766; Nerlich/Römermann/*Mönning*, § 19 InsO Rn. 45; Kübler/Prütting/Bork/*Pape*, § 19 InsO Rn. 38; FK/*Schmerbach*, § 19 InsO Rn. 37; HmbKommInsO/*Schröder*, § 19 InsO Rn. 36.

453 *Hecker/Glozbach*, BB 2009, 1544, 1548; Schmidt-SanR/*Kuleisa*, § 19 InsO Rn. 19; *Morgen/Rathje*, ZIP 2018, 1955, 1962; BeckOK InsR/*Wolfer*, § 19 InsO Rn. 12; a.A. HambKommInsO/*Schröder*, § 19 Rn. 36.

Erlasswirkungen berücksichtigt werden dürften.[454] *Bitter* hält den Fortführungswillen aus diesem Grund auch für kein zwingendes Merkmal jeder Fortführungsprognose, sondern nur solcher Fortführungsprognosen, die auch eine Unternehmensfortführung zum Gegenstand haben.[455]

Soweit der Abwicklungswille als Fortführungswille im Sinne der Fortführungsprognose des § 19 Abs. 2 S. 1 InsO verstanden wird, überspannt dieses Verständnis den darin zum Ausdruck kommenden gesetzgeberischen Willen zum Unternehmenserhalt. Dieser ist ausschließlich auf Unternehmen gerichtet, die zukünftig weiter am Markt bestehen können.[456] Ist dieses weder der Fall noch intendiert, entscheidet sich die Antragspflicht allein anhand der Schuldendeckung. Die Gläubigerbefriedigung kann daher solange und soweit durch ein Abwicklungskonzept außerhalb eines Insolvenzverfahrens erfolgen, wie eine Schuldendeckung gegeben ist. Bei fehlendem Fortführungswillen und einer Schuldenunterdeckung ist die Abwicklung dagegen stets in einem Insolvenzverfahren vorzunehmen.

Zu einem entsprechenden Ergebnis gelangt auch *Bitter*,[457] so dass weder das Erfordernis noch der Mehrwert eines generellen Verzichts auf den Fortführungswillen recht ersichtlich ist.

(b) Tragfähiges Unternehmenskonzept

Der Zahlungsunfähigkeitsprüfung ist ein tragfähiges, realistisches und umsetzbares Unternehmenskonzept zugrunde zu legen.[458] Insoweit gelten die bereits zum Sanierungskonzept dargestellten Anforderungen.[459]

(i) Analyse

Das Konzept basiert auf den erkannten und erkennbaren tatsächlichen Gegebenheiten, einer Analyse der Krisenursachen, einer Bestandsaufnahme der wirtschaftlichen Lage des Unternehmens im Rahmen seiner Wirtschaftsbranche sowie ferner einem Status zur Finanz-, Ertrags- und Vermögenslage. Die Daten ergeben sich aus einer umfassenden faktenbasierten Aufnahme der

---

454 *Morgen/Rahtje*, ZIP 2018, 1955, 1959, 1963; so auch Scholz/*Bitter*, Vor § 64 GmbHG, Rn. 55.

455 Scholz/*Bitter*, Vor § 64 GmbHG, Rn. 55.

456 BT-Drucks. 16/10600, S. 13.

457 Scholz/*Bitter*, Vor § 64 GmbHG, Rn. 55.

458 Scholz/*Bitter*, Vor § 64 GmbH, Rn. 59; Uhlenbruck/*Mock*, § 19 InsO Rn. 219; Kübler/Prütting/Bork/*Pape*, § 19 InsO Rn. 42.

459 S.o. S. 115.

Ist-Situation unter vergangenheitsbezogener Erarbeitung unternehmens- und umfeldspezifischer Erfahrungssätze.[460]

(ii) Sanierungsmaßnahmen

Berücksichtigungsfähig und -pflichtig sind alle operativen Sanierungsmaßnahmen, deren Umsetzung sicher bevorsteht, die realistisch umsetzbar sind und den geplanten Sanierungsbeitrag mit überwiegender Wahrscheinlichkeit bewirken können.[461]

➢ *Operative Maßnahmen*

Bei innerbetrieblichen Restrukturierungs- und Sanierungsmaßnahmen[462] ist eine reine Absichtserklärung nicht ausreichend. Die Umsetzung der Maßnahmen muss sich vielmehr aus den jeweils betroffenen betrieblichen Teilplänen konkret ergeben.[463] Die für die Maßnahmenumsetzung erforderlichen Abstimmungs- und Restrukturierungsschritte müssen in der Regel bereits angestoßen sein. Diese Anforderung ist im Sinne einer Glaubwürdigkeitsschwelle zu verstehen. Dass die Maßnahmen bereits umgesetzt sind, ist dagegen vor dem Hintergrund des Prognosemaßstabs der überwiegenden Wahrscheinlichkeit aus hiesiger Sicht nicht erforderlich.[464]

➢ *Finanzwirtschaftliche Maßnahmen*

Maßnahmen der Eigen- und Fremdkapitalzufuhr sowie sonstige Sanierungsbeiträge von Stakeholdern (z.B. Stundungen, Forderungsverzichte) sind von der Zustimmung Dritter abhängig.[465] Daher ist fraglich, welchen Konkretisierungsgrad diese bereits erreicht haben müssen, um berücksichtigungsfähig zu sein. Teilweise wird die Vorlage verbindlicher Erklärungen gefordert.[466]

Der BGH wie auch die wohl herrschende Meinung lassen demgegenüber die überwiegende Wahrscheinlichkeit der Maßnahmenumsetzung ausreichen.[467] Dies setzt voraus, dass vor dem Hintergrund der konkreten Umstände mit einer

---

460 S.o. S. 26; so auch *Goette*, DStR 2016, 1684, 1691 f.

461 *Sikora*, ZInsO 2010, 1761, 1769 f.; Uhlenbruck/*Mock*, § 19 Rn. 219.

462 Beispiele s. bei *Aleth/Harlfinger*, NZI 2011, 166, 169.

463 *Sikora*, ZInsO 2010, 1761, 1770.

464 So auch Uhlenbruck/*Mock*, § 19 Rn. 219, *Goette*, DStR 2016, 1752, 1756.

465 S. auch nachf. S. 172 f.

466 *Sikora*, ZInsO 2010, 1761, 1771 f.

467 BGH, Urt. v. 13.07.1992 – II ZR 269/91, BGHZ 119, 201 = NJW 1992, 2891, 2894 („Dornier“); *Bork*, ZIP 2000, 1709, 1711; *Fischer*, NZI 2016, 665; *Knof*, DStR 2007, 1580, 1583; Kübler/Prütting/Bork/*Pape*, § 19 InsO Rn. 44; *Rendels/Zabel/Körner*, ZRI 2021, 653, 655; HmbKommInsO/*Schröder*, § 19 InsO Rn. 25.

Umsetzung der Maßnahme konkret gerechnet werden kann. Im Falle einer Liquiditätszufuhr sind hierfür sowohl die überwiegende Wahrscheinlichkeit des Umsetzungswillens des Beteiligten wie auch dessen wirtschaftliche Leistungsfähigkeit erforderlich. Im Falle einer Darlehensaufnahme ist erforderlich, dass das Unternehmen die Darlehensgewährungsvoraussetzungen erfüllt, insbesondere zins- und kapitaldienstfähig ist.[468] Bei erforderlichen Stundungen oder Forderungsverzichten sollte aus dem Verhalten der Stakeholder mit überwiegender Wahrscheinlichkeit auf eine entsprechende Bereitschaft geschlossen werden können.[469]

➢ *Sanierungsverfahren*

Sind erforderliche Forderungsschnitte nicht mit überwiegender Wahrscheinlichkeit als freiwilliger Sanierungsbeitrag zu erlangen, ist fraglich, inwieweit im Rahmen der insolvenzrechtlichen Fortführungsprognose berücksichtigt werden kann, dass deren Umsetzung im Rahmen eines Restrukturierungsverfahrens nach dem StaRUG mit den erforderlichen Mehrheiten von regelmäßig Dreiviertel der Stimmrechte in den jeweiligen Gruppen bei gruppenmehrheitlicher Zustimmung (§§ 25 ff. StaRUG) überwiegend wahrscheinlich ist.

Für das Insolvenzplanverfahren ist anerkannt, dass dessen Wirkungen nicht in die Prüfung der Eröffnungsgründe antizipiert werden kann.[470] Dies ergibt sich logisch bereits daraus, dass die Eröffnung des Insolvenzverfahrens Voraussetzung für die Durchführung eines Insolvenzplanverfahrens ist (§§ 1 S. 1, 217 Abs. 1 S. 1 InsO).

Eine vergleichbare Verzahnung besteht zum Restrukturierungsverfahren nicht. Dieses soll, wie auch das vorinsolvenzliche Sanierungskonzept, dem Schuldner eine freie Sanierung ermöglichen. Der einzige Unterschied besteht darin, dass dem Schuldner mit dem präventiven Restrukturierungsrahmen ein modulares Maßnahmenpaket an Verfahrenshilfen zur Verfügung gestellt wird, um das Sanierungsverfahren durch- und umzusetzen.[471] Der präventive Restrukturierungsrahmen ist damit zwischen der freien konsensualen Sanierung und der streng verfahrensgebundenen Sanierung des Insolvenzrechts angesiedelt.[472] Die modularen Verfahrenshilfen werden dem Schuldner nach

468 Uhlenbruck/*Mock*, § 19 InsO Rn. 222; FS-Wellensiek/*Riegger/Spahlinger*, Fortführungsprognose, S. 119, 123.

469 *Fischer*, NZI 2016, 665, 669.

470 MüKoInsO/*Drukarczyk/Schüler*, § 19 InsO Rn. 116; KS-*Haas*, Bilanzierungsprobleme, 1293, 1298.

471 HambKommRR/*Schröder*, § 29 StaRUG Rn. 11.

472 RegE BT-Drucks. 19/24181, S. 92.

§ 29 Abs. 1 StaRUG zur nachhaltigen Beseitigung der drohenden Zahlungsunfähigkeit zur Verfügung gestellt. Anerkanntermaßen ist die die Insolvenzantragspflicht nach § 19 InsO auslösende Zahlungsunfähigkeit auch eine drohende Zahlungsunfähigkeit.[473] Damit kann durch ein erfolgreich durchgeführtes Restrukturierungsverfahren nach dem StaRUG auch eine positive Fortführungsprognose im Sinne des § 19 InsO wiederhergestellt werden.[474]

Dies entspricht auch dem Willen des Gesetzgebers, der die in der Literatur kritisierte Überschneidung der Tatbestände des § 18 InsO und des § 19 InsO dadurch aufgelöst sehen will, dass „*eine die Überschuldung ausschließende Fortführungsprognose auch aus der überwiegenden Wahrscheinlichkeit der erfolgreichen Umsetzung eines Sanierungs- oder Restrukturierungsverfahrens resultieren kann.*“[475]

Dagegen wird jedoch angeführt, dass nach der Systematik des StaRUG der Eintritt der Überschuldung während des Restrukturierungsverfahrens gerade nicht ausgeschlossen ist. Vielmehr ist deren Eintritt anzeigepflichtig (§ 32 Abs. 3 S. 2 StaRUG), die Insolvenzantragspflicht ist indes ausgesetzt (§ 42 Abs. 1 StaRUG). Hieraus wird geschlossen, dass Restrukturierungsaussichten nicht bereits geeignet seien, eine positive Fortführungsprognose zu begründen.[476]

Das ist zutreffend, aber nur, soweit angenommen wird, dass mit dem präventiven Restrukturierungsrahmen zugleich ein fortführungspositivierender Automatismus oder aber eine Herabsenkung der Anforderungen[477] an die überwiegende Fortführungswahrscheinlichkeit verbunden sei. Das ist indes nicht der Fall. Die Anforderungen sind durch das SanInsFoG – mit Ausnahme der Festlegung von Prognosezeiträumen – unverändert geblieben.[478] Vielmehr ist im Falle einer tatsächlich, wirtschaftlich und rechtlich möglichen Durchführung eines Restrukturierungsverfahrens nach dem StaRUG die überwiegende Wahrscheinlichkeit dessen Erfolgs als eigenständiger Prüfungspunkt aufzunehmen.[479] Hierbei sind jedoch die (strengeren) Anforderungen der Fortführungsprognose des § 19 Abs. 2 InsO zugrunde zu legen und nicht etwa

473 BGH, Urt. v. 19.11.2019 – II ZR 53/18, ZInsO 2020, 373, 376.

474 *Desch*, BB 2020, 2498, 2499; *Schönfelder*, NZI 2022, 49, 50 f.; *Rendels/Zabel/Körner*, ZRI 2021, 653, 655, 659, *Kuntz*, ZIP 2021, 597, 601.

475 RegE BT-Drucks. 19/24181, S. 192.

476 *Piekenbrock*, NZI Beil. 2021, 82, 84.

477 *Skauradszun*, ZRI 2020, 625, 634.

478 *Rendels/Zabel/Körner*, ZRI 2021, 653, 654, 660; *Schönfelder*, NZI 2022, 49, 50.

479 *Balthasar*, NZI Beil. 2021, 18,19; *Rendels/Zabel/Körner*, ZRI 2021, 653, 663; HmbKommInsO/*Schröder*, § 19 InsO Rn. 8.

die milderen Anforderungen der StaRUG-Anzeige nach § 31 StaRUG, für die bereits der Entwurf eines Restrukturierungsplans bzw. auch nur das Restrukturierungskonzept ausreichen.[480]

Es wäre auch systematisch wenig verständlich, dass ein ausdrücklich zur Insolvenzvermeidung zur Verfügung gestellter Rahmen an Verfahrenshilfen nicht geeignet sein sollte, eine Insolvenz zu vermeiden.[481] Dies lässt sich auch nicht damit begründen, dass die Voraussetzung für die Inanspruchnahme des präventiven Restrukturierungsrahmens nur die drohende Zahlungsunfähigkeit ist, da die negative Fortführungsprognose i.S.d. § 19 Abs. 2 InsO, wie dargelegt, nichts anderes ist, als eine drohende Zahlungsunfähigkeit nur in einem kürzeren Zeitfenster.

(2) Formelle Anforderungen

(a) Dokumentation

Das Gesetz stellt keine formellen Anforderungen an die Aufstellung und Dokumentation der Fortführungsprognose. Aus Gründen der Überzeugungsbildung bei den beteiligten Stakeholdern während des Sanierungsprozesses sowie der späteren Darleg- und Nachweisbarkeit im Falle eines Scheiterns ist eine umfassende Dokumentation der Erstellung der Fortführungsprognose im Hinblick auf die Analyse der Krisensituation, die Ableitung der erforderlichen Sanierungsmaßnahmen sowie die zugrunde gelegten Planungsprämissen geboten.[482] Die Dokumentation sollte ferner die kontinuierliche und entwicklungsentsprechende Anpassung über den Sanierungsprozess belegen. Hierbei können sogenannten „Milestone-Planungen" den Fortgang und – bei Erreichen der jeweiligen Milestones – auch den Erfolg des Sanierungsprozesses belegen.[483]

(b) Professionalisierung

Aus den eingangs bereits dargelegten Anforderungen an die Prognoseerstellung ergibt sich, dass ein Geschäftsleiter der über die für die Prognoseerstellung erforderlichen Kenntnisse und Fähigkeiten nicht verfügt, einen sachverständigen branchen- und sanierungskundigen Fachmann mit der Erstellung beauftragen sollte,[484] um eine ihn im Zweifelsfall exkulpierende Prognose zu erhalten.

---

480 *Rendels/Zabel/Körner*, ZRI 2021, 653, 664; *Schönfelder*, NZI 2022, 49, 50.

481 So auch *Brinkmann*, NZI 2019, 921, 923; s.a. oben S. 103.

482 *Aleth/Harlfinger*, NZI 2010, 166, 172; *Goette*, DStR 2016, 1752, 1758; *Rendels/Zabel/Körner*, ZRI 2021, 653, 658.

483 Hinweise zu Art und Umfang bei: *Finkel/Ruchatz*, BB 2017, 519 ff.

484 *Aleth/Harlfinger*, NZI 2010, 166, 172; *Goette*, DStR 2016, 1752, 1758; *Sikora*, ZInsO 2010, 1761, 1773.

Eine rechtliche Verpflichtung dazu besteht indes nicht.[485] Voraussetzung dabei ist, dass der Geschäftsleiter dem Berater alle erforderlichen Unterlagen und Informationen umfassend zur Verfügung stellt und die erhaltene Prognose auf Plausibilität prüft.[486]

(3) Prognosezeitraum

Bis zur Festlegung des Prognosezeitraums durch das SanInsFoG auf 12 Monate (§ 19 Abs. 2 S. 1 InsO) war auch die Dauer des erforderlichen Prognosezeitraums umstritten. Regelmäßig wurde das laufende und das folgende Geschäftsjahr als erforderlicher, aber auch angemessener Prognosezeitraum angesehen.[487]

Nunmehr wird in Frage gestellt, ob es sich bei dem jetzt festgelegten Prognosezeitraum um einen unveränderlichen Zeitraum handele oder ob auch dieser in begründeten Ausnahmefällen veränderlich, insbesondere auszudehnen, sei. Hintergrund der Überlegung ist, dass der dem heutigen Überschuldungsbegriff zugrunde liegende Rechtsgedanke eine dauerhafte Zahlungsfähigkeit des Unternehmens verlangt und nur die anerkanntermaßen zunehmende Ungenauigkeit und fehlende Belastbarkeit weit in die Zukunft reichender Prognosen eine Begrenzung des Prognosezeitraums auf den absehbaren, mithin leistbaren Prognosezeitraum, rechtfertige.[488] Es wird daher vorgeschlagen, in Fällen, in denen sich eine Prognoseunsicherheit über einen weitergehenden Zeitraum nicht ergibt, den starren Prognosezeitraum teleologisch auszudehnen.[489] Diese Überlegung wird von der Sorge getragen, dass bei einer festen Limitierung des Prognosezeitraums Unternehmen heute als nicht überschuldet gelten müssten, von denen man indes sicher wüsste, dass die Zahlungsunfähigkeit in Monat 13 pp. eintrete und die weitere Liquiditätsgewinnung nur durch Substanzverzehr erfolge. Dieses Verständnis bringt z.B. das *IDW* in der neuesten Fassung des Prüfungsstandards zur Beurteilung des Vorliegens von Insolvenzeröffnungsgründen (S11)[490] deutlich zum Ausdruck.

Mit Blick auf die abweichend zu § 18 Abs. 2 InsO gewählte Formulierung ist von einer Fixierung des Prognosezeitraums auszugehen. Während § 18 Abs. 2

---

485 *Goette*, DStR 2016, 1752, 1758.

486 S. nachf. S. 172.

487 *Bork*, ZIP 2000, 1709, 1710; *Gehrlein*, GmbHR 2021, 183, 186; Uhlenbruck/*Mock*, § 19 InsO Rn. 225; HK-InsO/*Rüntz/Laroche*, § 19 Rn. 10.

488 *Bitter*, ZIP 2021, 321, 323.

489 *Bitter*, ZIP 2021, 321, 324; Scholz/*Bitter*, Vor § 64 GmbHG Rn. 58; Graf-Schlicker/*Bremen*, § 19 InsO Rn. 20; *Gehrlein*, GmbHR 2021, 183, 189.

490 IDW S11, IDW Life 1/2022, Rn. 61.

InsO mit dem *„in aller Regel"* einen Spielraum eröffnet, ist die Prognose in § 19 Abs. 2 InsO ausdrücklich auf *„in den nächsten 12 Monaten"* beschränkt. Dass es sich hier um eine unbewusste, gar ungewollte Formulierungsungenauigkeit handelt, ist nicht zuletzt mit Blick auf die vorangegangene Diskussion zum Prognosezeitraum nicht anzunehmen.[491] Die damit bewirkte Zäsur korrespondiert vielmehr mit dem Bestreben, die Eröffnungsgründe voneinander abzugrenzen, zumal nur § 18 InsO den Weg in das Restrukturierungsverfahren nach dem StaRUG eröffnet. Entsprechend nimmt der Gesetzgeber auch auf den diesbezüglichen Vorschlag zur Limitierung des Prognosezeitraums von *Brinkmann*[492] Bezug.[493]

Nach dem hier vertretenen Prognoseverständnis droht dessen ungeachtet jedoch kein Ungemach. Wie ausgeführt, sind der Prognose alle am Prognosestichtag bekannten Sachverhalte zugrunde zu legen.[494] Was sicher ist, kann und darf nicht mehr prognostiziert werden. Die Prognose dient nur dazu eine Unsicherheit über die künftige Entwicklung ab- und aufzufangen und nur aus dem Grund kann, darf und muss sie auch zeitlich limitiert werden, denn Unmögliches darf von Niemandem verlangt werden. Wenn dagegen am Prognosestichtag aber bereits sicher feststeht, dass das Unternehmen über den Prognosezeitraum hinaus nur durch eine Aufzehrung des Vermögens fortbestehen kann und dieses ohne Hinzutreten weiterer prognostischer Elemente quasi ausgerechnet werden kann, dann fehlt dieser Unternehmung bereits am Stichtag die positive Fortführungsprognose.[495]

(4) Prognosestichtag

Prognosestichtag ist der erste Zeitpunkt, zu dem die Prognose aufgestellt wird. Die Prognoseerstellung ist jedoch kein einmaliger Vorgang. Die Prognose ist vielmehr laufend zu aktualisieren und an die Entwicklung anzupassen sowie deren Sanierungsfortschritt zu kontrollieren.[496]

---

491 So auch *Kuntz*, ZIP 2021, 597, 602.
492 Ebke/Seagon/Piekenbrock/*Brinkmann*, Überschuldung: Quo vadis?, S. 67, 75.
493 Begr. RegE, BT-Drucks. 19/24181, S. 197.
494 S.o. S. 72 f.
495 So im Ergebnis auch *Bitter*, ZIP 2021, 321, 323; *Gehrlein*, GmbHR 2021, 183, 188; wenn auch jeweils unter teleologischer Verlängerung des Prognosezeitraums.
496 *Aleth/Harlfinger*, NZI 2010, 166, 173; *Sikora*, ZInsO 2010, 1761, 1773.

(5) Umgang mit Unsicherheiten

Bei der Prognoseerstellung sind Entscheidungen und Annahmen unter Unsicherheiten zu treffen. Im Entscheidungszeitpunkt können diese naturgemäß nicht als falsch oder richtig, zutreffend oder unzutreffend qualifiziert werden. Das stellt sich erst im weiteren Verlauf heraus. Es kann bei der Beurteilung der Prognose daher nur gefragt werden, ob es sich im Prognosekontext um eine zulässige oder aber unzulässige Entscheidung bzw. Annahme handelt.

(a) Beurteilungsspielraum

Für unternehmerische Entscheidungen ergibt sich aus der in § 93 Abs. 1 S. 2 AktG eingeführten sog. Business-Judgement-Rule, die nach allgemeiner Auffassung rechtsformübergreifend gilt,[497] ein rechtlich nicht überprüfbarer Ermessenspielraum der Geschäftsleiter. Dieser gilt nach allgemeiner Ansicht jedoch nur für freie unternehmerische Entscheidungen und nicht auch für rechtlich gebundene Handlungspflichten, wie diese den Insolvenzantragspflichten zugrunde liegen.[498]

Gleichwohl ist anzuerkennen, dass aufgrund der Ungewissheit eine Beurteilung im Rahmen einer Prognose stets nur subjektiv getroffen und insoweit auch nur auf ihre Plausibilität hin überprüft werden kann.[499] Der BGH hat daher bereits in einer frühen Entscheidung festgestellt, dass dem Geschäftsleiter ein gewisser, rechtlich nicht überprüfbarer Beurteilungsspielraum zuzubilligen ist[500] und in einer weiteren Entscheidung festgestellt, dass es sich bei der Fortführungsprognose um ein Werturteil handele, das sich „*aus der Beurteilung von Fakten und der Einschätzung künftiger Entwicklungen*" zusammensetze.[501] Der Beurteilungsspielraum bezieht sich danach nur auf die Prognose der Ereignisse, die der Fortführungsplanung zugrunde gelegt werden, nicht (auch) auf das Prognosegesamtergebnis.[502] Führen die Annahmen daher zu

---

497 Begr. RegE, BT-Drucks. 15/5092, 11 f.; *Fischer*, NZI 2016, 665, 667; *Gehrlein*, NZG 2020, 801, 802 f.

498 *Fischer*, NZI 2016, 665, 673; *Hübert*, Sorgfaltskonforme Prognosen, S. 437; Schmidt-SanR/*Kuleisa*, § 19 InsO Rn. 22; Uhlenbruck/*Mock*, § 19 InsO Rn. 223; HambKommInsO/*Schröder*, § 19 InsO Rn. 24; MüKoAktG/*Spindler*, § 92 AktG Rn. 76; a.A. *Goette*, DStR 2016, 1752, 1755 (kein Unterschied).

499 *Fischer*, NZI 2016, 665, 668; *Haarmann/Vorwerk*, BB 2015, 1603, 1614.

500 BGH, Urt. v. 06.06.1994 – II ZR 292/91, BGHZ 126, 181 = NJW 1994, 2220, 2224.

501 BGH, Urt. v. 20.03.1995 – II ZR 205/94 „Girmes", BGHZ 129, 136 = NJW 1995, 1739, 1744.

502 So auch Scholz/*Bitter*, Vor § 64 GmbHG, Rn. 61; Schmidt-SanR/*Kuleisa*, § 19 InsO Rn. 22.

einem bestimmten Prognoseergebnis kann dieses nicht nachträglich mit der Annahme korrigiert werden, es sei auch wahrscheinlich, dass es anders kommen könne.

Die Überprüfung erfolgt dabei ausschließlich aus der ex-ante-Sicht. Nachfolgende Entwicklungen können und dürfen dabei nicht berücksichtigt werden.[503] Fraglich ist allein, ob es sich aus Sicht eines unvoreingenommenen branchenkundigen Fachmanns um eine nachvollziehbare und vertretbare Beurteilung eines ordentlichen und gewissenhaften Geschäftsleiters handelt.[504]

(b) Beratung durch Dritte

Verfügt der Geschäftsleiter nicht selbst über entsprechende Kenntnisse und Fähigkeiten zur Erstellung der Fortführungsprognose oder strebt er dessen ungeachtet eine Absicherung an, hat er einen unabhängigen, branchenkundigen und fachlich qualifizierten Berater zu beauftragen, diesem die Verhältnisse der Gesellschaft umfassend darzulegen und ihm alle erforderlichen Informationen und Unterlagen offenzulegen.[505]

Das sodann erhaltene Prüfungsergebnis hat er einer sorgfältigen Plausibilitätskontrolle zu unterziehen.[506] Er muss insoweit prüfen, ob der Berater von einer zutreffenden Tatsachengrundlage ausgegangen ist sowie, ob die vorgeschlagenen Maßnahmen in tatsächlicher und wirtschaftlicher Hinsicht umsetzbar erscheinen.[507]

(c) Sanierungsbeiträge Dritter, Gesellschafterbeitrag

Die erfolgreiche Durchführung der Sanierung ist oftmals von Sanierungsbeiträgen Dritter abhängig, so dass sich die Frage stellt, welcher Konkretisierungs- und Verbindlichkeitsgrad erreicht sein muss, damit entsprechende Sanierungsbeiträge der Planung zugrunde gelegt werden dürfen.

Teilweise werden diesbezüglich verbindliche Erklärungen erwartet, insbesondere auch, wenn es um einen Gesellschafterbeitrag geht.[508] Diese Anforderung überspannt indes den gesetzlich vorgegebenen Prognosemaßstab, der eine

---

503 BGH, Urt. v. 13.07.2021 – II ZR 84/20, NZG 2021, 1175, Tz. 69; Schmidt-SanR/*Kuleisa*, § 19 InsO Rn. 22; HmbKommInsO/*Schröder*, § 19 InsO Rn. 83.

504 BGH, Urt. v. 12.05.2016 – IX ZR 65/14, BGHZ 210, 249 = NZI 2016, 636, Tz. 18.

505 BGH, Urt. v. 27.03.2012 – II ZR 171/10, NZI 2012, 567 LS, Tz. 15 f.; BGH, Urt. v. 20.09.2011 – II ZR 234/09, NZG 2011, 1271 LS 2, Tz. 18.

506 BGH, Urt. v. 27.03.2012 – II ZR 171/10, NZI 2012, 567 LS, Tz. 16.

507 *Fischer*, NZI 2016, 665, 670.

508 Graf-Schlicker/*Bremen*, § 19 InsO Rn. 16; *Sikora*, ZInsO 2010, 1761, 1772; FS-Wellensiek/*Riegger*/*Spahlinger*, Fortführungsprognose, S. 119, 120 mwN.

überwiegende Wahrscheinlichkeit ausreichen lässt, so dass auch die Bewirkung der Sanierungsbeiträge „nur" überwiegend wahrscheinlich sein muss.[509] Oftmals ist es auch im Tatsächlichen gerade zu Beginn eines Sanierungsvorhabens und regelmäßig bei größeren Sanierungsvorhaben mit einer Vielzahl an Beteiligten nicht möglich, bereits alle erforderlichen Erklärungen vorliegen zu haben.[510]

Hinsichtlich der Berücksichtigungsfähigkeit ist daher zu differenzieren:

Haben sich Beteiligte bereits eindeutig zur (Nicht-)Leistung eines möglichen Sanierungsbeitrags erklärt, ist das Ergebnis in der Planung zwingend zu berücksichtigen.[511]

Wird anstelle einer verbindlichen Ausstattungszusage (harte Patronatserklärung) nur eine unverbindliche Erklärung (weiche Patronatserklärung) abgegeben, kann der damit zugesagte Sanierungsbeitrag nach höchstrichterlicher Rechtsprechung regelmäßig nicht in der Fortführungsprognose berücksichtigt werden, da es anderenfalls in der Hand des Erklärende läge, die Insolvenz hinauszuzögern, ohne dafür ein eigenes Haftungsrisiko eingehen zu müssen.[512] Eine Berücksichtigung wird nur in engen Ausnahmefällen zugelassen, in denen keine Gewinnerzielungsabsicht gegeben ist und übergeordnete Gründe für eine Bereitschaft oder Verpflichtung zur Verlustübernahme sprechen. Hierfür reichen die bisherige Ausstattung und Verlustübernahme in der Vergangenheit allein nicht aus.[513]

Dauern die Verhandlungen noch an, kann grundsätzlich davon ausgegangen werden, dass sich die Beteiligten wirtschaftlich vernünftig verhalten und eine in ihrem Interesse liegende Sanierung begleiten werden.[514] *Andersch/Philipp* schlagen zum Nachweis des Sanierungsmehrwerts und damit der vernünftigen Entscheidung eine Optionsanalyse vor, bei der die wirtschaftlichen Auswirkungen der Verhaltensoptionen der Beteiligten miteinander verglichen werden.[515]

---

509 BGH, Urt. v. 13.07.2021 – II ZR 84/20, WuB 496, 497; *Aleth/Harlfinger*, NZI 2011, 166, 170 f.; *Fischer*, NZI 2016, 665, 672; *Goette*, DStR 2016, 1752, 1755; Schmidt-SanR/*Kuleisa*, § 19 Rn. 23a; *Löser*, AnwZert InsR 7/2018 Anm. 2; FS-Wellensiek/*Riegger/Spahlinger*, Fortführungsprognose, 119, 123.

510 FS-Kayser/*Westpfahl*, Überschuldungstatbestand, S. 1109, 1123.

511 BGH, Urt. v. 23.02.2004 – II ZR 207/01, NZG 2004, 619, LS 1; *Goette*, DStR 2016, 1752, 1755.

512 BGH, Urt. v. 13.07.2021 – II ZR 84/20, WuB 2021, 496, 497.

513 BGH, Urt. v. 13.07.2021 – II ZR 84/20, WuB 2021, 496, 497.

514 *Fischer*, NZI 2016, 665, 669 (Grds. der wirtschaftlichen Vernunft); Schmidt-SanR/*Kuleisa*, § 19 Rn. 23a.

515 *Andersch/Philipp*, NZI 2017, 782.

Auch wenn der Vorschlag auf den ersten Blick überzeugend erscheint, dürfte er sich im Tatsächlichen als schwierig und zu aufwendig erweisen. Es wäre eine Prognose für regelmäßig eine Vielzahl an Sanierungsbeteiligten erforderlich, die jeweils ganz unterschiedliche Ausgangspunkte und Entscheidungsparameter aufweisen. Diese im Rahmen eines ohnehin schon engen Zeitkorsetts einer Sanierung zu ermitteln und zu bewerten, wird die Ressourcen eines Sanierungsmanagements in aller Regel übersteigen und damit nicht leistbar sein. In Betracht kommen mag diese Vorgehensweise damit allenfalls für einzelne wesentliche Sanierungsbeteiligte. Hier scheint es dann jedoch im Sinne einer risikoaversen Vorgehensweise sicherer, ein direktes Statement, und sei es nur eine Absichtserklärung, einzuholen, anstatt eine, einen fremden Wirtschaftsbereich betreffende, Prognose anzustellen.

Bei Fortschreiten der Verhandlungen empfiehlt es sich für den Geschäftsleiter, sich der grundsätzlichen Sanierungsbereitschaft des Beteiligten über die Einholung eines sog. Restructuring Letter zu versichern.[516] Auch die Ausarbeitung und Kommunikation eines die Sanierung strukturierenden und die erforderlichen Sanierungsschritte aufzeigenden sog. Milestone-Plans ist geeignet, die Begründetheit einer positiven Sanierungsannahme zu belegen, wenn dieser das Sanierungskonzept zutreffend und umfassend abbildet und die Beteiligten die vorgesehenen Etappen mitgehen, ohne dem Plan zu widersprechen.[517]

Die Planung ist sodann entsprechend dem tatsächlichen Fortgang der Verhandlungen weiter zu aktualisieren. Eingehende Stellungnahmen sind auf ihre Auswirkungen auf die Fortführungsprognose hin zu überprüfen und diese erforderlichenfalls entsprechend anzupassen.[518]

Grundsätzliche Voraussetzung bleibt jedoch jeweils, dass der in Aussicht genommene Sanierungsbeitrag durch den Beteiligten in rechtlicher, wirtschaftlicher und tatsächlicher Hinsicht auch leistbar sein muss.[519]

(d) Ungeklärte Rechtsfrage

Hängt die beabsichtigte Sanierung von einer ungeklärten Rechtsfrage ab, ist ausgehend vom Prognosemaßstab der überwiegenden Wahrscheinlichkeit

---

516 *Aleth/Harlfinger*, NZI 2010, 166, 172.

517 *Fischer*, NZI 2016, 665, 673; *Goette*, DStR 2016, 1752,1760; *Haarmann/Vorwerk*, BB 2015, 1603, 1611.

518 *Fischer*, NZI 2016, 665, 669.

519 *Aleth/Harlfinger*, NZI 2011, 166, 171 f.; *Goette*, DStR 2016, 1752, 1755.

ebenfalls eine differenzierende Betrachtung geboten, die sich hier, der Darlegung von *Fischer*[520] folgend, wie folgt ergibt:

Sind der bisher veröffentlichten Literatur und Rechtsprechung überwiegende Stimmen gegen die erforderliche Sanierungsmaßnahme zu entnehmen, ist regelmäßig davon auszugehen, dass der vorgesehene Sanierungsweg nicht mit überwiegender Wahrscheinlichkeit erfolgversprechend ist, wenn und soweit dem Schuldner keine Zeit zu einer rechtlichen Klärung mehr zur Verfügung steht, wovon in Krisenszenarien regelmäßig auszugehen ist.

Ist die sanierungsmaßgebliche Rechtsfrage auf der anderen Seite des denkbaren Spektrums dagegen noch gar nicht erörtert oder entschieden worden, ist ein Rechtsgutachten eines in dem betreffenden Rechtsgebiet ausgewiesenen und anerkannten Juristen einzuholen, um von einer begründeten Wahrscheinlichkeit für eine Entscheidung im Sinne der Prognose ausgehen zu können.

Liegen dagegen instanzgerichtliche, ablehnende Entscheidungen vor, muss im Einzelfall geprüft werden, ob diesen so gewichtige Zweifel begegnen, dass mit guten Gründen im Instanzenzug eine die Prognose tragende Entscheidung zu erwarten ist.

f) Prognosemaßstab

Prognosemaßstab ist nach § 19 Abs. 2 S. 1 InsO die überwiegende Wahrscheinlichkeit.[521] Wie einleitend bereits dargestellt, muss mehr für als gegen eine Fortführung sprechen. Zur Ermittlung der überwiegenden Wahrscheinlichkeit werden auch hier mathematisch-statistische Methoden dem Verständnis der überwiegenden Wahrscheinlichkeit als juristischem Beweismaß gegenübergestellt.[522] Die herrschende Ansicht versteht die Anforderung zutreffend als juristisches Beweismaß.[523]

---

520 *Fischer*, NZI 2016, 665, 670 f.; sich anschließend: Schmidt-SanR/*Kuleisa*, § 19 InsO Rn. 23.

521 Scholz/*Bitter*, Vor § 64 GmbHG Rn. 61; MüKoInsO/*Drukarczyk*/Schüler, § 19 InsO Rn. 98, 74–86; *Fischer*, NZI 2016, 665, 666, *Haarmann/Vorwerk*, BB 2015, 1603, 1610; Uhlenbruck/*Mock*, § 19 InsO Rn. 227; Schmidt-SanR/*Kuleisa*, § 19 InsO Rn. 23; HmbKommInsO/*Schröder*, § 19 InsO Rn. 23; Kübler/Prütting/Bork/*Pape*, § 19 InsO Rn. 37.

522 *Sikora*, ZInsO 2010, 1761, 1767.

523 FS-Greiner/*Groß/Amen*, Fortbestehensprognose, S. 83, 100; *Klein*, Überschuldungstatbestand, S. 209; Schmidt-SanR/*Kuleisa*, § 19 Rn. 23; Uhlenbruck/*Mock*, § 19 Rn. 229; HmbKommInsO/*Schröder*, § 19 Rn. 23; s.o. S. 73.

Gegen die Verwendung mathematisch-statistischer Methoden wird, wie auch eingangs ausgeführt,[524] eingewandt, dass diese nur eine Scheingenauigkeit bewirken, da über die Zugrundelegung der zu berechnenden Szenarien das Ergebnis beeinflussbar sei. Ferner wird eingewandt, dass sich subjektive Eintrittswahrscheinlichkeiten nicht mathematisch berechnen ließen.[525]

Auch im Rahmen der insolvenzrechtlichen Fortführungsprognose ist mit der herrschenden Meinung die überwiegende Wahrscheinlichkeit als juristisches Beweismaß zu verstehen. Für das betrachtete Unternehmen wie auch die zu schützende Gläubigergemeinschaft ergibt sich nach hiesigem Verständnis weder Erkenntnis- noch Schutzmehrwert aus der mathematisch-statistischen Addition oder Multiplikation der Durchschnittsverteilung von Ausfallrisiken.

g) Sonderkonstellationen

Die überwiegenden Betrachtungen zur Fortführungsprognose des § 19 Abs. 2 S. 1 InsO haben „klassische" Betriebsfortführungsszenarien vor Augen,[526] bei denen regelmäßig mit den vorstehenden Kriterien belastbare und ausgewogene Entscheidungen getroffen werden können. Diskussionsanlass geben dagegen verschiedene Sonderkonstellationen[527] zur Lösung derer teilweise eine abweichende Definition der Kriterien vorgeschlagen wird.

(1) Zweckgesellschaften

Ein Sonderfall lag der bereits angesprochenen Entscheidung des AG Hamburg[528] zugrunde, bei der es sich, soweit bekannt, um eine sog. „Rentnergesellschaft" handelte, der ein Vermögensstock übertragen worden war, aus dem die Rentenansprüche der ehemaligen Mitarbeiter bedient werden sollten. Einen weitergehenden Unternehmensgegenstand und Geschäftsbetrieb hatte die Gesellschaft soweit bekannt nicht.[529] Das Problem bestand hier darin, dass zwar der Eintritt der Zahlungsunfähigkeit sicher absehbar war, dieser Zeitpunkt allerdings außerhalb des regelmäßig zugrunde gelegten Prognosezeitraums[530] lag. Dieser

---

524 S.o. S. 63 ff.

525 Vgl. nur *Eichenlaub*, Überschuldungsprüfung, S. 77 f.; *Sikora*, ZInsO 2010, 1761, 1767.

526 So auch die Wahrnehmung von *Bitter/Kresser*; ZIP 2012, 1733, 1734.

527 Vgl. z.B. *Bitter/Kresser*, ZIP 2012, 1733, 1734 ff.; *Löser*, AnwZert InsR 7/2018 Anm. 2.

528 AG Hamburg, Beschl. v. 02.12.2011 – 67c IN 421/11, NZI 2012, 85, 86 f.

529 Vgl. zur Gestaltung *Bitter/Kresser*, ZIP 2012, 1733.

530 Vormals: laufendes und folgendes Geschäftsjahr.

Fall wurde dadurch gelöst, dass die Ertragsfähigkeit zum Tatbestandsmerkmal erhoben wurde.

Einen ähnlichen Sachverhalt hatte *Piekenbrock* vor Augen.[531] In dem dortigen Musterfall trat die Zahlungsunfähigkeit und damit der Fortfall der Fortführungsprognose außerhalb des 12 Monatszeitraums ein, so dass nach seiner Auffassung nicht von einer Überschuldung ausgegangen werden könne und aufgrund der Festlegung des Zeitraums eine Aufweichung des Überschuldungsbegriffs zu befürchten sei.

Beiden Fällen kann indes begegnet werden, ohne dass die Anforderungen an den Prognosegegenstand oder den Prognosezeitraum verändert werden müssen.

Wie eingangs bei den allgemeinen Anforderungen an die Prognose dargelegt,[532] handelt es sich bei der Prognose um die Vorhersage eines ungewissen Ereignisses. Und auch nur solche – ungewissen – Ereignisse dürfen prognostiziert werden. Was dagegen sicher ist, kann und darf nicht prognostiziert werden. Wenn aber sicher ist, dass die Zahlungsunfähigkeit eintritt, besteht weder Veranlassung noch Möglichkeit zu einer Prognose. Dann ist vielmehr bereits jetzt Insolvenzreife gegeben. Alles andere würde einem unzulässigen „Schwarze Peter"-Spiel um das Risiko des Schadenseintritts unter den Gläubigern gleichkommen. Mit dieser Auffassung ergibt sich in diesen Fällen dann auch nicht (mehr) das Problem einer substanzverzehrenden Betriebsfortführung zu Lasten der Gläubiger.[533]

Wenn mit dieser Maßgabe indes keine Veranlassung besteht, eine höhere Anforderung als die reine Zahlungsfähigkeit an den Prognosegegenstand zu stellen oder den Prognosezeitraum zu verlängern, ergeben sich auch keine Schwierigkeiten bei der Beurteilung der Insolvenzreife von Gesellschaften der Daseinsvorsorge, die als weitere Form der Zweckgesellschaften in die Diskussion geraten sind. Hier ist solange und soweit keine Insolvenzreife gegeben, wie die Zahlungsfähigkeit über den Träger sichergestellt ist. Eine Ertragsfähigkeit dieser Gesellschaften, die oftmals nicht einmal intendiert ist, ist nicht erforderlich.

---

531 *Piekenbrock*, NZI Beil. 2021, 82, 83.

532 S.o. S. 72 f.

533 So auch *Leithaus/Schaefer*, NZI 2010, 844, 846; *Löser*, AnwZert InsR 7/2018 Anm. 2.; im Ergebnis auch: *Bitter/Kresser*, ZIP 2012, 1733, 1734 unter Annahme eines Ausnahmefalls.

(2) Endfällige Darlehen

Eine ähnliche Problematik wie zuvor dargelegt, ergibt sich bei sog. „Payment in kind“-Finanzierungen.[534] Bei diesen wird ein Investitionsgut (z.B. Hotel, Schiff) langfristig über eine endfällige Finanzierung finanziert. Der Fall wird problematisch, wenn während der Laufzeit der Finanzierung die allgemeinen Betriebskosten wie auch die Zinszahlungen zwar gedeckt sind, allerdings sicher bekannt wird, dass die außerhalb der Prognosezeiträume fällig werdende Tilgungsleistung nicht erbracht werden kann.

Mit der hier vertretenen Auffassung ist auch das nicht problematisch, da es sich um ein sicheres Ereignis handelt, das nicht zu prognostizieren ist, so dass, wenn feststeht, dass die Tilgung ausfällt, bereits Insolvenzreife gegeben ist.

(3) Start-up-Unternehmen

Als weiterer möglicher Problemfall sind Start-up-Unternehmen angeführt worden,[535] bei denen die fehlende Ertragsfähigkeit der unternehmerischen „Lebensphase“ entspricht. Hier würde die Anforderung einer Ertragsfähigkeit zu einer Insolvenzreife in einer Phase führen, in der das Unternehmen im Aufbau befindlich und noch nicht am Markt etabliert ist. Verfolgt das Unternehmen eine aussichtsreiche Geschäftschance wäre deren Umsetzung zum Scheitern verurteilt, noch bevor festgestellt werden kann, ob sich diese durchsetzen könnte.

Auch hier sind die Gläubiger selbstverständlich vor nicht marktfähigen Unternehmen zu schützen. Der Schutz kann indes nur risikoadäquat erfolgen. Wer mit einem Start-up-Unternehmen kontrahiert, kennt in aller Regel das damit verbundene höhere Ausfallrisiko und nimmt dieses in Kauf bzw. kann hierauf über die Vertragsgestaltung reagieren. Somit ist auch hier für die Gläubiger ein hinreichendes Schutzniveau erreicht, wenn und soweit „nur“ eine über den Prognosezeitraum bestehende Durchfinanzierung (Zahlungsfähigkeit), die regelmäßig aufgrund der fehlenden Ertragsfähigkeit durch eine Außenfinanzierung sicherzustellen ist, verlangt wird.

---

534 Beispiele bei *Bitter/Kresser*; ZIP 2012, 1733, 1734.

535 Vgl. z.B. *Brinkmann*; NZI 2019, 921, 923; *Haarmann/Vorwerk*, BB 2015, 1603 ff.; *Smid*, DZWiR 2022, 1 f.; *Harz/Bornmann/Conrad/Ecker*, NZI 2015, 737, 742 f., die insoweit eine Ausnahme vom Erfordernis der Ertragsfähigkeit annehmen.

(4) Nachlass

Die Prüfung der Überschuldung eines Nachlasses wird teilweise als Systembruch angesehen, da sich die Prüfung in aller Regel auf die Schuldendeckung beschränkt, so dass die Prüfung als mit dem alten Überschuldungsbegriff der InsO von 1999 (sog. herkömmlich zweistufiger Überschuldungsbegriff) durchgeführt, verstanden wird.

Das ist meines Erachtens jedoch ein Fehlverständnis. Die Prüfung der Überschuldung eines Nachlasses folgt genau den gleichen Grundsätzen des modifiziert zweistufigen Überschuldungsbegriffs wie im übrigen auch. Aus der Natur der Sache folgt jedoch, dass für einen Nachlass in aller Regel keine Fortführungsprognose gegeben ist, wenn und soweit in diesen kein Unternehmen fällt. Besteht keine positive Fortbestehensprognose ist die Schuldendeckung zu prüfen. Fällt in den Nachlass dagegen ein Unternehmen, ist eine Fortführungsprognose aufzustellen, wobei es für die Fortführung auf den Fortführungswillen der Erben bzw. Erbengemeinschaft ankommt.

(5) Abwicklungsgeschäftsbetrieb

Vorstehend bereits angesprochen, wurde die Fortführungsprognose für einen Abwicklungsgeschäftsbetrieb.[536] Mit der hier vertretenen Auffassung ist ein Liquidationswille nicht für eine positive Fortführungsprognose ausreichend, so dass bei einer Schuldenunterdeckung Insolvenzreife gegeben ist.

5. Zusammenfassung

Der Prüfung der Überschuldung liegt eine Fortführungsprognose über einen Zeitraum von 12 Monaten zugrunde.

Prognostiziert wird die Fähigkeit des Schuldners, innerhalb des Prognosezeitraums seine fälligen Zahlungen zu mindestens 90 % innerhalb einer Frist von Fälligkeit plus maximal drei Wochen zu bezahlen.

Die Prognose wird anhand einer integrierten Finanzplanung, bestehend aus einer Liquiditäts-, Ertrags- und Vermögensplanung, getroffen.

Prognosegrundlage sind die sich aus der Auswertung und erforderlichenfalls Aufarbeitung bzw. Ertüchtigung der schuldnerischen Finanzbuchhaltung ergebenden sowie die aus den Vergangenheitsdaten und der operativen Ist-Situation abzuleitenden betriebs- und finanzwirtschaftlichen Gegebenheiten

---

536 S. zuvor S. 163.

des schuldnerischen Unternehmens in seiner Wirtschaftsbranche sowie seine Vermögenslage.

Prognosemaßstab sowohl für die positive Fortführungsprognose als Prognoseergebnis wie auch die in die Prognose einzustellenden Sachverhalte und Ereignisse ist die überwiegende Wahrscheinlichkeit.

II. Fortführungsprognosen im Umfeld der Insolvenzantragstellung

Bei genauerer Betrachtung sind im Umfeld der Insolvenzantragstellung nicht nur Fortführungsprognosen bei der Prüfung der Insolvenzgründe zu stellen, sondern auch während der von den Geschäftsleitern oftmals als „Antragsfrist" missverstandenen Sanierungsfrist des § 15a Abs. 1 InsO. Diese betrifft die Sanierungsaussicht innerhalb der Sanierungsfrist. Hinzugekommen war aufgrund der COVID-19-Pandemie mit § 1 COVInsAG eine weitere Prognose zur Überwindung des Pflichtantragsgrunds während der temporären Aussetzung der Insolvenzantragspflicht.[537]

A. (Temporäre) Aussetzung der Insolvenzantragspflicht (COVInsAG)

Die COVID-19-Pandemie hat massive Auswirkungen auf das globale Wirtschaftsleben sowie das Alltagsleben, deren Folgen auch die bevorstehende weitgehende Aufhebung der Maßnahmen zur Pandemiebekämpfung überdauern werden. Verschiedene und unterschiedlich intensive Lockdown-Phasen sowie unterschwellige Kontakt- und Zugangsbeschränkungen haben Geschäftsbetriebe zum Erliegen gebracht, Geschäftsmodelle in erheblichem und existenziellem Umfang in Frage gestellt und disruptive Entwicklungen angestoßen. Dies alles kam überraschend, eine Vorbereitung oder gar eine vorsorgende Planung waren nicht möglich. Unternehmen, die vormals über ein tragfähiges Geschäftsmodell und eine solide Wirtschaftsbasis verfügten, sahen sich auf einmal mit der Insolvenzgefahr konfrontiert. Um denjenigen Unternehmen, die pandemiebedingt insolvent geworden waren, eine Fortführung und Sanierung zu ermöglichen,[538] hat der Gesetzgeber daher mit dem COVInsAG

537 Gesetz zur vorübergehenden Aussetzung der Insolvenzantragspflicht und zur Begrenzung der Organhaftung bei einer durch die COVID-19-Pandemie bedingten Insolvenz.

538 BT-Drucks. 19/18110 S. 2 f., 17.

verschiedene Maßnahmen getroffen, zu denen insbesondere auch die Aussetzung der Insolvenzantragspflicht zählt, die im Zeitraum vom 01.03.2020 bis zuletzt einschließlich 30.04.2021 mit unterschiedlichen Voraussetzungen gewährt worden war.

Während nach § 1 Abs. 1 COVInsAG[539] eine Aussetzung vom 01.03.2020 bis zum 30.09.2020 für beide Pflichtantragsgründe gewährt worden war, soweit die Insolvenzreife auf den Auswirkungen der COVID-19-Pandemie beruht, war mit § 1 Abs. 2 COVInsAG[540] im Folgezeitraum 01.10.2020 bis 31.12.2020 eine Aussetzung nur für den Pflichtantragsgrund der Überschuldung erfolgt. Im ersten Fall musste die Aussicht bestehen, die bestehende Zahlungsunfähigkeit wieder zu beseitigen und im zweiten Fall die Aussicht, die bestehende Überschuldung wieder zu beseitigen.

Nachdem es sodann bei der Bearbeitung von Anträgen zur Erlangung von Leistungen aus staatlichen Hilfsprogrammen aufgrund der Vielzahl der Anträge zu einer Überlast bei den Bewilligungsstellen und damit zu Verzögerungen auch bei der Auszahlung gekommen war, ist mit § 1 Abs. 3 COVInsAG[541] eine weitere Aussetzung, nunmehr wieder für beide Pflichtantragsgründe, im Zeitraum 01.01.2021 bis 30.04.2021 gewährt worden, wenn innerhalb des Zeitraums vom 01.11.2020 bis 28.02.2021 ein aussichtsreicher Antrag auf Hilfeleistung gestellt worden war und die „erlangbare Hilfeleistung" für die Beseitigung der Insolvenzreife auch ausreichend war.

Neben die Feststellung der Insolvenzreife trat damit die Prüfung der Aussetzung der Insolvenzantragspflicht, die jeweils ein prognostisches Element im Sinne einer Fortführungsprognose enthielt.

1. Prognosezweck

Die Aussetzung der Insolvenzantragspflicht sollte nur jenen Schuldnern zugutekommen, die pandemiebedingt insolvent geworden waren und eine positive Aussicht auf die Beseitigung des Insolvenzantragsgrundes, mithin eine positive Fortführungsprognose, haben.[542]

---

539 Erlassen am 27.03.2020 mit Rückwirkung zum 01.03.2020, BGBl. I 2020 S. 569, Art. 6 Abs. 1.

540 Eingeführt mit dem Gesetz zur Änderung des COVInsAG vom 25.09.2020, BGBl. I 2020, 2016.

541 Eingeführt mit dem Gesetz zur Verlängerung der Aussetzung der Insolvenzantragspflicht pp. vom 15.02.2021, BGBl. I 2021, S. 237, mit Rückwirkung auf den 01.02.2021 gem. Art. 3.

542 BT-Drucks. 19/18110, S. 17.

2. *Prognosegegenstand*

a) *01.03.2020 bis 30.09.2020*

Prognosegegenstand ist im Aussetzungszeitraum 01.03.2020 bis 30.09.2020 nach dem Wortlaut die Aussicht „*eine bestehende Zahlungsunfähigkeit zu beseitigen*" (§ 1 Abs. 1 COVInsAG). Diese wird allerdings gemäß § 1 Abs. 1 S. 3 COVInsAG widerleglich vermutet. Die Vermutungsregelung wurde gewählt, um den Schuldner vor den sich in dieser Zeit ergebenden Prognoseschwierigkeiten zu entlasten.[543] Das könnte dazu verleiten, anzunehmen, dass der Schuldner keine Prüfung der Insolvenzantragspflicht vorzunehmen habe. Dieses ist indes unzutreffend, da systematisch bei einem Fehlen der Beseitigungsaussicht die Insolvenzantragspflicht fortbesteht[544] bzw. bei einem Fortfall wiederauflebt.[545]

(1) *Qualität der wiederhergestellten Zahlungsfähigkeit*

Diesbezüglich hat sich die Frage ergeben, welche Qualität die wiederhergestellte Zahlungsfähigkeit haben müsse. Erörtert werden zwei Zustände:

- zum einen eine Zahlungsfähigkeit, die den Anforderungen des § 17 Abs. 2 S. 1 InsO in der Auslegung der BGH-Rechtsprechung entspricht und
- zum anderen eine Zahlungsfähigkeit die den Anforderungen des BGH zur nachhaltigen Wiederherstellung der Zahlungsfähigkeit nach einer vorangegangenen Zahlungseinstellung im Sinne des § 17 Abs. 2 S. 2 InsO genügt.[546]

Näher betrachtet, handelt es sich jedoch um keine unterschiedlichen, gar höher oder niedriger qualifizierten, Zahlungsfähigkeitszustände. Dies ergibt sich nach hiesiger Auffassung vor dem Hintergrund der letzten Grundsatzentscheidung des BGH zur Zahlungsfähigkeitsprüfung, durch das nunmehr festgestellte Erfordernis zur Einbeziehung der sog. Passiva II in die Zahlungsfähigkeitsprüfung.[547]

Während der BGH noch in seiner Entscheidung vom 25.10.2012[548] zur Wiedererlangung der Zahlungsfähigkeit ausführte, dass erforderlich sei, dass die

543 BT-Drucks. 19/18110, S. 22; Uhlenbruck/*Hirte*, § 1 COVInsAG Rn. 28.

544 Uhlenbruck/*Hirte*, § 1 COVInsAG Rn. 23.

545 HambKommCOVInsAG/*Kuleisa*, § 1 COVInsAG Rn. 47.

546 So *Brünkmanns*, ZInsO 2020, 797, 800; *Gerdes/Schade/Demisch*, ZInsO 2020, 1422, 1426; Uhlenbruck/*Hirte*, § 1 COVInsAG Rn. 24; *Hölzle/Schulenberg*, ZIP 2020, 633, 637; HmbKommCOVInsAG/*Kuleisa*, § 1 COVInsAG Rn. 38.

547 BGH, Urt. v. 19.12.2017 – II ZR 88/16, BGHZ 217, 130 = NJW 2018, 1089, LSe („Passiva II").

548 BGH, Urt. v. 25.10.2012 – IX RZ 117/11, ZInsO 2012, 2244.

„Zahlungen im Allgemeinen wieder aufgenommen werden“, so dass *„– bis auf unwesentliche Ausnahmen – alle Zahlungen wieder geleistet werden“*[549] und es daran fehle, *„wenn sich der Schuldner durch die Befriedigung seiner gegenwärtigen Gläubiger der Mittel entäußert, die er zur Begleichung seiner künftigen, alsbald fällig werdenden Verbindlichkeiten benötigt“*, ergeben sich diese Voraussetzung inzwischen aus der anerkannten Einbeziehung der Passiva II durch die Grundsatzentscheidung des BGH vom 19.12.2017[550] auch für die reguläre Zahlungsfähigkeitsprüfung. Bereits in der damaligen Entscheidung ging es dem BGH erklärtermaßen darum, ein ständiges „Vorsichherschieben“ von Verbindlichkeiten durch den Schuldner zu verhindern, das seinerseits als Indiz der Zahlungseinstellung wirkt.[551]

Dass der BGH indes die Anforderungen seines Grundsatzurteils vom 24.05.2005[552] zur Höhe eines unwesentlichen Zahlungsrückstands anheben wollte, ist nicht ersichtlich. Es wäre auch nicht recht erklärlich, dass an die Zahlungsfähigkeit des „genesenden“ Schuldners höhere Anforderungen zu stellen wären als an die des „gesunden“ Schuldners. Das Gläubigerrisiko ist vor Erreichen der Schwellenwerte in beiden Fällen gleich, so dass sich auch hieraus kein erhöhter Schutzbedarf ergibt.

(2) Beseitigung auch der Überschuldung erforderlich?

Obgleich die Insolvenzantragspflicht sowohl bei Eintritt der Zahlungsunfähigkeit wie auch der Überschuldung ausgesetzt wird, nimmt § 1 Abs. 1 S. 2 COVInsAG bei der Rückausnahme nur Bezug auf die Aussicht zur Wiederherstellung der Zahlungsfähigkeit. Es fragt sich daher, ob es sich hierbei um ein redaktionelles Versehen handelt und auch die Beseitigung der Überschuldung erforderlich ist.

Auch wenn Wortlaut und Systematik bei der Auslegung aufgrund der Besonderheiten des Gesetzgebungsverfahrens nicht überbewertet werden sollen,[553] spricht viel dafür, darin keine ausfüllungsbedürftige Regelungslücke zu sehen, so dass es auf eine Aussicht zur Beseitigung der Überschuldung nicht

549 BGH, Urt. v. 25.10.2012 – IX RZ 117/11, ZInsO 2012, 2244, Tz. 18.

550 BGH, Urt. v. 19.12.2017 – II ZR 88/16, BGHZ 217, 130 = NJW 2018, 1089, LS 2 („Passiva II“).

551 BGH, Urt. v. 25.10.2012 – IX RZ 117/11, ZInsO 2012, 2244, Tz. 19.

552 BGH, Urt. v. 24.05.2005 – IX ZR 123/04, BGHZ 163, 134 = NZI 2005, 547, LSe („10 %/3 Wochen“).

553 *Bornemann*, jurisPR-InsR 9/2020 Anm. 1, S. 8, *Bitter,* ZIP 2020, 685, 686 („Eilgesetz“); *Schülke*, DStR 2020, 929, 933.

ankommt.[554] Hierbei ist insbesondere zu berücksichtigen, dass in der gegebenen gesamtwirtschaftlichen Lage dieses Aussetzungszeitraums eine belastbare Fortführungsprognose nicht zu treffen war. Der Zeitraum erfasst die erste Corona-Welle (Januar–Juni 2020) und den ersten Lockdown (22.03. bis 04.05.2020). Auch nach dessen Aufhebung blieben noch Beschränkungen durch Abstands- und Hygieneauflagen sowie Kontaktbeschränkungen bestehen, die je nach Infektionsgeschehen lokal verschärft werden konnten (sog. Hotspot-Strategie).

b) 01.10.2020 bis 31.12.2020

Im Aussetzungszeitraum 01.10.2020 bis 31.12.2020 ist Prognosegegenstand dagegen die Aussicht eine bestehende Überschuldung, mithin die drohende Zahlungsunfähigkeit,[555] zu beseitigen (§ 1 Abs. 2 COVInsAG). Bei eintretender Zahlungsunfähigkeit bestand dagegen wieder uneingeschränkt Insolvenzantragspflicht.

c) 01.01.2021 bis 30.04.2021

Für den Aussetzungszeitraum 01.01.2021 bis 30.04.2021 ist Prognosegegenstand schließlich, dass die im Zeitraum 01.11.220 bis 28.02.2021 beantragte Hilfeleistung konkret in Aussicht steht und deren Gewährung für die Beseitigung der Insolvenzreife auch zureichend ist.

d) Zwischenfazit

Prognosegegenstand ist nach alledem in jedem Aussetzungszeitraum die Zahlungsfähigkeit des Schuldners.

3. Prognoseanlass

Prognoseanlass ist in den Aussetzungszeiträumen des § 1 Abs. 1 und 3 COVInsAG das Eintreten der Zahlungsunfähigkeit oder Überschuldung und im Aussetzungszeitraum des § 1 Abs. 2 COVInsAG nur das Eintreten der Überschuldung.

---

554 Fritz/*Fritz*, § 1 COVInsAG Rn. 37; *Gerdes/Schade/Demisch*, ZInsO 2020, 1422, 1426; HmbKommCOVInsAG/*Kuleisa*, § 1 COVInsAG Rn. 45; *Schülke*, DStR 2020, 929, 933.

555 S.o. S. 159.

4. *Prognosemethode*

Mit Ausnahme einer Beschränkung des Prognosezeitraums für die im Zeitraum 01.01.2021 bis 31.12.2021 vorzunehmende Überschuldungsprüfung nach § 19 InsO auf 4 Monate gemäß § 4 Abs. 1 COVInsAG ergeben sich aus dem COVInsAG keine Erleichterungen oder gar eine Entbindung von den Grundsätzen ordnungsgemäßer Unternehmensplanung und -leitung.[556] Vielmehr ist in den Aussetzungszeiträumen auch weiterhin eine unter den gegebenen Umständen angemessene und vorausschauende Finanzplanung erforderlich.[557] Soweit vertreten wird, dass ein Fehlen derselben im Rahmen einer Beweislastumkehr für eine fehlende Aussicht auf eine Beseitigung der Zahlungsunfähigkeit spricht, ist dem zuzustimmen.[558] Zwar soll der Schuldner durch die Aussetzung sowie die gesetzliche Vermutung von den Prognoseerschwernissen entlastet werden, dies kann und darf indes nicht zu einem rechtsfreien Raum führen, in dem der Schuldner quasi im Blindflug auf Kosten der Gläubiger weiterwirtschaftet, ohne sich je der Frage gestellt zu haben, ob eine Besserung in Aussicht steht.

Die Prüfung der Zahlungsfähigkeit ist daher anhand der bereits dargelegten Grundsätze[559] über eine integrierte Finanzplanung vorzunehmen, die allerdings pandemiebedingt im Hinblick auf einzubeziehende Geschäftsvorfälle beschränkt ist. Da in den Aussetzungszeiträumen insbesondere nur eine je nach Branche begrenzte Umsatz- und Produktionsperspektive für die pandemiebedingt insolvenzbedrohten Unternehmen gegeben war, konzentriert sich die Prüfung regelmäßig auf die Frage, ob es diesen gelingt, erforderliche Liquidität über eine Außenfinanzierung zu erhalten. Dies betrifft ganz maßgeblich Leistungen aus staatlichen bzw. staatlich gestützten Hilfs- und Förderprogrammen. Somit ist zu klären, ob der Schuldner die Voraussetzungen für die Mittelgewährung entsprechend den Hilfs- und Förderprogrammen erfüllt und, insbesondere auch während der Laufzeit des Genehmigungsverfahrens, ob die Höhe der in Aussicht stehenden Mittelgewährung (noch) ausreicht, um

---

556 *Brünkmanns*, ZInsO 2020, 797, 799; *Hölzle/Schulenberg*, ZIP 2020, 633, 637 f.; *Schülke*, DStR 2020, 929, 933.

557 BeckOK InsR/*Wolfer*, § 1 COVInsAG Rn. 7, 10; a.A. HmbKommCOVInsAG/*Kuleisa*, § 1 COVInsAG Rn. 39, 41; Uhlenbruck/*Hirte*, § 1 COVInsAG Rn. 24; *Brünkmanns*, ZInsO 2020, 797, 799 („Liquiditätslückenschließungsprognose"); *Hölzle/Schulenberg*, ZIP 2020, 633, 638; *Schülke*, DStR 2020, 929, 932 (wenigstens Versuch); *Gerdes/Schade/Demisch*, ZInsO 2020, 1422, 1426.

558 *Hölzle/Schulenberg*, ZIP 2020, 633, 638; *Schülke*, DStR 2020, 929, 932. a.A. HmbKommCOVInsAG/*Kuleisa*, § 1 COVInsAG Rn. 40.

559 S.o. S. 131 ff.

die Finanzlücke zu schließen. Sollten die Mittel nicht (mehr) ausreichen, ist zu prüfen, ob eine anderweitige Finanzierungsmöglichkeit konkret gegeben ist, d.h. insbesondere Zins- und Kapitaldienstfähigkeit dargestellt werden können.[560] Die Hilfs- und Fördermittel müssen konkret beantragt und das Genehmigungsverfahren proaktiv gefördert werden, um die jeweils erforderliche Aussicht zu begründen.[561]

Im Ergebnis modifiziert § 1 COVInsAG die Fortführungsprognosen der §§ 17, 19 InsO nicht. Diese sind entsprechend der dargestellten Vorgaben[562] vorzunehmen. § 1 COVInsAG ergänzt diese Fortführungsprognosen um eine Fortführungsprognose zur Besserungsaussicht, so dass bei Feststellung des je nach Aussetzungszeitraums ausgesetzten Insolvenzgrundes durch Fortschreibung der Prognose zu prüfen ist, ob Aussicht besteht, dass der Eröffnungsgrund wieder entfällt.

5. *Prognosehorizont*

a) *Prognosegrundlage*

Prognosegrundlage sind die sich aus der Auswertung und erforderlichenfalls Aufarbeitung bzw. Ertüchtigung der schuldnerischen Finanzbuchhaltung ergebenden sowie die aus den Vergangenheitsdaten und der operativen Ist-Situation abzuleitenden betriebs- und finanzwirtschaftlichen Gegebenheiten des schuldnerischen Unternehmens im Rahmen seiner Wirtschaftsbranche nebst seiner Vermögenslage.

Soweit in die Fortführungsprognose zur Besserungsaussicht liquide Mittel aus Förder- und Hilfsmaßnahmen einbezogen werden, sind dabei die Bedingungen der jeweils konkret beantragten[563] Förder- und Hilfsmaßnahmen und deren Erfüllung durch den Schuldner zu berücksichtigen.[564]

b) *Prognosezeitraum*

Das Gesetz gibt keinen festen Zeitraum vor, in dem sich die Aussicht auf Wiederherstellung der Zahlungsfähigkeit, Beseitigung der Überschuldung oder aber Aussicht auf Erlangung der Hilfeleistung verwirklicht haben muss.

---

560 BeckOK InsR/*Wolfer*, § 1 COVInsAG, Rn. 9.

561 Zum Erfordernis der Beantragung: Uhlenbruck/*Hirte*, § 1 COVInsAG Rn. 29.

562 S.o. S. 126 ff., 146 ff.

563 Zum Erfordernis der Beantragung: Uhlenbruck/*Hirte*, § 1 COVInsAG Rn. 29.

564 *Brünkmanns*, ZInsO 2020, 797, 800.

Vereinzelt wird vertreten, dass die Wiederherstellung der Zahlungsfähigkeit im Sinne des § 1 Abs. 1 COVInsAG binnen drei Monaten bewerkstelligt sein müsse.[565] Das kann, je nach Ausgangspunkt zu einer Antragspflicht noch innerhalb des Laufs des Aussetzungszeitraums führen.

Dies erscheint jedoch nicht stimmig. Nach dem Wortlaut der Vorschrift ist im Aussetzungszeitraum eine Aussetzung gegeben, solange eine Besserungsaussicht im vorgenannten Sinn besteht (§ 1 Abs. 1 und 2 COVInsAG). Es handelt sich insoweit um ein Aussetzungskontinuum. Der Zeitraum soll dem Schuldner zur Verfügung stehen, um staatliche Hilfen in Anspruch zu nehmen und/oder mit den Gläubigern und Kapitalgebern Sanierungsbeiträge zu verhandeln.[566] Es soll weiter gewährleistet werden, dass die Prognoseunsicherheiten *„in keiner Weise zulasten des Antragspflichtigen“*[567] gehen. Hier würde sich eine zeitliche Beschränkung des Prognosezeitraums entgegen der gesetzgeberischen Intention auswirken.

Dies gilt gleichermaßen auch für den zuletzt eingeführten Aussetzungszeitraum im Hinblick auf die Bewilligung beantragter finanzieller Hilfeleistungen aus staatlichen Hilfsprogrammen. Dies ergibt sich hier zusätzlich aus der Überlegung, dass der Schuldner nur ganz eingeschränkt, und zwar nur insoweit als er Mitwirkungsobliegenheiten hat, Einfluss auf die Dauer des Bewilligungsverfahrens nehmen kann.

Vor diesem Hintergrund ist mit der wohl überwiegenden Meinung davon auszugehen, dass Prognosezeitraum zugleich der Aussetzungszeitraum ist.[568] Hierfür spricht ferner, dass mit Auslaufen des Prognosezeitraums die Antragspflicht wieder einsetzt, so dass sich auch kein etwaiger Versatz von Prognosezeiträumen nach Maßgabe der §§ 17, 19 InsO zu den Aussetzungszeiträumen des § 1 COVInsAG ergibt.

c) Prognosestichtag

Mit der hier zum Prognosestichtag der Fortführungsprognose im Rahmen der Insolvenzantragsgründe vertretenen Auffassung[569] ist auch für die Prüfung der Besserungsaussicht jeder Tag, vom Eintritt des ausgesetzten Insolvenzgrundes an bis zum Auslaufen des Aussetzungszeitraums, Prognosestichtag. Nur so kann

565 *Gehrlein*, DB 2020, 713, 714.
566 BT-Drucks. 19/18110, S. 17.
567 BT-Drucks. 19/18110, S. 22.
568 *Bitter*, ZIP 2020, 685, 690; *Born*, NZG 2020, 521, 523; HmbKommCOVInsAG/*Kuleisa*, § 1 COVInsAG Rn. 42; *Thole*, ZIP 2020, 650, 653.
569 S.o. S. 136, 170.

ein etwaiger Fortfall der Besserungsaussicht zuverlässig geprüft und festgestellt werden.[570]

6. *Prognosemaßstab*

Zuletzt ist fraglich, welche Anforderungen an die Widerlegung der gesetzlichen Vermutung nach § 1 Abs. 1 und 2 COVInsAG sowie die Offensichtlichkeit des Fehlens der Aussicht nach § 1 Abs. 3 COVInsAG zu stellen sind.

Aus der Gesetzesbegründung ergibt sich, dass eine Widerlegung nur in den Fällen möglich sein soll, in denen *„kein Zweifel"* daran bestehen kann, dass die Beseitigung der Insolvenzreife nicht gelingen konnte,[571] wobei die Formulierung dahingehend zu verstehen sein soll, dass *„höchste Anforderungen"* zu stellen sind.[572] Eine vergleichbare Erläuterung der Offensichtlichkeits-Anforderung findet sich nicht. Es ist jedoch der Systematik und dem Gesetzeszweck entsprechend davon auszugehen, dass das Anforderungsniveau in allen drei Aussetzungszeiträumen gleich ist.

Wenn an die Widerlegung der Aussicht bzw. die Offensichtlichkeit der Aussichtslosigkeit höchste Anforderungen zu stellen sind, bedarf im Umkehrschluss die Aussicht selbst nur einer geringen Wahrscheinlichkeit. Diese ist systematisch damit unterhalb der überwiegenden Wahrscheinlichkeit[573] der Pflichtantragsgründe aber oberhalb der Möglichkeit, die ihrerseits eine unterdurchschnittliche Wahrscheinlichkeit beschreibt, anzusiedeln. Die obere Grenze bezweckt den Schuldnerschutz. Im Sinne des Gläubigerschutzes ist indes erforderlich, dass nicht jede vage Aussicht oder ein bloßes Fürmöglichhalten die Insolvenzantragspflicht hinauszögern.[574] Die Aussicht muss daher nach hiesigem Verständnis „einfach" wahrscheinlich sein, d.h. ihr Eintreten ebenso wahrscheinlich wie das Nichteintreten.[575] Bloße Hoffnungen oder aber unrealistische Erwartungen genügen nicht.[576]

570 So auch Nerlich/Römermann/*Römermann*, § 1 COVInsAG Rn. 34.

571 BT-Drucks. 19/18110, S. 22 f.

572 BT-Drucks. 19/18110, S. 23.

573 *Brünkmanns*, ZInsO 2020, 797, 800.

574 *Brünkmanns*, ZInsO 2020, 797, 800.

575 Ähnlich: HmbKommCOVInsAG/*Kuleisa*, § 1 COVInsAG Rn. 39; *Bornemann*, jurisPR-InsR 9/2020 Anm. 1 S. 10; a.A. Nerlich/Römermann/*Römermann*, § 1 COVInsAG Rn. 33 sowie *ders.*, NJW 2020, 1108, 1009: Ausschluss erst bei gänzlicher Unwahrscheinlichkeit.

576 *Brünkmanns*, ZInsO 2020, 797, 800; *Born*, NZG 2020, 521, 523; *Bornemann*, jurisPR-InsR 9/2020 Anm. 1 S. 10; HmbKomm COVInsAG/*Kuleisa*, § 1 COVInsAG Rn. 44; *Thole*, ZIP 2020, 650, 653.

7. Zusammenfassung

Nach § 1 COVInsAG ist eine Fortführungsprognose „plus“ zu erstellen. Neben die reguläre Fortführungsprognose nach Maßgabe der Pflichtantragsgründe tritt eine Fortführungsprognose zur Aussicht auf die Beseitigung des jeweils ausgesetzten Insolvenzgrundes (Besserungsaussicht).

Die Prognoseanforderungen zur Besserungsaussicht differieren in den Aussetzungszeiträumen.

Prognosegrundlage sind die sich aus der Auswertung und erforderlichenfalls Aufarbeitung bzw. Ertüchtigung der schuldnerischen Finanzbuchhaltung ergebenden sowie die aus den Vergangenheitsdaten und der operativen Ist-Situation abzuleitenden betriebs- und finanzwirtschaftlichen Gegebenheiten des schuldnerischen Unternehmens im Rahmen seiner Wirtschaftsbranche nebst seiner Vermögenslage unter Einbeziehung der Voraussetzungen der beantragten Förder- und Hilfsmaßnahmen.

Prognosemaßstab ist für den Insolvenzgrund die überwiegende Wahrscheinlichkeit und für die Besserungsaussicht die einfache Wahrscheinlichkeit.

B. Sanierungsfrist des § 15a InsO

Ist ein Pflichtantragsgrund eingetreten, hat der Geschäftsleiter ohne schuldhaftes Zögern einen Insolvenzantrag zu stellen (§ 15a Abs. 1 S. 1 InsO). Eine spätere Insolvenzantragstellung bis maximal zum Ablauf der für den Insolvenzeröffnungsgrund maßgeblichen Frist des § 15a Abs. 1 S. 2 InsO gilt nur dann nicht als schuldhaft, wenn der Geschäftsleiter innerhalb dieser Frist einen aussichtsreichen Sanierungsversuch unternimmt oder ein laufendes Sanierungsvorhaben noch abschließen kann.[577] Auch hierin liegt eine Fortführungsprognose begründet.

1. Prognosezweck

Die Antragspflicht dient allein dem Gläubigerschutz,[578] und zwar im Hinblick auf die bestmögliche Befriedigung der Gläubigerforderungen. Der bei Eintritt des Pflichtantragsgrundes vorhandene Haftungsfonds soll vor einer weiteren, für die Gläubiger schädlichen Verminderung geschützt werden[579]. Eine Minderung des Haftungsfonds während der Laufzeit der Sanierungsfrist durch weitere

577 BT-Drucks. 19/24181, S. 193; HmbKommInsO/*Linker*, § 15a InsO Rn. 15.

578 K. Schmidt/*Herchen*, § 15a InsO Rn. 24; MüKoInsO/*Klöhn*, § 15a Rn. 121.

579 Nerlich/Römermann/*Mönning*, § 15a InsO Rn. 11.

Ausgaben wird für die hier maßgebliche Fortführungsprognose nur insoweit hingenommen, wie die Zahlung der nachhaltigen Sanierung dient (§ 15b Abs. 2 S. 2 InsO) und sich hierdurch die Befriedigungsperspektive verbessert.[580]

Das grundsätzliche Interesse der Gesellschafter des Schuldners an einer Fortsetzung und Sanierung der Unternehmung ist dagegen ebenso wenig geschützt, wie das Fortführungsinteresse der Stakeholder.[581]

2. *Prognosegegenstand*

Das Gesetz spricht nur von der Schuldhaftigkeit der verzögerten Antragstellung. So dass fraglich ist, ab wann das Unterlassen der Antragstellung schuldhaft wird.

a) *Freie Sanierung*

Das Unterlassen eines Insolvenzantrags ist naturgemäß nicht schuldhaft, wenn die Verfahrenseröffnung abgewendet werden kann, d.h. der eingetretene Pflichtantragsgrund beseitigt wird und an seine Stelle auch kein anderer Pflichtantragsgrund tritt.[582] Der Geschäftsleiter hat damit zunächst zu prognostizieren, ob ihm eine insolvenzvermeidende Sanierung des Schuldners innerhalb der für den eingetretenen Insolvenzgrund maßgeblichen Höchstfrist gelingen kann.

Im Hinblick auf die mit dem SanInsFoG parallel zur Antragspflicht mit § 15b InsO ebenfalls vereinheitlichend und rechtsformneutral in die InsO aufgenommenen Zahlungsverbote fragt sich, ob die so bewirkte Sanierung Qualitätsanforderungen unterliegt. Die Frage ergibt sich, da nach dem Wortlaut des § 15b InsO während des Laufs der Sanierungspflicht nur Zahlungen zur nachhaltigen Sanierung privilegiert sind.[583]

Eine Erhöhung der Anforderungen ist der Gesetzesbegründung indes nicht zu entnehmen. Diese führt aus, dass innerhalb des Zeitraums Maßnahmen zur Insolvenzabwendung getroffen werden dürfen und wiederholt im übrigen die gesetzliche Formulierung.[584]

---

580 MüKoInsO/*Klöhn*, § 15a InsO Rn. 123.

581 BT-Drucks. 9/24181, S. 85 f.

582 K. Schmidt/*Herchen*, § 15a InsO Rn. 27; Gottwald/Haas/*Gundlach*, § 7 II.3. Rn. 11; Kübler/Prütting/Bork/*Steffek*, § 15a InsO Rn. 63.

583 Die Frage aufwerfend z.B. BAKinso e.V., NZI 2020, X, XI; Uhlenbruck/*Hirte*, § 15a InsO Rn. 18 und Kübler/Prütting/Bork/*Kebekus*, § 15b InsO Rn. 50 (Nachhaltigkeit fordernd).

584 BT-Drucks. 19/24181, S. 194.

Das Erfordernis für eine Erhöhung der Anforderungen ist auch im übrigen weder systematisch noch durch den Normzweck veranlasst. Systematisch dient die Antragspflicht der Verhinderung einer Verringerung des Haftungsfonds und damit dem Erhalt der Befriedigungsaussichten der Gläubiger. Die bestmögliche Gläubigerbefriedigung ist, wie dargelegt, das maßgebliche Verfahrensziel der Insolvenzordnung (§ 1 InsO). Wenn es dem Schuldner daher gelingt, durch Beseitigung bzw. Vermeidung der Pflichtantragsgründe die Verfahrenseröffnung abzuwenden, ist dem Gläubigerinteresse genüge getan. Ein das Gläubigerinteresse an einer Forderungsbefriedung übersteigendes Anforderungsprofil wäre überschießend und daher nicht gerechtfertigt.[585]

b) Verfahrensförmige Sanierung

Kann dem Schuldner dieses indes nicht gelingen, darf der Schuldner die Sanierungsfrist auch dazu nutzen, eine Sanierung durch ein Restrukturierungsverfahren oder ein Eigenverwaltungsverfahren vorzubereiten.[586] Zu diesem Zweck ist die Sanierungsfrist für den Insolvenzantragsgrund der Überschuldung durch das SanInsFoG von drei auf sechs Wochen verlängert worden.[587] Auch dieses Vorhaben ist indes am Gläubigerinteresse auszurichten,[588] d.h. die Befriedigungsaussicht in den genannten Verfahren muss besser sein als im sofort eingeleiteten Regelinsolvenzverfahren. Die Vorbereitung einer Sanierungslösung allein im Eigeninteresse des Schuldners ist nicht geschützt und damit schuldhaft.

Der Schuldner muss insoweit prognostizieren, ob die von ihm verfolgte verfahrensförmige Sanierung im präventiven Restrukturierungsrahmen nach dem StaRUG oder aber im Eigenverwaltungsverfahren verbunden mit einem Insolvenzplan für die Gläubigergemeinschaft günstiger ist als die Befriedigungsperspektive bei sofortiger Insolvenzantragstellung. Regelmäßig ist allerdings davon auszugehen, dass die Befriedigungsaussichten der Gläubiger im Falle einer Sanierung bereits durch die Vermeidung einstellungsbedingter Kosten günstiger ist.

---

585 S. auch o. S. 106 f.
586 BT-Drucks. 19/24181, S. 193.
587 BT-Drucks. 19/24181, S. 197.
588 MüKoInsO/*Klöhn*, § 15a InsO Rn. 8.

c) *Zwischenfazit*

Prognosegegenstand ist nach alledem die Wiederherstellung der Zahlungsfähigkeit bzw. alternativ die Verbesserung der Quotenaussicht durch Sanierungsvorbereitung.

3. *Prognoseanlass*

Prognoseanlass ist regelmäßig das Bemerken des Eintritts eines Pflichtantragsgrundes. Dies kann dazu führen, dass die Höchstfrist bei Kenntniserlangung bereits angebrochen oder aber auch schon verstrichen ist.[589]

4. *Prognosemethode*

a) *Freie Sanierung*

Die Annahme einer erfolgversprechenden Sanierungsaussicht durch eine freie Sanierung kann nur auf Basis eines Sanierungskonzepts erfolgen.[590] Die Wiederherstellung der Zahlungsfähigkeit ist dabei über einen integrierten Finanzplan darzulegen.[591]

Mit Blick auf die recht kurzen Höchstfristen von drei bzw. sechs Wochen ist im Regelfall davon auszugehen, dass komplexe Sanierungsvorhaben, die Sanierungsbeiträge von mehreren Stakeholdern erfordern, in dieser Zeit nur sehr schwer konzeptionell aufzusetzen und umzusetzen sind.[592] Die in Betracht kommenden Sanierungsmaßnahmen sind vielmehr durch den Zeitfaktor limitiert. So weist *Hirte* beispielsweise darauf hin, dass Kapitalmaßnahmen bereits wegen der Ladungsfristen nicht innerhalb des Zeitraums umsetzbar sind.[593]

Zu prognostizieren ist daher, welche in dem gegebenen Zeitrahmen zur Verfügung stehenden Sanierungsmaßnahmen tatsächlich, rechtlich und wirtschaftlich umsetzbar sind und in einem Umfang wirken, der den Insolvenzgrund beseitigt.

---

589 Uhlenbruck/*Hirte*, § 15a InsO Rn. 14; BeckOK InsR/*Wolfer*, § 15a InsO Rn. 20.

590 MüKoInsO/*Klöhn*, § 15a InsO Rn. 129; *Rendels/Zabel/Körner*, ZRI 2021, 653, 659; zu den Anforderungen an Fortführungsprognosen im Sanierungskonzept s.o. S. 115.

591 S.o. S. 142.

592 *Rendels/Zabel/Körner*, ZRI 2021, 653, 659.

593 Uhlenbruck/*Hirte*, § 15a InsO Rn. 17.

b) Laufendes Sanierungsvorhaben

Bei einem bereits laufenden Sanierungsverfahren ist zu prognostizieren, ob die angestrebte Sanierung trotz des Eintritts eines Pflichtantragsgrundes innerhalb des noch zur Verfügung stehenden Zeitraums der Höchstfrist abgeschlossen werden kann. Hierbei ist entsprechend der sich aus §§ 311 Abs. 2, 241 Abs. 2 BGB ergebenden Aufklärungs- und Informationspflichten davon auszugehen, dass der Schuldner die Vertragspartner des Sanierungsvorhabens über den Eintritt des Pflichtantragsgrundes informieren muss. Diese Nachricht kann in die eine wie auch die andere Richtung katalysierend wirken, kommt hiermit doch bereits zum Ausdruck, dass das besprochene Sanierungsvorhaben, aus welchen Gründen auch immer, nunmehr auf wackligen Beinen steht. Da die Nachricht daher in aller Regel eine Reaktion herbeiführen wird, dürfte sich der Prognosebedarf auf einige wenige Ausnahmefälle beschränken.

c) Präventiver Restrukturierungsrahmen

Dass der Gesetzgeber auch die Vorbereitung der Einleitung eines präventiven Restrukturierungsverfahrens nach dem StaRUG für eine denkbare Sanierungshandlung hält, erscheint in der Gesetzessystematik nicht stimmig.

Die Einleitung einer Sanierung im präventiven Restrukturierungsrahmen nach dem StaRUG ist nur drohend zahlungsunfähigen Schuldnern vorbehalten (§ 29 Abs. 1 StaRUG). Während des Laufs eines Restrukturierungsverfahrens ruht die Antragspflicht nach § 15a InsO. An ihre Stelle tritt eine Anzeigepflicht nach § 32 Abs. 3 StaRUG.

Ein zahlungsunfähiger Schuldner könnte damit nur über eine Stundungsregelung in den Zustand der drohenden Zahlungsfähigkeit zurückversetzt werden, dann ist jedoch bereits kein Pflichtantragsgrund mehr gegeben.

Einem überschuldeten Schuldner fehlt dagegen die positive Fortführungsprognose, die eine gegebene Schuldnerunterdeckung nach § 19 Abs. 2 S. 1 InsO überwiegen könnte. Hat der Schuldner dagegen eine positive Sanierungsaussicht im Restrukturierungsverfahren und strebt er diese auch nachweislich an, ist zugleich auch eine positive Fortführungsprognose gegeben,[594] so dass ebenfalls kein Pflichtantragsgrund vorliegt.

---

594 S.o. S. 129 ff.; *Schönfelder*, NZI 2022, 49, 50 f.; *Rendels/Zabel/Körner*, ZRI 653, 664 f. (die Einreichung der Anzeige fordernd).

d) *Vorbereitung der Sanierung in Eigenverwaltung*

Für den Fall einer Sanierung in Eigenverwaltung verbunden mit einem Insolvenzplan ist zu prognostizieren, ob der Schuldner die durch das SanInsFoG verschärften Antragsanforderungen an die Eigenverwaltungsplanung nach § 270a InsO erfüllen kann.

5. *Prognosehorizont*

a) *Prognosegrundlage*

Zur Prognosegrundlage gilt das bereits zuvor schon zur Prognosegrundlage der Sanierungskonzepte Ausgeführte.[595] Es sind der Prognose die erkannten und erkennbaren tatsächlichen betriebswirtschaftlichen Gegebenheiten des Schuldners zugrunde zu legen. Dies betrifft die Vermögenslage ebenso wie die Ertrags- und Finanzlage sowie die Erkenntnisse zu den Krisenursachen und zur wirtschaftlichen Lage des Unternehmens im Rahmen seiner Wirtschaftsbranche.

b) *Prognosezeitraum*

Der Prognosezeitraum beginnt in objektiver Hinsicht mit dem Eintritt des Pflichtantragsgrundes und in subjektiver Hinsicht mindestens mit dessen grob fahrlässiger Unkenntnis.[596] Teilweise wird bereits der objektive Eintritt des Pflichtantragsgrundes für ausreichend erachtet.[597] Da eine grob fahrlässige Unkenntnis mit Blick auf die Beobachtungs- und Selbstprüfungspflichten regelmäßig jedenfalls gegeben sein dürfte, wirkt sich der Unterschied nicht aus.[598] Dass der Geschäftsleiter im Tatsächlichen gegebenenfalls erst später von dem Eintritt des Pflichtantragsgrundes Kenntnis erlangt, ist jedenfalls unbeachtlich.[599] Dies kann dazu führen, dass der zulässige Prognosezeitraum bei Kenntniserlangung bereits angebrochen oder aber auch abgelaufen ist.

Der Prognosezeitraum ist, je nach zugrunde liegendem Pflichtantragsgrund auf drei bzw. sechs Wochen beschränkt. Der Ablauf des Prognosezeitraums

---

595 S.o. S. 115.

596 BGH, Urt. v. 27.03.2012 – II ZR 171/10, ZIP 2012, 1174, Tz. 15; Uhlenbruck/*Hirte*, § 15a InsO Rn. 14; MüKoInsO/Klohn, § 15a InsO Rn. 116; Nerlich/Römermann/*Mönning*, § 15a InsO Rn. 16.

597 K. Schmidt/*Herchen*, § 15a InsO Rn. 32; Kübler/Prütting/Bork/*Steffek*, § 15a InsO Rn. 63.

598 Uhlenbruck/*Hirte*, § 15a InsO Rn. 14.

599 Uhlenbruck/*Hirte*, § 15a InsO Rn. 14.

wird durch die Sanierungsverhandlungen weder gehemmt, noch kann er, auch nicht mit Zustimmung der Gläubiger, verlängert werden.[600] Mit Erreichen der Frist können die Sanierungsmaßnahmen nur noch im Insolvenzverfahren unter Insolvenzbedingungen weiter verfolgt werden.[601]

Das verhältnismäßig kurze Zeitfenster hat seinen Hintergrund darin, dass die fortlaufende Selbstprüfungspflicht wie auch das Sanierungsgebot den Geschäftsleiter zu einer frühen Einleitung von Sanierungsmaßnahmen anhalten sollen.[602] Ein Sanierungsversuch soll nach der Grundkonzeption des Sanierungs- und Insolvenzrechts nicht erstmals bei Auftreten der Pflichtantragsgründe, quasi am wirtschaftlichen Abgrund, unternommen werden.

c) Prognosestichtag

Prognosestichtag ist der Zeitpunkt der Kenntniserlangung vom Eintritt des Pflichtantragsgrunds. Die Prognose ist innerhalb der Laufzeit der Höchstfrist laufend zu aktualisieren, da bei einem Fortfall der positiven Sanierungsaussicht ein weiteres Zuwarten mit der Insolvenzantragstellung schuldhaft wird.[603]

d) Beurteilungsspielraum

Die Prognose ist durch den Geschäftsleiter nach pflichtgemäßem Ermessen zu erstellen. Die Business Judgement Rule ist nicht anwendbar, da es sich um keine freie, sondern eine rechtlich gebundene Entscheidung handelt.[604] Hinsichtlich der prognostischen Elemente steht dem Geschäftsleiter, wie bei der Prüfung der Insolvenzantragsgründe auch, ein nicht überprüfbarer Ermessensspielraum zu,[605] da es sich insoweit um die Fortschreibung der dortigen Fortführungsprognosen handelt.

Anders als befürchtet und bei nicht erkannter Rückschauverzerrung (hindsight bias) auf den ersten Blick auch nicht auszuschließen,[606] präjudiziert der spätere Misserfolg des Sanierungsvorhabens nicht bereits dasselbe als

600 K. Schmidt/*Herchen*, § 15a InsO Rn. 29; Uhlenbruck/*Hirte*, § 15a InsO Rn. 16, 18; Kübler/Prütting/Bork/*Steffek*, § 15a InsO Rn. 59.

601 Nerlich/Römermann/*Mönning*, § 15a InsO Rn. 18.

602 Uhlenbruck/*Hirte*, § 15a InsO Rn. 16.

603 MüKoInsO/*Klöhn*, § 15a InsO Rn. 121; Nerlich/Römermann/*Mönning*, § 15a InsO Rn. 17.

604 MüKoInsO/*Klöhn*, § 15a InsO Rn. 126.

605 MüKoInsO/*Klöhn*, § 15a InsO Rn. 127.

606 Die Befürchtung äußernd: BeckOK/*Wolfer*, § 15b InsO Rn. 20; Nerlich/Römermann/*Mönning*, § 15b InsO Rn. 17.

aussichtslos. Vielmehr ist zu bedenken, dass unternommene vorinsolvenzliche Sanierungsmaßnahmen im Insolvenzverfahren aufgegriffen und unter den aus Investorensicht gegebenenfalls sogar als günstiger bewerteten Voraussetzungen (z.B. durch Restrukturierung der Passivmasse) zur Umsetzung gelangen können. In der Unterbrechung der Sanierungsverhandlungen durch eine Insolvenzantragstellung kann mithin eine strategische Entscheidung liegen.

6. *Prognosemaßstab*

Das Gesetz gibt keinen Prognosemaßstab vor. Da es sich jedoch wie angesprochen um eine Fortschreibung der Fortführungsprognose handelt, ist auch hier der allgemein anerkannte Prognosemaßstab für insolvenzrechtliche Fortführungsprognosen, die überwiegenden Wahrscheinlichkeit, maßgebend. Eine Erfolgssicherheit des Sanierungsvorhabens ist nicht erforderlich.[607]

7. *Zusammenfassung*

Bei der Fortführungsprognose im Rahmen der Sanierungsfrist des § 15a InsO handelt es sich um eine Fortschreibung der Fortführungsprognose des Insolvenzantragsgrundes mit der Fragestellung, ob die Insolvenzantragspflicht innerhalb der Sanierungsfrist durch Sanierungsmaßnahmen noch beseitigt werden kann bzw. innerhalb der Sanierungsfrist wenigstens eine gläubigergünstige Sanierungsperspektive durch eine vorbereitete Sanierung im Insolvenzverfahren bewirkt werden kann.

Prognosegrundlage sind die erkannten und erkennbaren tatsächlichen betriebswirtschaftlichen Gegebenheiten des Schuldners. Dies betrifft die Vermögenslage ebenso wie die Ertrags- und Finanzlage sowie die Erkenntnisse zu den Krisenursachen und zur wirtschaftlichen Lage des Unternehmens im Rahmen seiner Wirtschaftsbranche.

Prognosezeitraum ist die gesetzliche Sanierungsfrist von drei bzw. sechs Wochen. Diese ist nicht verlängerbar.

Prognosemaßstab ist die überwiegende Wahrscheinlichkeit.

III. Fortführungsprognose im Rahmen der Verfahrensführung

Auch im Rahmen der Verfahrensführung sind verschiedene Fortführungsprognosen erforderlich. Dies betrifft zuvorderst die Betriebsfortführung im Insolvenz(eröffnungs)verfahren. Ferner ist über das mit dem SanInsFoG

607 Vgl. auch BGH, Urt. v. 12.05.2016 – IX ZR 65/14, ZIP 2016, 1235, Tz. 39.

verpflichtend eingeführte Kongruenzgebot auch bei der Vergleichsrechnung für den Insolvenzplan eine Fortführungsprognose zur (fiktiven) Fortführung im Insolvenzverfahren vorzunehmen.

A. Betriebsfortführung

Wie weiter oben bereits angesprochen,[608] gilt die Prüfung der Fortführungsaussichten des Schuldners als schwierigste und anspruchsvollste Aufgabe insbesondere des vorläufigen Insolvenzverwalters.[609]

Mit ihr in unmittelbarem Zusammenhang steht die Verpflichtung des (vorläufigen) Insolvenzverwalters, den Geschäftsbetrieb des Schuldners bis zu einer Entscheidung über die Verfahrenseröffnung bzw. den Verfahrensfortgang fortzuführen. Der (vorläufige) Insolvenzverwalter steht hierbei vor der Aufgabe einen ihm fremden Geschäftsbetrieb binnen kurzer Zeit sowohl in seiner Funktionalität und Leistungsfähigkeit zu erfassen wie auch in seinen Zukunftsaussichten zu prognostizieren, um auf dieser Basis und an dieser Perspektive die Betriebsfortführung sowie eine mögliche Sanierung auszurichten.[610]

1. Insolvenzeröffnungsverfahren

Nach § 22 Abs. 1 S. 2 Nr. 2 InsO ist der vorläufige Insolvenzverwalter verpflichtet, das Unternehmen des Schuldners bis zur Eröffnung des Insolvenzverfahrens fortzuführen. Ihm steht diesbezüglich kein Ermessensspielraum zu.[611] Eine Stilllegung des Betriebs insgesamt oder aber eines unrentablen Teilbetriebs ist nur mit Zustimmung des Insolvenzgerichts möglich, die als Voraussetzung eine anderenfalls eintretende erhebliche Verminderung des Vermögens erfordert. Unterhalb der Schwelle der Teilbetriebseinstellung sind Einstellungsentscheidungen bezogen z.B. auf einzelne Filialen oder Produktlinien, jedoch auch ohne Zustimmung möglich,[612] sofern diese aus kaufmännisch-betriebswirtschaftlicher Sicht unter Insolvenzbedingungen zur Vermeidung von Verlusten sowie zur Erhaltung der

---

608 S.o. S. 117.

609 MüKoInsO/*Haarmeyer/Schildt*, § 22 InsO Rn. 163; KS-*Uhlenbruck*, Die Rechtsstellung des vorläufigen Insolvenzverwalters, S. 360; Uhlenbruck/*Vallender*, § 22 InsO Rn. 266; s.a. oben S. 73 ff.

610 Vgl. auch Uhlenbruck/*Vallender*, § 22 InsO Rn. 31; zur Pflichtenlage: *Erker*, ZInsO 2012, 199, 200, 202.

611 Uhlenbruck/*Vallender*, § 22 InsO Rn. 28.

612 HmbKommInsO/*Schröder*, § 22 InsO Rn. 71; Uhlenbruck/*Vallender*, § 22 InsO Rn. 3; a.A. Kübler/Prütting/Bork/*Blankenburg*, § 22 InsO Rn. 100.

Sanierungsaussicht im übrigen zwingend erforderlich sind. Zur Abgrenzung kann auf die in der Rechtsprechung entwickelte Definition des Teilbetriebs i.S.v. § 16 EStG zurückgegriffen werden. Danach ist ein Teilbetrieb ein mit einer gewissen Selbständigkeit ausgestatteter, organisch geschlossener Teil des Gesamtbetriebs, der für sich allein lebensfähig ist.[613]

Die Fortführungspflicht trifft von Gesetzes wegen nur den mit Verwaltungs- und Verfügungsbefugnis ausgestatteten sog. starken vorläufigen Insolvenzverwalter (§ 22 Abs. 1 InsO). Regelfall der insolvenzgerichtlichen Anordnungen ist indes die Bestellung eines sog. schwachen vorläufigen Insolvenzverwalters, d.h. eines vorläufigen Insolvenzverwalters mit Zustimmungsvorbehalt (§ 22 Abs. 2 InsO), als regemäßig milderes Mittel im Rahmen der Verhältnismäßigkeitsabwägung des § 21 Abs. 1 InsO. Anerkanntermaßen ist jedoch auch der schwache vorläufige Insolvenzverwalter jedenfalls mittelbar über die Erteilung der Zustimmung fortführend tätig[614] und auf Basis der Verfahrensziele verpflichtet, die Zustimmung fortführungsorientiert zu erteilen, um die Fortführungs- und Sanierungschancen des Unternehmens und damit auch die Haftungsverwirklichungsperspektive für die Gläubigergemeinschaft zu erhalten.

Da über die Verfahrenseröffnung noch nicht entschieden worden ist, trifft den vorläufigen Insolvenzverwalter insoweit eine doppelte Pflichtenbindung.[615] Er hat die wohlverstandenen Interessen sowohl der Gläubiger wie auch des Schuldners zu berücksichtigen. Die Betriebsfortführung darf nicht bereits zu einer Vorwegnahme der Verfahrenseröffnung und der Entscheidungen des eröffneten Verfahrens führen.[616] Der vorläufige Insolvenzverwalter ist in diesem Sinne verpflichtet, dem Wertmehrungsgebot[617] entsprechend, insolvenzzweckkonforme günstige Geschäftschancen mit betriebsüblichen Risiken wahrzunehmen, und der Vermögenssicherungspflicht folgend, alles zu tun, um eine vorzeitige Zerschlagung des Unternehmens zu vermeiden.[618]

---

613 Schmitt/Hörtnagl/*Hörtnagl*, § 15 UmwStG Rn. 52.

614 BGH ZInsO 2004, 909; BGH ZInsO 2005, 804; Braun/*Böhm*, § 22 InsO Rn. 27; *Ganter*, NZI 2012, 433; MüKoInsO/*Haarmeyer/Schildt*, § 22 InsO Rn. 88; K. Schmidt/*Hölzle*, § 22 InsO Rn. 8.

615 BGH, Beschl. v. 14.12.2000 – IX ZB 105/00, BGHZ 146, 165 = NZI 2001, 191, 192.

616 BGH, Urt. v.05.05.2011 – IX ZR 144/10, ZInsO 2011, 1463, Tz. 51; BGH, Urt. v. 20.02.2003 – IX ZR 81/02, ZInsO 2003, 318, 320; BGH, Beschl. v. 14.12.2000 – IX ZB 105/00, BGHZ 146, 165 = ZInsO 2001, 165, Tz. 20.

617 BGH NZI 2017, 442; Uhlenbruck/*Vallender*, § 22 InsO Rn. 30.

618 MüKoInsO/*Haarmeyer/Schildt*, § 22 InsO Rn. 102; Uhlenbruck/*Vallender*, § 22 InsO Rn. 31.

a) Prognosezweck

Aus der Vorschrift ergibt sich implizit eine Prüfungspflicht des vorläufigen Insolvenzverwalters im Hinblick auf den wirtschaftlichen Erfolg der Betriebsfortführung im Insolvenzeröffnungsverfahren. Der Insolvenzverwalter ist danach aufgefordert zu prüfen, ob die Betriebsfortführung während der Dauer des Insolvenzeröffnungsverfahrens zu einem erheblichen Masseverzehr führt.

Hintergrund hierfür ist die Zielsetzung der Insolvenzordnung, die gemäß § 1 InsO in der Haftungsverwirklichung durch gemeinschaftliche Gläubigerbefriedigung liegt. Diese kann auch durch einen Unternehmenserhalt, d.h. eine Sanierung, erfolgen, aber nur wenn und soweit dadurch die Befriedigungsaussichten der Gläubiger nicht nachteilig tangiert werden.[619] Auch wenn die durch die Insolvenzordnung zur Verfügung gestellten Sanierungsmöglichkeiten durch das ESUG und das SanInsFoG noch einmal eine Aufwertung erfahren haben, ist und bleibt die Sanierung kein selbständiges und von der Haftungsverwirklichung losgelöstes Ziel des Verfahren. Insoweit ist die Unternehmensfortführung auch kein Selbstzweck.[620]

Die Fortführungsprognose des vorläufigen Insolvenzverwalters dient nach alledem der Sicherung des Haftungsfonds und der sich daraus ergebenden (künftigen) Befriedigungsaussichten der Gläubiger in deren jeweiligen insolvenzrechtlichen Rang.[621]

b) Prognosegegenstand

Aus der Fortführungspflicht des vorläufigen Insolvenzverwalters ergibt sich vor dem Hintergrund des vorstehend dargelegten Prognosezwecks im Detail betrachtet eine dreiteilige Prognose.

(1) Zahlungsfähigkeit

Bevor die Auswirkungen der Betriebsfortführung auf den Haftungsfonds sowie die Befriedigungsaussichten prognostiziert werden können, ist vorab zu prüfen, ob überhaupt eine Betriebsfortführung unter Insolvenzbedingungen möglich ist.

Die Betriebsfortführung im Insolvenzeröffnungsverfahrens muss durchfinanziert sein, d.h. durch die vorhandene Liquidität, die durch die

619 MüKoInsO/*Haarmeyer/Schildt*, § 22 InsO Rn. 84.

620 BT-Drucks. 19/24181, S. 85; Bieg/Borchardt/Frind/*Frind*, Unternehmenssanierung, Teil 3 Kapitel A. II Rn. 4; *Knof*, ZInsO 2010, 1999, 2000.

621 MüKoInsO/*Haarmeyer/Schildt*, § 22 InsO Rn. 89.

Betriebsfortführung gegebenenfalls hinzuzugewinnende Liquidität sowie erforderlichenfalls aufgenommene Massedarlehen sichergestellt sein. Die rechtliche Ausgestaltung ergibt sich dabei je nach Anordnungsvariante der vorläufigen Insolvenzverwaltung. Der vorläufig starke Insolvenzverwalter begründet bereits von Gesetzes wegen (künftige) Masseverbindlichkeiten (§ 55 Abs. 2 InsO). Im Falle einer vorläufigen Insolvenzverwaltung mit Zustimmungsvorbehalt ist dagegen erforderlichenfalls eine Einzelermächtigung[622] des Insolvenzgerichts einzuholen, wenn zur Aufrechterhaltung des Geschäftsbetriebs Verbindlichkeiten im Rang der Masseverbindlichkeit des § 55 InsO begründet werden sollen.

Das Erfordernis der Durchfinanzierung ergibt sich nicht zuletzt aus der Haftung für pflichtwidrig begründete Masseverbindlichkeiten nach §§ 21 Abs. 1 Nr. 1, 61 InsO, wobei sich die Haftung des vorläufigen (nur) zustimmungsbefugten Insolvenzverwalters nach den ihm übertragenen Pflichten bestimmt.[623] Es handelt sich um eine Verschuldenshaftung, bei der sich der vorläufige Insolvenzverwalter nur durch Vorlage einer entsprechend sorgfältig erstellten Liquiditätsplanung entlasten kann.[624]

(2) Betriebsfortführungsergebnis

Sodann ist der wirtschaftliche Erfolg der Betriebsfortführung zu prognostizieren, da sich dieser unmittelbar auf den Haftungsfonds auswirkt.

Es sind damit die unter Insolvenzbedingungen zu planenden Einnahmen der Betriebsfortführung den unter Insolvenzbedingungen anfallenden Ausgaben der Betriebsfortführung gegenüberzustellen. Ist die Betriebsfortführung ausgeglichen, so dass sich Einnahmen und Ausgaben decken, bleibt der Haftungsfonds unberührt. Führt die Betriebsfortführung zu einem Einnahmenüberschuss steigt der Wert des Haftungsfonds entsprechend. Ist die Betriebsfortführung dagegen defizitär, sinkt der Wert des Haftungsfonds entsprechend dem realisierten Verlust.

---

622 Vgl. zur Einzelermächtigung: BGH, Urt. v. 18.07.2002 – IX ZR 195/01, BGHZ 151, 353 = NZI 2002, 543 LS 4; Kübler/Prütting/Bork/*Blankenburg*, § 22 InsO Rn. 159 ff.; *Ganter*, NZI 2012, 433, 437 f.

623 Kübler/Prütting/Bork/*Lüke*, § 61 InsO Rn. 13 ff.; HmbKommInsO/*Schröder*, § 22 InsO Rn. 235 ff., 243 ff.

624 BGH Urt. v. 17.12.2004 – IX ZR 185/03, ZInsO 2005, 205, 206; BGH, Urt. v. 06.05.2004 – IX ZR 480/03, NZI 2004, 435, 438; Braun/*Böhm*, § 22 InsO Rn. 46; *Ehlers*, ZInsO 2005, 902, 904; *Meyer-Löwy/Poertzgen*, ZInsO 2004, 363, 366; *Staufenbiel*, ZInsO 2010, 2059, 2062 ff.; Uhlenbruck/*Vallender*, § 22 InsO Rn. 30.

(3) Vermögensstatus

Schließlich sind die Auswirkungen der Betriebsfortführung auf die Befriedigungsaussichten der Gläubiger entsprechend der gesetzlichen Rangfolge im (eröffneten) Insolvenzverfahren zu berücksichtigen. Die Befriedigungsaussichten sind aus dem Vermögensstatus (§ 153 InsO) abzuleiten. Im Vermögensstatus sind die Vermögensgegenstände des Schuldners (Haftungsfonds) den Verbindlichkeiten (Passivmasse) gegenübergestellt.

Zur Ermittlung der Auswirkungen ist zunächst der Vermögensstatus auf den Stichtag der Insolvenzantragstellung aufzustellen. Dieser ist dann den Auswirkungen der Betriebsfortführung entsprechend fortlaufend fortzuschreiben. Bereits eingetretene Sachverhalte sind mit den Ist-Werten abzubilden. Voraussichtlich noch eintretende Auswirkungen sind mit prognostizierten Werten abzubilden.

Dieser Entwicklung ist die Entwicklung des Haftungsfonds im Falle einer Betriebseinstellung unter Berücksichtigung des Ergebnisses einer etwaigen Ausproduktion sowie einstellungsbedingter Kosten aus auslaufenden Vertragsentgelten sowie Kündigungsfolgeschäden gegenüberzustellen.

c) Prognoseanlass

Prognoseanlass ist bereits die Übernahme der vorläufigen Insolvenzverwaltung in einem Insolvenzeröffnungsverfahren, in dem ein laufender Geschäftsbetrieb Bestandteil der zu verwaltenden Vermögensmasse ist. Die Prognose ist mit Übernahme des Amtes erstmals vorzunehmen. Dies wird aufgrund der regelmäßig noch eingeschränkten Datengrundlage zunächst nur oberflächlich möglich sein. Die Prognose ist daher während der Dauer des vorläufigen Insolvenzverfahrens fortlaufend anhand der Erkenntnisse und Entwicklung der Betriebsfortführung zu verfeinern und zu aktualisieren.

d) Prognosemethode

Die Fortführungsprognose des vorläufigen Insolvenzverwalters ergibt sich wie dargelegt aus drei Teilprognosen.[625]

(1) Zahlungsfähigkeit

Zunächst ist der Fortbestand der Zahlungsfähigkeit während der Betriebsfortführung im Insolvenzeröffnungsverfahren unter den besonderen Bedingungen

625 Vgl. auch *Schneider*, Fortführung in der Insolvenz, S. 74 ff.

des Verfahrens zu prüfen. Die Prüfung folgt den Grundsätzen der Zahlungsfähigkeitsprüfung nach § 17 InsO[626] unter Berücksichtigung insolvenzbedingter Besonderheiten. Es ist mithin unter der Perspektive des Insolvenzeröffnungsverfahrens ein Liquiditätsstatus auf den Stichtag der Antragstellung aufzustellen. Von ihm ausgehend ist die weitere Liquiditätsentwicklung über einen Liquiditätsplan fortzuschreiben.

Eine umfassende Darstellung der hierbei im einzelnen auftretenden Fragestellungen würde den Umfang der vorliegenden Abhandlung überschreiten, so dass hierzu auf die ausführlicheren Darstellungen in der Literatur Bezug genommen wird.[627] Folgender Überblick mag eine erste Einschätzung geben:

(a) Liquiditätsstatus

Der Liquiditätsstatus stellt den Startpunkt der nachfolgenden Liquiditätsplanung dar. In den taggenau aufzustellenden Liquiditätsstatus sind die verfügbaren Mittel den fortführungsbedingt sofort zu veranlassenden Zahlungen gegenüberzustellen.

(i) Liquide Mittel

Verfügbare liquide Mittel des insolvenzbefangenen Unternehmens sind die vorhandenen Barmittel sowie die freien Kontoguthaben.

Kontoguthaben sind in diesem Sinne frei, wenn sie nicht mit (künftigen) Absonderungsrechten i.S.d. §§ 50, 51 InsO belastet sind, d.h. weder abgetreten oder gepfändet noch mit einem AGB-Pfandrecht belastet. Bei Insolvenzantragstellung gegebenenfalls noch offene Kreditlinien stehen insolvenzbedingt dagegen nicht mehr zur Verfügung.

Devisen sowie Fremdwährungsguthaben sind mit dem Devisenkassamittelkurs zu bewerten (§ 256a HGB).

Weiter berücksichtigt werden können Schecks und fällige Wechsel, sofern diese nicht verjährt sind (Art. 29 Abs. 2 ScheckG, Art. 70 WechselG) und aufgrund der Bonität des Ausstellers mit einer Einlösung zu rechnen ist.

(ii) Dringend notwendige Sofortausgaben

Das insolvente Unternehmen sieht sich regelmäßig einer Vielzahl an fälligen Verbindlichkeiten gegenüber. Diese Verbindlichkeiten werden, sofern nicht

---

626 S.o. S. 131 f.

627 Uhlenbruck/*Blankenburg*, § 22 Rn. 81 ff.; Bieg/Borchardt/Frind/*Find*, Unternehmenssanierung, Teil 3 A.III. Betriebsfortführungsverfahren Rn. 1 ff.; Mohrbutter/Ringstmeier/Meyer/*Voigt-Salus*, Insolvenzverwaltung, Kap. 23 Betriebsfortführung, Rn. 127 ff.; MüKoInsO/*Haarmeyer/Schildt*, § 22 Rn. 83 ff.

künftige Lieferungen und Leistungszeiträume abgerechnet werden, durch den vorläufigen Insolvenzverwalter nicht beglichen. Es handelt sich vielmehr um (künftige) Insolvenzforderungen i.S.d. § 38 InsO, die nach Verfahrenseröffnung nur noch im Rahmen einer Forderungsanmeldung zur Insolvenztabelle weiterverfolgt werden können (§§ 87, 174 InsO).

Die Übernahme der Betriebsfortführung durch den vorläufigen Insolvenzverwalter löst jedoch regelmäßig eine Vielzahl an neuen sofort fälligen Zahlungspflichten aus. Dies betrifft in aller Regel die Leistung von Kautionen zur Sicherstellung der Bezahlung der weiteren Inanspruchnahme von Versorgungsleistungen.[628] Teilweise ergeben sich aus dem Status des Versicherungsschutzes des Unternehmens drängende Zahlungspflichten. Oftmals sind auch Lieferungen unmittelbar entgegenzunehmen und zu bezahlen, wenn Lieferanten das Zahlungsziel streichen, oder im Vorfeld zu bezahlen, wenn Lieferanten auf Vorkasse umstellen und die Ware/Leistung nicht anderweitig zu erhalten ist.[629]

In den Status sind die dringend notwendigen Ausgaben aufzunehmen, ohne die ein Beginn der Betriebsfortführung im Insolvenzeröffnungsverfahren nicht möglich wäre.

(iii) Ergebnis des Liquiditätsstatus

Aus der Gegenüberstellung sollte sich eine Deckung der dringend notwendigen Ausgaben ergeben. Ist dies nicht der Fall, ist zu klären, ob die Ausgaben aus künftig zu erzielender Liquidität gedeckt werden und mit den betreffenden Gläubigern eine Zahlungszielvereinbarung bis dahin getroffen oder ein (unechter) Massekredit aufgenommen werden kann.

Der Liquiditätsstatus im Insolvenzeröffnungsverfahren kann wie folgt aufgebaut sein. Das Muster ist auf den jeweiligen Einzelfall anzupassen.

---

628 Z.B. Strom, Gas, Wasser, Telefon, Datenleitung.

629 Hierbei ist allerdings seitens vorläufigen Insolvenzverwalters seinerseits zu prüfen, dass die (künftige) Insolvenzmasse keinen ungerechtfertigten Insolvenzrisiken des Lieferanten ausgesetzt ist.

Liquide Mittel	**I. Liquide Mittel**	in EUR
	1. Kassenbestände	
	a) Verwaltung	
	b) Standort A	
	c) Standort B (…)	
		- €
	2. Devisen	
	a) USD	
	b) GBP (…)	
		- €
	3. Scheck, Wechsel	
	a) A GmbH	
	b) B AG (…)	
		- €
	4. Kontoguthaben	
	a) Bank	
	b) Sparkasse	
		- €
	Summe	- €
Dringend notwendige Sofortausgaben	**II. Verbindlichkeiten**	in EUR
	1. Lieferanten/Dienstleister	
	a) Ware	
	b) Veredelung	
	c) Reparatur (…)	
		- €
	2. Versorger	
	a) Telefon, Mobilfunk	
	b) Datenleitg, Rechenztr.	
	c) Strom, Wasser, Wärme	
		- €
	3. Versicherungen	
	a) Kfz-Versicherung	
	b) Haftpflichtversicherung	
	c) Gebäudeversicherung (…)	
		- €
	Summe	- €
freie Liquidität	**III. Saldo**	- €

(b) Liquiditätsplan

Aufbauend auf dem Liquiditätsstatus ist die Liquiditätsplanung zu entwickeln, die die gesamte Dauer der Betriebsfortführung im Insolvenzeröffnungsverfahren umfassen muss und laufend anhand der Entwicklung der Betriebsfortführung zu aktualisieren ist. Die Liquiditätsplanung für die Betriebsfortführung im Insolvenzeröffnungsverfahren unterscheidet sich dabei, wie zuvor schon kurz angesprochen, von der vorinsolvenzlichen Liquiditätsplanung in tatsächlicher und rechtlicher Hinsicht. Es sind insoweit nur die künftigen Einnahmen und Ausgaben der Betriebsfortführung unter Insolvenzbedingungen zu planen.

(i) Einnahmen

Die zu planenden Einnahmen ergeben sich, wie bei nicht insolvenzbefangenen Unternehmen auch, aus der operativen Geschäftstätigkeit, mithin dem Forderungseinzug aus Neugeschäft und Altforderungen. Besonderheiten ergeben sich hier im Tatsächlichen daraus, dass Drittschuldner bisweilen Zahlungen aufgrund des Insolvenzverfahrens zunächst nicht leisten bzw. in erheblichem Umfang (vermeintliche) Mängelgewährleistungsrechte geltend machen. Oftmals ist die Offene-Posten-Buchhaltung auch nicht um dauerhaft einredebehaftete Forderungen bereinigt. Beides ist in der Planung gegebenenfalls zu berücksichtigen.

Ferner ist bei der Umsatzplanung zu berücksichtigen, ob und inwieweit Kunden ein Ausweichen auf nicht insolvente Anbieter möglich ist oder aber mit insolvenzbedingten Auftragskündigungen zu rechnen ist.

Dagegen hat der vorläufige Insolvenzverwalter keine Möglichkeit, Einnahmen aus Desinvestitionen zu erzielen, da ihm keine Verwertungsbefugnis zukommt.[630] Veräußerungen sind regelmäßig nur möglich, soweit es sich um einen Aktivtausch handelt.[631] Ganz ausnahmsweise wird eine Verwertungsbefugnis anerkannt, wenn anderenfalls der Verlust oder Untergang des Gegenstandes droht bzw. eine einmalige Verwertungschance nach Verfahrenseröffnung verloren wäre.[632]

---

630 BGH, Urt. v. 05.05.2011 – IX ZR 144/10, ZIP 2011, 1419, Tz. 51; BGH, Beschl. v. 14.12.2000 – IX ZB 105/00, ZIP 2001, 296, 298; Nerlich/Römermann/*Mönning*, § 22 InsO Rn. 38; zur Abgrenzung Liquiditätsbeschaffung/Masseverwertung: Kübler/Prütting/Bork/*Blankenburg*, § 22 InsO Rn. 92 f.

631 Nerlich/Römermann/*Mönning*, § 22 InsO Rn. 39.

632 BGH, Urt. v. 05.05.2011 – IX ZR 144/10; ZInsO 2011, 1463, Tz. 52 ff.; MüKoInsO/*Haarmeyer/Schildt*, § 22 InsO Rn. 75, 76; Nerlich/Römermann/*Mönning*, § 22 InsO Rn. 39.

In rechtlicher Hinsicht ist bei bestehenden (künftigen) Aus- und Absonderungsrechten zu differenzieren:[633]

Der vorläufige Insolvenzverwalter kann eigentumsvorbehaltsbefangene Ware nur und insoweit veräußern oder verarbeiten, wie die dem Schuldner eingeräumte Veräußerungs- und Verarbeitungsermächtigung nicht widerrufen worden ist.[634]

Das gleiche gilt für den sicherungszedierten Forderungsbestand. Forderungseinzugserlöse aus absonderungsbefangenen Altforderungen können nur und insoweit für die Betriebsfortführung eingesetzt werden, wie die Einziehungsermächtigung zugunsten des Schuldners fortbesteht. Ist die Einziehungsermächtigung hingegen widerrufen, sind die Einzugserlöse durch den vorläufigen Insolvenzverwalter zu separieren.[635] Dies gilt nach der Rechtsprechung des BGH sowohl für Altforderungen, d.h. Forderungen, die vor Insolvenzantragstellung entstanden sind, wie auch für Neuforderungen, d.h. Forderungen, die erst nach Anordnung der vorläufigen Insolvenzverwaltung während der Betriebsfortführung im Insolvenzeröffnungsverfahren entstanden sind.[636] Diese Rechtsprechung ist in der Literatur mit guten Argumenten kritisiert worden, da sie die Betriebsfortführung im Insolvenzeröffnungsverfahren um einiges erschwert, obgleich insolvenzfeste Rechte nicht mehr entstehen können.[637] Eine ordnungsgemäße Liquiditätsplanung muss indes die höchstrichterliche Rechtsprechung berücksichtigen.

Abhilfe verschafft hier nur eine Verwertungsvereinbarung mit dem Sicherungsgläubiger (sog. unechter Massekredit[638]).

Weitere Einnahmen können sich auch aus der Aufnahme eines echten Massekredits[639] ergeben. Dieser kann sich beispielsweise als erforderlich erweisen,

---

633 Vgl. ausführlich: MüKoInsO/*Haarmeyer/Schildt*, § 22 InsO Rn. 104 ff.; BeckOK InsR/*Kopp*, § 22 InsO Rn. 40 ff.; HmbKommInsO/*Schröder*, § 22 InsO Rn. 46 ff.; Uhlenbruck/*Vallender*, § 22 InsO Rn. 48 ff.

634 Uhlenbruck/*Vallender*, § 22 InsO Rn. 48; HmbKommInsO/*Schröder*, § 22 InsO Rn. 48, 49.

635 BGH, Urt. v. 21.01.2010 – IX ZR 65/09, NZI 2010, 339, LS, Tz. 33, 40; BGH, Urt. v. 24.01.2019 – IX ZR 110/07, BGHZ 221, 10 = NZI 2019, 564, Tz. 39.

636 BGH, Urt. v. 24.01.2019 – IX ZR 110/07, BGHZ 221, 10 = NZI 2019, 274, Tz. 39.

637 *Pape*, ZInsO 2010, 1345, 1351; HmbKommInsO/*Schröder*, § 24 InsO Rn. 9; *Simokat*, NZI 2012, 57, 59.

638 Vgl. *Ganter*, NZI 2020, 249, 252; Kübler-HRI/*Warneke/Braun*, § 4 Rn. 46 ff.

639 Vgl. Kübler-HRI/*Warneke/Braun*, § 4 Rn. 45.

wenn der Schuldner Projektgeschäfte betreibt, da Zahlungseingänge dann regelmäßig erst mit Erreichen definierter Projektstadien zu erwarten sind.

Auch bei der Insolvenzgeldvorfinanzierung handelt es sich um einen Massekredit. Dieser führt jedoch nicht zu einem direkten Liquiditätszufluss bei dem Schuldner, da die Auszahlung an die einzelnen Mitarbeiter erfolgt. Der Liquiditätseffekt bildet sich in der Liquiditätsplanung jedoch durch die ersparten Aufwendungen für Löhne und Gehälter ab.

(ii) Ausgaben

Auch im Hinblick auf die Ausgaben ergeben sich insolvenzbedingte Besonderheiten.

Regelmäßig werden im Rahmen der Betriebsfortführung im Insolvenzeröffnungsverfahren bei Dauerschuldverhältnissen wie Miete oder Leasing zur Liquiditätsgewinnung die Zahlungen einer Monatsrate ausgesetzt, sofern nicht bereits vorinsolvenzlich eine Kündigung erfolgt war und infolgedessen nunmehr eine Nutzungsentschädigung mit dem Berechtigten zu verhandeln ist.

Ausgaben für Verbindlichkeiten aus Dauerschuldverhältnissen sind dabei nur zu berücksichtigen, soweit der vorläufige Insolvenzverwalter die Gegenleistung in Anspruch nimmt, und diese daher im Rang der (künftigen) Masseverbindlichkeit entsteht.[640] Dies ergibt sich daraus, dass nach höchstrichterlicher Rechtsprechung keine Haftung bei sogenannten oktroyierten Masseverbindlichkeiten besteht.[641]

Personalkosten sind regelmäßig insoweit nicht zu berücksichtigen, wie eine Insolvenzgeldvorfinanzierung in Anspruch genommen werden kann. Sollte der sich daraus ergebende Fortführungszeitraum nicht für die Prüfung der Fortführungsaussichten ausreichen, besteht, entsprechende Liquidität vorausgesetzt, die Möglichkeit, die Insolvenzgeldvorfinanzierung zu revolvieren. Dabei wird das Vorfinanzierungsdarlehen regelmäßig in Höhe einer Insolvenzgeld-Monatszahlung abgelöst, um den Insolvenzgeldzeitraum um einen Monat nach vorne zu verschieben.

Im übrigen sind die operativen Ausgaben dem erwarteten Umsatz entsprechend zu planen sowie sonstige Betriebsausgaben entsprechend dem vorinsolvenzlichen Anfall.

Nicht zu berücksichtigen sind dagegen Zins- und Tilgungsleistungen.

Neben den regelmäßig im Rahmen der Betriebsfortführung entstehenden Ausgaben können sich insolvenzbedingt weitere Ausgabepositionen z.B. aus

---

640 BGH, Urt. v. 03.04.2003 – IX ZR 101/02, BGHZ 154, 358 = NZI 2003, 369, 371.

641 BAG, Urt. v. 01.06.2006 – 6 AZR 59/06, ZIP 2006, 1830, Tz. 16.

der Beauftragung einer Bewertung des Sachanlagevermögens, der Durchführung eines M&A-Prozesses oder der begleitenden Kassenprüfung im Auftrag eines vorläufigen Gläubigerausschusses ergeben. Diese sind ebenfalls zu berücksichtigen.

(iii) Ergebnis des Liquiditätsplans

Der Liquiditätsplan sollte die durchgehende Finanzierung der Betriebsfortführung belegen, mithin die Deckung der Ausgaben durch die Einnahmen. Dies wird regelmäßig der Fall sein, wenn der vorinsolvenzlich erwirtschaftete Verlust die Personalkosten nicht übersteigt und eine Betriebsfortführung auf dem Umsatzniveau auch unter Insolvenzbedingungen möglich ist.

Ein Liquiditätsplan für die Betriebsfortführung im Insolvenzeröffnungsverfahren kann wie folgt aussehen. Das Muster ist auf den jeweiligen Einzelfall anzupassen.

	I. Startliquidität	Stichtag	KW 1	KW 2	KW 3	....	KW 12
Startliquidität	1. Liquide Mittel						
	a) Kassenbestände						
	b) Devisen						
	c) Scheck, Wechsel						
	d) Bankguthaben						
		- €					
	2. Sofortausgaben						
	a) Lieferanten/Dienstleister						
	b) Versorger						
	c) Versicherungen						
		- €					
	Summe	- €					
Einnahmen	**II. Einnahmen**						
	1. Betriebsfortführung						
	a) Barverkauf						
	b) Rechnungslegung						
	c) abzgl. Skonti						
	d) abzgl. absondergsbef. Erlöse						
			- €	- €	- €	- €	- €
	2. Erträge						
	a) Zinsen						
	b) Dividende (etc.)						
	c) Skontoertrag						
			- €	- €	- €	- €	- €
	3. Kredit						
	a) unechter Massekredit						
	b) echter Massekredit						
			- €	- €	- €	- €	- €
	Summe		- €	- €	- €	- €	- €
Ausgaben	**III. Ausgaben**						
	1. Betriebsfortführung						
	a) Material						
	b) Fremdleistung						
	c) Miete/Leasing						
	d) Versicherungen						
	e) Reparatur/Wartung						
	f) Fuhrpark						
	g) Beiträge/Abgaben						
	h) sonst. Betriebsausgaben						
			- €	- €	- €	- €	- €
	2. insolvenzbezogen						
	a) Kassenprüfung						
	b) M&A-Berater						
	c) Bewertung						
			- €	- €	- €	- €	- €
	Summe		- €	- €	- €	- €	- €
Liquidität	**IV. Liquidität**		- €	- €	- €	- €	- €

(2) Ertragsplanung

Der Liquiditätsplan ist indes nicht geeignet, den wirtschaftlichen Erfolg der Betriebsfortführung abzubilden. Erwirtschaftete Verluste machen sich hier nur, und zwar regelmäßig zu spät, durch eine Aufzehrung der liquiden Mittel bemerkbar. Erforderlich ist daher ferner die Erstellung einer Ertragsplanung.

Ausgehend von der Umsatzplanung ist eine Produktions- und Ressourcenplanung vorzunehmen. Es ist mithin zu prognostizieren, welcher Umsatz unter Insolvenzbedingungen im Insolvenzeröffnungsverfahren erwirtschaftet werden kann und welche Aufwendungen hierfür zu tätigen sind. Die Planung erfolgt periodengerecht, d.h. Erträge und Aufwendungen werden der Periode zugerechnet, in der sie verursacht bzw. realisiert werden.

Anders als bei der außerinsolvenzlichen Erfolgsplanung sind hierbei nur liquiditätswirksame Erträge und Aufwendungen zu berücksichtigen. Insolvenzbedingte Sondereffekte, wie z.B. eine Insolvenzgeldvorfinanzierung, verbessern damit das Ergebnis ebenso wie unterhalb des Entstehens eines Kündigungsrechts eingesparte Miet- und Nutzungsraten sowie nicht zu zahlende Darlehenszins- und -tilgungsraten. Auch Abschreibungen sind nicht zu berücksichtigen. Die Planung erfolgt netto.

Umsatzsteuereffekte ergeben sich mit Blick auf § 55 Abs. 4 InsO nicht.

Ein Ertragsplan für die Betriebsfortführung im Insolvenzeröffnungsverfahren kann wie folgt aussehen. Das Muster ist auf den jeweiligen Einzelfall anzupassen.

Ertragsplan
Stichtag: XX.XX.XXXX
in EUR/netto

Muster GmbH
AG Musterstadt
Az. XX IN XX/XX

	KW 1	KW 2	KW 3	....	KW 12
I. Gesamtleistung					
1. Umsatzerlöse					
a) Produkt A					
b) Produkt B					
c) Beratung/Dienstleistung					
d) Reparatur/Wartung					
	- €	- €	- €	- €	- €
2. Bestandserhöhung/-verminderung					
a) fertige Erzeugnisse					
b) unfertige Erzeugnisse					
	- €	- €	- €	- €	- €
3. sonst. betriebl. Erträge					
a) Veräußerungsgewinn BGA					
b) Schadenersatzzhlg.					
	- €	- €	- €	- €	- €
Summe	- €	- €	- €	- €	- €
II. Rohertrag					
4. Materialaufwand					
a) Roh-/Hilfs-/Betriebsstoffe					
b) Waren					
c) Fremdleistung					
	- €	- €	- €	- €	- €
Summe	- €	- €	- €	- €	- €
III. Betriebsergebnis					
5. Personalaufwand					
a) Löhne/Gehälter					
b) Sozialabgaben					
c) Altersvorsorge					
	- €	- €	- €	- €	- €
6. sonst. betriebl. Aufwand					
a) Raumkosten					
b) Miete/Leasing					
c) Heizung					
d) Gas, Wasser, Strom					
e) Wartung/Instandhaltung					
f) Versicherungen					
g) Beiträge/Gebühren					
h) Kfz-Kosten					
i) Verpackung					
j) Fracht					
k) Porto					
l) Telefon, Internet					
m) Bürobedarf					
n) Rechts-/Beratungskosten					
o) Nebenkosten Geldverkehr					
b) Buchführung					
	- €	- €	- €	- €	- €
Summe	- €	- €	- €	- €	- €

(3) Vermögensstatus

Um die Auswirkungen der Betriebsfortführung im Insolvenzeröffnungsverfahren auf die Befriedigungsaussichten der Gläubiger prüfen zu können, sind drei Vermögensstatus aufzustellen. Einer auf den Beginn der vorläufigen Insolvenzverwaltung sowie je einer unter Berücksichtigung der prognostizierten Fortführungsentwicklung sowie der prognostizierten Einstellungsentwicklung. Als Grundlage kann hier der Vermögensstatus nach § 153 InsO herangezogen werden.

(i) Beginn der vorläufigen Insolvenzverwaltung

Der Status auf den Beginn der vorläufigen Insolvenzverwaltung ist bei einer laufenden Betriebsfortführung auf der Aktivseite mit Fortführungswerten aufzustellen.

Auf der Passivseite sind die Masseverbindlichkeiten entsprechend § 152 Abs. 3 S. 2 InsO zu schätzen. Die Insolvenzforderungen des § 38 InsO sind mit dem Stand der Buchhaltung des Schuldners sowie unter Berücksichtigung gegebenenfalls ergänzender Erkenntnisse aufzunehmen.

Nachrangige Insolvenzforderungen im Sinne des § 39 InsO können regelmäßig außer Ansatz bleiben, da mit deren Befriedigung üblicherweise nicht zu rechnen ist.

Aus- und Absonderungsrechte sind anzugeben.

(ii) Vermögensstatus Betriebsfortführung

Im Vermögensstatus Betriebsfortführung sind die prognostizierten Veränderungen durch die Betriebsfortführung abzubilden.

Der Ansatz der Aktiva erfolgt ebenfalls zu Fortführungswerten. Es ergeben sich jedoch regelmäßig Veränderungen z.B. durch Verarbeitung und Verkauf von Vorräten und Waren sowie durch Forderungseinzug. Bestenfalls erfolgt hierdurch nicht nur ein Aktivtausch, sondern ein Vermögenszuwachs.

Auf der Passivseite ergeben sich Veränderungen durch im Rang der Masseverbindlichkeit begründete Verbindlichkeiten, wie in Anspruch genommene Lieferungen/Leistungen mit Zahlungsziel oder Massekredite. Ferner erhöht sich die Passivmasse durch insolvenzbedingte Sondereffekte, wie z.B. eine in Anspruch genommene Insolvenzgeldvorfinanzierung oder aber eingesparte Mietzins- und Nutzungsraten sowie Zins- und Tilgungsraten.

Aus- und Absonderungsrechte sind anzugeben, gegebenenfalls unter Berücksichtigung der Änderungen durch die Betriebsfortführung.

(iii) Vermögensstatus Betriebseinstellung

Im Vermögensstatus Betriebseinstellung sind die prognostizierten Veränderungen durch die Betriebsfortführung abzubilden. Hierbei ist das wahrscheinliche Einstellungsszenario zugrunde zu legen. Im Falle einer Ausproduktion sind entsprechende Auswirkungen ebenfalls zu berücksichtigen.

Auf der Aktivseite sind nunmehr Liquidationswerte anzusetzen.

Auf der Passivseite sind ergänzend einstellungsbedingte Masseschulden und Verbindlichkeiten, insbesondere aus auslaufenden Kündigungsfristen sowie Kündigungsfolgeschäden, mit aufzunehmen.

Aus- und Absonderungsrechte sind ebenfalls zu berücksichtigen.

(iv) Ergebnis

Aus allen drei Status sind die voraussichtlichen Quotenaussichten für die Gläubiger zu prognostizieren, und zwar im jeweiligen Verteilungsrang der InsO.

Hierbei wird sich oftmals herausstellen, dass bei positiver Sanierungsaussicht selbst eine temporär defizitäre Betriebsfortführung im Insolvenzeröffnungsverfahren im Vergleich zur Quotenverschlechterung durch die einstellungsbedingten Masseschulden und die Erhöhung der Insolvenzforderungen für die Gläubiger günstiger ist.

Ein Vergleich der Vermögensstatus kann wie folgt aussehen. Verfahrensbezogene Anpassungen sind vorzunehmen:

Vermögensstatus
Stichtag: XX.XX.XXXX
in EUR/brutto

Muster GmbH
AG Musterstadt
Az. XX IN XX/XX

		Stichtag (ST)			Fortführung (BF)			Liquidation (Liq.)		
Aktiva	**I. Aktiva**	Wert	Aus-/Absonderg	freie Masse	Wert	Aus-/Absonderg	freie Masse	Wert	Aus-/Absonderg	freie Masse
	1. Offene Einlagenansprüche									
		- €	- €	- €	- €	- €	- €	- €	- €	- €
	2. Anlagevermögen									
	a) Immaterielle VermGgst									
	Marke									
	Patent									
	b) Sachanlagen									
	Grundvermögen									
	techn. Anlagen/Maschinen									
	Betriebs-/Geschäftsausstg									
	c) Finanzanlagen									
	Beteiligungen									
		- €	- €	- €	- €	- €	- €	- €	- €	- €
	3. Umlaufvermögen									
	a) Vorräte									
	RHB									
	Halbzeuge									
	Waren									
	b) Forderungen/Sonst. VermGgst									
	aus Lieferung/Leistung									
	aus Verrechnungskonto									
	gg. verb. Unternehmen									
	c) Wertpapiere									
	d) Liquide Mittel									
	Kasse									
	Schecks									
	Bankguthaben									
		- €	- €	- €	- €	- €	- €	- €	- €	- €
	Summe	- €	- €	- €	- €	- €	- €	- €	- €	- €
Passiva	**II. Passiva**	Betrag	Aus-/Absonderg	unges. Verbdlk.	Betrag	Aus-/Absonderg	unges. Verbdlk.	Betrag	Aus-/Absonderg	unges. Verbdlk.
	1. künft. Masseverbindlichkeiten									
	a) Verfahrenskosten									
	Gerichtskosten									
	vorl. Insolvenzverwalter									
	Insolvenzverwalter									
	b) sonst. Masseverbindlichk.									
	aus Betriebsfortführg									
	ggfs. aus Liquidation									
		- €		- €	- €		- €	- €		- €
	2. Verbindlichkeiten									
	Insolvenzgläubiger (§ 38 InsO)									
	ggfs. zzgl. Kündigungsfolgeschäden									
		- €	- €	- €	- €	- €	- €	- €	- €	- €
	Summe	- €	- €	- €	- €	- €	- €	- €	- €	- €
vorauss. Quote	**III. vorauss. Quote**									
	1. freie Masse			freie Aktiva ST			freie Aktiva BF			freie Aktiva Liq.
	2. abzgl. Künftige Masseverb.									
	a) Verfahrenskosten									
	b) sonst. Masseverbindlk.			Masseverb. ST-Werte			Masseverb. BF-Werte			Masseverb. Liq.-Werte
	3. = vorauss. Verteilungsmasse			- €			- €			- €
	4. ungesicherte Insolvenzverbindlk.			per ST			bei BF			bei Liq.
	vorauss. Quote			- €			- €			- €

e) Prognosehorizont

(1) Prognosegrundlage

Der Prognose sind die erkannten und erkennbaren tatsächlichen betriebswirtschaftlichen Gegebenheiten des fortzuführenden Geschäftsbetriebes zugrunde zu legen. Dies betrifft die Vermögenslage ebenso wie die Ertrags- und Finanzlage. Ferner sind Erkenntnisse im Hinblick auf die Krisenursachen sowie zur wirtschaftlichen Lage des Unternehmens im Rahmen seiner Wirtschaftsbranche zu ermitteln und zu berücksichtigen, soweit sie Auswirkungen auf die Betriebsfortführung unter Insolvenzbedingungen im Insolvenzeröffnungsverfahren haben.

Die Prognosegrundlage wird bei Übernahme der vorläufigen Insolvenzverwaltung je nach Art und Güte des Insolvenzantrages regelmäßig noch eher begrenzt und oberflächlich sein, denn der vorläufige Insolvenzverwalter übernimmt einen ihm bisher unbekannten Geschäftsbetrieb in einem Krisenstadium noch unbekannten Ausmaßes. Die Prognosegrundlage ist daher im Verlauf des Insolvenzeröffnungsverfahrens beständig um die im Rahmen der Betriebsfortführung aber auch der gutachterlichen Prüfung und Ermittlung weiter gewonnenen Erkenntnisse anzureichern. Hier besteht insoweit ein aktive Erkundigungs- und Erforschungspflicht des vorläufigen Insolvenzverwalters.

Als Auskunftspersonen stehen ihm naturgemäß die nach §§ 20, 97, 101 InsO im Insolvenzverfahren auskunftsverpflichteten Personen zur Verfügung. Darüber hinaus wird er aber regelmäßig auch weitere und detaillierte Informationen zum Unternehmen, dessen Performance und Marktchancen aus Gesprächen und Verhandlungen mit Lieferanten und Kunden erhalten. Eine Einschätzung der Zukunftsperspektive ergibt sich ferner aus dem Rücklauf auf die Ansprache potenzieller Investoren sowie dem anschließenden Verlauf des Investorenprozesses. Als weitere Erkenntnisquellen dienen die vorhandenen betriebswirtschaftlichen Daten und Planungen.

(2) Prognosezeitraum

Der Prognosezeitraum bestimmt sich aus der Dauer des Insolvenzeröffnungsverfahrens. Dessen Dauer wird bei Betriebsfortführungsverfahren im Tatsächlichen regelmäßig durch die Prüfung der Fortführungs- und Sanierungsaussichten bestimmt. Bei Sanierungsaussichten kommt dem Insolvenzeröffnungsverfahren insoweit, wie vom Gesetzgeber der InsO auch intendiert, vorbereitende Funktion zu.[642]

Ferner ergibt sich ein liquiditätsschöpfender Effekt durch die angesprochenen insolvenzbedingten Einsparungspotenziale einer Betriebsfortführung unter Insolvenzbedingungen sowie die Inanspruchnahme von Insolvenzgeld, der oftmals bei defizitären Unternehmen die Betriebsfortführung unter

642 BT-Drucks. 12/7302, S. 158.

Vollkosten im eröffneten Insolvenzverfahren bis zur Umsetzung einer Sanierung erst ermöglicht.

Diese Praxis ist zuletzt im Zusammenhang mit dem Insolvenzverfahren über das Vermögen der Air Berlin sowie Diskussionen um die Verlängerung des Insolvenzgeldzeitraums anlässlich der COVID-19-Pandemie wieder in die Kritik geraten.[643] Die Kritik verkennt indes nach zutreffender herrschender Ansicht, dass die Insolvenzgeldvorfinanzierung einen wichtigen und unverzichtbaren Beitrag zur Ermöglichung von Unternehmensfortführungen und -sanierungen und mithin auch dem Erhalt von Arbeitsplätzen leistet[644] und damit auch der Verbesserung der Quotenaussicht dient.

Insoweit ergibt sich die Dauer der Betriebsfortführung im Insolvenzeröffnungsverfahren in aller Regel aus der Dauer des Insolvenzgeldzeitraums. Insolvenzgeld wird für maximal die dem Insolvenzereignis, hier also der Verfahrenseröffnung, vorausgegangenen drei Monate gezahlt (§ 165 SGB III). Sind bei Beginn der vorläufigen Insolvenzverwaltung bereits Lohn- und Gehaltsrückstände vorhanden, verkürzt sich der noch verfügbare Zeitraum entsprechend, es sei denn, eine Revolvierung der Insolvenzgeldvorfinanzierung, d.h. eine Ablösung des bereits in Anspruch genommen Vorfinanzierungsdarlehens bzw. der bereits aufgelaufenen Monate aus erwirtschafteter Insolvenzmasse, ist möglich. Erforderlichenfalls kann über eine Revolvierung der Insolvenzgeldvorfinanzierung auch eine Verlängerung des Eröffnungsverfahrens über drei Monate hinaus erzielt werden, wenn beispielsweise die Prüfung der Sanierungsaussichten über einen M&A-Prozess noch andauert.

(3) Prognosestichtag

Erster Prognosestichtag, mit einer dann noch eher oberflächlichen Prognosegrundlage, ist der Tag der Übernahme der vorläufigen Insolvenzverwaltung in einem Betriebsfortführungseröffnungsverfahren. Die Prognose ist sodann fortlaufend zu aktualisieren, so dass es keinen festen Prognosestichtag gibt, sondern jeder Tag des Betriebsfortführungszeitraums grundsätzlich Prognosestichtag ist.

---

643 Vgl. *Marquardt*, NZI 2020, 455; *Richter*, NZW 2018, 982 ff.

644 Vgl. nur *Frind*, ZRI 2020, 112, 118 f.; *Hunold*, NZI 2015, 785 ff.; *Knof*, ZInsO 2010, 1999, 2005; *Kremer/Fahlbusch*, ZInsO 2015, 837 ff.; HmbKomInsO/*Schmidt*, § 1 InsO Rn. 41.

f) Prognosemaßstab

Nach § 22 Abs. 1 Nr. 2 InsO ist Voraussetzung einer Zustimmung des Insolvenzgerichts zur Stilllegung des Unternehmens die Vermeidung einer erheblichen Verminderung des Vermögens. Es müssen sich mithin wie dargelegt die Befriedigungsaussichten der Gläubiger durch die Betriebsfortführung erheblich verschlechtern.

Es ist jedoch weder angegeben, ab welchem Umfang eine Vermögensminderung erheblich im Sinne der Norm ist, noch wie wahrscheinlich deren Eintritt sein muss.

(1) Dauerhaftigkeit

Mit der Stilllegung des Unternehmens des Schuldners im Insolvenzeröffnungsverfahren ist ein gravierender und irreversibler Eingriff in die Schuldnerposition zu einem Zeitpunkt verbunden, in dem über die Verfahrenseröffnung und damit auch das Vorliegen eines Insolvenzgrundes noch nicht entschieden worden ist. Zwar ist bei lebensnaher Betrachtung davon auszugehen, dass das Vorliegen eines erheblich defizitären Geschäftsbetriebs das Vorliegen eines Eröffnungsgrundes impliziert. Es mögen allerdings auch Gestaltungen denkbar sein, in denen über freie Vermögenswerte, stille Reserven oder Drittleistungen eine Abwendung des Insolvenzereignisses noch möglich erscheint. Vor diesem Hintergrund ist für eine Stilllegungsentscheidung ohne oder gegen den Willen des Schuldners erforderlich, dass die eintretende Vermögensminderung dauerhaft ist.[645] Eine nur temporäre Vermögensminderung, die beispielsweise durch künftige höhere Veräußerungserlöse im Rahmen einer übertragenden Sanierung oder die Vermeidung einer liquidationsbedingten Erhöhung der Passivmasse, z.B. aus Kündigungsfolgeschäden oder auslaufenden Kündigungsverbindlichkeiten, kompensiert wird, reicht dagegen nicht aus.

(2) Erheblichkeit

Das Adjektiv „erheblich" impliziert, dass den Gläubigern eine Vermögensminderung in unterschwelliger Höhe durchaus zugemutet wird. Somit ist fraglich, wann die Zumutbarkeitsschwelle überschritten ist. Von der Wortbedeutung her ist ein großes Ausmaß erforderlich. Dieses liegt vor, wenn die erwirtschafteten Verluste große Teile des Aktivvermögens aufzehren, ohne dass in entsprechender Höhe eine künftige Entlastung der Passivmasse bewirkt wird.[646]

---

645 MüKoInsO/*Haarmeyer/Schildt*, § 22 InsO Rn. 113.

646 MüKoInsO/*Haarmeyer/Schildt*, § 22 InsO Rn. 114.

Die Verortung der Zumutbarkeitsschwelle im darunter liegenden Raum fällt dagegen schwer, zumal prozentuale Festlegungen nur eine scheinbare Sicherheit geben. Was in einem Fall nominal gesehen eine noch angemessene Einbuße darstellen mag, kann in einem anderen Fall bei nominaler Betrachtung bereits die Opfergrenze überschreiten. Vor diesem Hintergrund erscheinen prozentuale Vorgaben, wie bspw. die Verschlechterung der Befriedigungsaussichten um 25 %,[647] ungeeignet. Maßgebend sollten die Verhältnisse des Einzelfalls bleiben.[648]

(3) Wahrscheinlichkeitsmaßstab

Da die Stilllegungsentscheidung zur Vermeidung der Wertverminderung ergehen soll, ist nicht erforderlich, dass eine erhebliche Vermögensminderung bereits eingetreten ist und nur deren Vertiefung verhindert werden soll. Gleichwohl handelt es sich bei der Stilllegung um einen Ausnahmesacherhalt der, wie sich aus dem Adjektiv „erheblich" ergibt, hohe Anforderungen hat.

Für Ausnahmesachverhalte mit hohen Anforderungen hält der BGH, wie sich aus der Grundsatzentscheidung vom 24.05.2005 zur Zahlungsfähigkeit ergibt, einen hohen Wahrscheinlichkeitsmaßstab für erforderlich, der eine mit *„an Sicherheit grenzender Wahrscheinlichkeit"* eintretende Entwicklung erfordert.[649] Damit ist das abgesenkte Beweismaß des § 294 ZPO, der (nur) überwiegenden Wahrscheinlichkeit nicht ausreichend. Der Eintritt muss des künftigen Ereignisses muss vielmehr mit dem Regelbeweismaß des § 286 ZPO zur richterlichen Überzeugung feststehen.[650] Erforderlich aber auch ausreichend ist hierfür ein *„für das praktische Leben brauchbarer Grad an Gewissheit, der Zweifeln Schweigen gebietet, ohne sie völlig auszuschließen."*[651]

Dieser hohe Wahrscheinlichkeitsmaßstab erscheint unter Berücksichtigung aller Interessen auch hier sachgerecht und angemessen.

(4) Zwischenfazit

Erforderlich ist nach alledem eine mit an Sicherheit grenzender Wahrscheinlichkeit eintretende, dauerhafte und erhebliche Vermögensminderung.

---

647 Jaeger/*Gerhardt,* § 22 InsO Rn. 84; Nerlich/Römermann/*Mönning,* § 22 InsO Rn. 176; HmbKommInsO/*Schröder,* § 22 InsO Rn. 62.

648 MüKoInsO/*Haarmeyer/Schildt*, § 22 InsO Rn. 114.

649 BGH, Urt. v. 24.05.2005 – IX ZR 123/04, BGHZ 163, 134 = NZI 2005, 547 LS 3.

650 MüKoZPO/*Prütting*, § 286 ZPO Rn. 47.

651 Vgl. nur BGH, Urt. v. 19.07.2019 – V ZR 255/17, NJW 2019, 3147, Tz. 27.

g) Zusammenfassung

Der vorläufige Insolvenzverwalter hat bei einem Betriebsfortführungsverfahren zu prognostizieren, ob die Betriebsfortführung im Insolvenzeröffnungsverfahren zu einer so erheblichen Verminderung des Schuldnervermögens führt, dass eine Stilllegung des Unternehmens gerechtfertigt ist.

Der Prognose ergibt sich als Ergebnis der Teilprognosen zur Zahlungsfähigkeit während der Betriebsfortführung, zum Betriebsfortführungserfolg sowie der Entwicklung des Vermögensstatus bei Betriebsfortführung im Vergleich zum Vermögensstatus bei Betriebseinstellung. Daraus ist die jeweilige voraussichtliche Quotenaussicht der Insolvenzgläubiger abzuleiten.

Prognosegrundlage sind die erkannten und erkennbaren tatsächlichen betriebswirtschaftlichen Gegebenheiten des fortzuführenden Geschäftsbetriebes, insbesondere die Vermögenslage ebenso wie die Ertrags- und Finanzlage. Ferner sind Erkenntnisse im Hinblick auf die Krisenursachen sowie zur wirtschaftlichen Lage des Unternehmens im Rahmen seiner Wirtschaftsbranche zu ermitteln und zu berücksichtigen, soweit sie Auswirkungen auf die Betriebsfortführung unter Insolvenzbedingungen im Insolvenzeröffnungsverfahren haben.

Prognosezeitraum ist die Dauer des Insolvenzeröffnungsverfahrens.

Prognosemaßstab ist die mit an Sicherheit grenzende Wahrscheinlichkeit einer dauerhaften und erheblichen Vermögensminderung.

2. Eröffnetes Insolvenzverfahren

Auch im eröffneten Insolvenzverfahren ergeben sich für den Insolvenzverwalter bei der Insolvenzverwaltung von Schuldnern mit laufendem Geschäftsbetrieb Anlässe für Fortführungsprognosen. Dies betrifft zum einen die laufende Betriebsfortführung, zu der der Insolvenzverwalter verpflichtet ist und zum anderen die Prognose zu den Erhaltungs- und Sanierungsaussichten, die im Rahmen der Gläubigerversammlung abzugeben ist.

a) Prognose der Erhaltungs- und Sanierungsaussichten

Hinsichtlich der Prognose zu den Erhaltungs- und Sanierungsaussichten im Rahmen der Gläubigerversammlung ist auf die vorstehenden Ausführungen zur sachverständigen Begutachtung der Fortführungs- und Erhaltungsaussichten Bezug zu nehmen.[652]

---

652 S.o. S. 117 ff.

Die bereits im Insolvenzeröffnungsverfahren getroffene Prognose ist entsprechend der Erkenntnisse der Betriebsfortführung im eröffneten Insolvenzverfahren sowie des Fortlaufs des Investorenprozesses zu aktualisieren.

b) Betriebsfortführung im eröffneten Insolvenzverfahren

Nach Verfahrenseröffnung ist der Insolvenzverwalter ebenfalls fortführungsverpflichtet. Eine Einstellung des operativen Geschäftsbetriebs des Schuldners kommt vor der Entscheidung der Gläubigerversammlung gemäß § 158 InsO nur entweder nach Zustimmung des Gläubigerausschusses oder, wenn kein Gläubigerausschuss bestellt ist, nach Information des Insolvenzgerichts und dessen ausbleibender Untersagung in Betracht. In beiden Fällen ist der Schuldner im Vorfeld zu unterrichten.

(1) Prognosezweck

Voraussetzung für die Einstellung des Geschäftsbetriebs ist, dass die Betriebsfortführung im eröffneten Insolvenzverfahren unter Vollkosten zu einer so erheblichen Verminderung der Insolvenzmasse führt, dass die Einstellungsentscheidung vernünftigerweise nicht bis zur ersten Gläubigerversammlung (§ 157 InsO) aufgeschoben werden kann. Die Prognose dient damit ebenfalls dem Schutz des Haftungsfonds vor weiteren Verlusten aus der Fortführung eines defizitären Geschäftsbetriebs, der über keine Erhaltungs- und Sanierungsaussichten verfügt. Sie sichert damit zugleich die Befriedigungsaussicht der Gläubigergemeinschaft, da mit einer frühzeitigen Einleitung einer ohnehin unvermeidlichen Betriebseinstellung die Gesamtkostenlast aus der Betriebseinstellung durch frühere Kündigungsendtermine verringert werden kann.

Die Prognose dient aber auch dem Haftungs- und Risikomanagement des Insolvenzverwalters, der gemäß § 60 InsO den Beteiligten gegenüber für die Verletzung insolvenzspezifischer Pflichten sowie gemäß § 61 InsO den Massegläubigern für den Ausfall mit Masseforderungen haftet, die durch seine Rechtshandlung begründet worden sind.

(2) Prognosegegenstand

Auch hier ergibt sich eine dreigeteilte Prognose im Hinblick auf die Zahlungsfähigkeit, den Fortführungserfolg und die Entwicklung des Vermögensstatus. Hinsichtlich der Einzelheiten kann auf die vorstehenden Ausführungen zu den

Teilprognosen im Rahmen der Betriebsfortführung im vorläufigen Insolvenzverfahren zurückgegriffen werden.[653]

(3) Prognoseanlass

Prognoseanlass ist die Verfahrenseröffnung. Im Falle einer vorangegangenen vorläufigen Insolvenzverwaltung kann hier auf die Planung des Eröffnungsverfahrens aufgesetzt werden.

(4) Prognosemethode

Zur Prognose sind ein Liquiditäts- und Ertragsplan für den Zeitraum der Betriebsfortführung unter Vollkosten aufzustellen. Ferner ist über einen Vergleich des Vermögensstatus bei Fortsetzung der Betriebsfortführung bis zur ersten Gläubigerversammlung und nachfolgender Betriebseinstellung zum Vermögensstatus bei Betriebsstillegung die voraussichtliche Entwicklung der Quotenperspektive für die Gläubigergemeinschaft abzubilden.

(5) Prognosehorizont

(a) Prognosegrundlage

Der Prognose sind insbesondere die im Rahmen der vorläufigen Insolvenzverwaltung erkannten und erkennbaren tatsächlichen betriebswirtschaftlichen Gegebenheiten des fortzuführenden Geschäftsbetriebes zugrunde zu legen sowie deren sich verfahrensbedingt abzeichnende Entwicklung. Dies betrifft die Vermögenslage ebenso wie die Ertrags- und Finanzlage. Ferner sind die Ermittlungs- und Analyseergebnisse zu den Krisenursachen und der wirtschaftlichen Lage des Unternehmens im Rahmen seiner Wirtschaftsbranche zu berücksichtigen und schließlich auch das Ergebnis eines etwaigen Investorenprozesses.

(b) Prognosezeitraum

Der Liquiditäts- und Ertragsplanung ist der Zeitraum bis zur ersten Gläubigerversammlung zugrunde zu legen, sofern sogleich im Anschluss eine Betriebsstillegung ohne Ausproduktion erfolgen soll bzw. im Falle einer Ausproduktion nach Betriebsstellung dieser Zeitraum. Den Vermögensstatus ist jeweils die Entwicklung bis zum Vollzug der Betriebseinstellung zugrunde zu legen.

653 S.o. S. 199 ff.

(c) Prognosestichtag
Erster Prognosestichtag ist der Tag der Verfahrenseröffnung. Die Prognose ist auch hier während des Zeitraums bis zur ersten Gläubigerversammlung fortzuschreiben und laufend zu aktualisieren.

(6) Prognosemaßstab

Die Betriebseinstellung vor dem Berichtstermin ist zu untersagen, wenn diese ohne eine erhebliche Verminderung der Insolvenzmasse bis zum Berichtstermin aufgeschoben werden kann. Im Umkehrschluss ist für eine zulässige Betriebseinstellung vor dem Berichtstermin erforderlich, dass anderenfalls eine erhebliche Verminderung der Insolvenzmasse eintritt. Die erhebliche Verminderung der Insolvenzmasse kann sich dabei sowohl aus dem Betriebsfortführungsverlust ergeben wie auch aus den zusätzlich anfallenden Masseverbindlichkeiten bei einer späteren Betriebseinstellung, z.B. durch spätere Kündigungsendtermine.

(a) Dauerhaftigkeit
Mit der Stilllegung des Unternehmens vor einer Entscheidung der Gläubigerversammlung ist ein erheblicher Eingriff in das Recht der Gläubigergemeinschaft zur Entscheidung über den Fortgang des Verfahrens (§ 157 InsO) und damit auch über die Realisierung der Vermögenswerte verbunden. Zwar ergeben sich bei lebensnaher Betrachtung aus einem unter Vollkosten erheblichen defizitären Geschäftsbetrieb deutliche Anhaltspunkte dafür, dass dieser nicht sanierungsgeeignet ist, gleichwohl mögen Gestaltungen denkbar sein, in denen sich jedenfalls bessere Verwertungsperspektiven ergeben können.

Vor diesem Hintergrund ist für eine Stilllegungsentscheidung ohne Entscheidung der Gläubigerversammlung nach hiesigem Auffassung ebenfalls erforderlich, dass die eintretende Vermögensminderung dauerhaft ist.[654] Eine nur temporäre Vermögensminderung, die beispielsweise durch künftige höhere Veräußerungserlöse im Rahmen einer übertragenden Sanierung oder die Vermeidung einer liquidationsbedingten Erhöhung der Passivmasse, z.B. aus Kündigungsfolgeschäden oder auslaufenden Kündigungsverbindlichkeiten, kompensiert wird, reicht dagegen nicht aus.

(b) Erhebliche Verminderung der Insolvenzmasse
Wie bei der Betriebsstillegung im Eröffnungsverfahren (§ § 22 Abs. 1 Nr. 2 InsO) verwendet der Gesetzgeber auch hier das Adjektiv „erheblich“. Mithin

654 S. auch o. S. 217.

muss auch hier eine dauerhafte Vermögensminderung großen Ausmaßes gegeben sein, um die Erheblichkeitsschwelle zu überschreiten. Mit den obigen Gründen ist auch hier jeweils eine Einzelfallbetrachtung vorzunehmen, für die keine starren prozentualen Vorgaben gemacht werden können.[655]

(c) Wahrscheinlichkeitsmaßstab

Ein Wahrscheinlichkeitsmaßstab ist auch für die Betriebseinstellung vor der Gläubigerentscheidung nicht vorgegeben worden. Aus den bereits für die Betriebseinstellung im Insolvenzeröffnungsverfahren dargelegten Erwägungen[656] ist auch hier eine mit an Sicherheit grenzende Wahrscheinlichkeit der erheblichen Vermögensminderung erforderlich.

(d) Zwischenfazit

Erforderlich ist nach alledem eine mit an Sicherheit grenzender Wahrscheinlichkeit eintretende, dauerhafte und erhebliche Vermögensminderung.

(7) Zusammenfassung

Der Insolvenzverwalter hat bei einem Betriebsfortführungsverfahren zu prognostizieren, ob die Betriebsfortführung im Insolvenzverfahren zu einer so erheblichen Verminderung des Schuldnervermögens führt, dass eine Stilllegung des Unternehmens noch vor dem Berichtstermin gerechtfertigt ist.

Die Prognose ergibt sich als Ergebnis der Teilprognosen zur Zahlungsfähigkeit während der Betriebsfortführung, zum Betriebsfortführungserfolg sowie der Entwicklung des Vermögensstatus bei Betriebsfortführung im Vergleich zum Vermögensstatus bei Betriebseinstellung. Daraus ist jeweils die voraussichtliche Quotenaussicht der Insolvenzgläubiger abzuleiten.

Prognosegrundlage sind insbesondere die im Rahmen der vorläufigen Insolvenzverwaltung erkannten und erkennbaren tatsächlichen betriebswirtschaftlichen Gegebenheiten des fortzuführenden Geschäftsbetriebes sowie deren sich verfahrensbedingt abzeichnende Entwicklung. Dies betrifft die Vermögenslage ebenso wie die Ertrags- und Finanzlage. Ferner sind die Ermittlungs- und Analyseergebnisse zu den Krisenursachen und der wirtschaftlichen Lage des Unternehmens im Rahmen seiner Wirtschaftsbranche zu berücksichtigen und schließlich auch das Ergebnis eines etwaigen Investorenprozesses.

Prognosezeitraum ist der Zeitraum bis zum Berichtstermin.

---

655 S.o. S. 217.

656 S.o. S. 218.

Prognosemaßstab ist die mit an Sicherheit grenzende Wahrscheinlichkeit einer dauerhaften und erheblichen Vermögensminderung.

B. Insolvenzplanvergleichsrechnung

Mit dem SanInsFoG hat der Gesetzgeber, einer Empfehlung der ESUG-Evaluationskommission folgend,[657] die Anforderungen an den darstellenden Teil des Insolvenzplans präzisiert und neben der ausdrücklichen Anforderung einer Vergleichsrechnung mit § 220 Abs. 2 S. 3 InsO ein Kongruenzgebot normiert. Danach ist die Vergleichsrechnung auf Basis vergleichbarer Szenarien zu erstellen. Sieht der Insolvenzplan die Fortführung des Unternehmens vor, ist diese auch der Planvergleichsrechnung zugrunde zu legen. Eine Ausnahme ist nur zulässig, wenn der Verkauf des Unternehmens oder aber eine anderweitige Fortführung aussichtslos sind. Mithin ist auch hier eine Fortführungsprognose für die (fiktive) Fortführung des Unternehmens im Regelinsolvenzverfahren erforderlich.

1. Prognosezweck

Die Vergleichsrechnung bildet die Grundlage für die Entscheidung der Gläubiger über die Annahme oder die Ablehnung des Insolvenzplans. Mit dem Kongruenzgebot will der Gesetzgeber vermeiden, dass durch die Gestaltung des Vergleichsszenarios die Planannahmeentscheidung unzulässig beeinflusst wird, indem eine potenzielle Quote aus dem Regelinsolvenzverfahren künstlich klein gerechnet wird.[658]

2. Prognosegegenstand

Nach dem Gesetzeswortlaut sind die Möglichkeiten eines Verkaufs des Unternehmens oder einer anderweitigen Fortführung zu prognostizieren.

a) Anderweitige Fortführung

Das Insolvenzverfahren dient der gemeinschaftlichen Gläubigerbefriedigung durch Verwertung des Schuldnervermögens oder durch eine abweichende Befriedigungsregelung im Rahmen eines Insolvenzplans (§ 1 InsO). Damit kommt als Alternativszenario eine dauerhafte Betriebsfortführung unter Insolvenzbedingungen, auch wenn der Wortlaut des § 220 InsO etwas anderes

---

657 BT-Drucks. 19/24181, S. 200; ESUG-Evaluationsbericht v. 07.12.2011, S. 191.
658 BT-Drucks. 19/24181, S. 200.

nahelegen könnte, nicht in Betracht. Eine Gläubigerbefriedigung durch Erwirtschaftung künftiger Erträge kann nur im Rahmen eines Insolvenzplans erzielt werden.

Zu prognostizieren ist daher, ob, unter welchen Bedingungen und mit welchem Ergebnis eine Betriebsfortführung mit einer alternativen Sanierung im Regelinsolvenzverfahren möglich ist.

Hierfür ist allerdings zunächst zu prognostizieren, ob eine Betriebsfortführung im Regelinsolvenzverfahren in rechtlicher, wirtschaftlicher und tatsächlicher Hinsicht darstellbar ist.

b) Verkauf des Unternehmens

Sodann ist zu prüfen, ob und unter welchen gegebenenfalls erforderlichen Sanierungs- und Restrukturierungsmaßnahmen das Unternehmen im Regelinsolvenzverfahren verkauft werden kann. Als Unternehmen ist in diesem Sinn der operative Geschäftsbetrieb zu verstehen. Sollte eine Gesamtveräußerung nicht möglich sein, sind auch Teilveräußerungen gegebenenfalls mit flankierender Teilbetriebseinstellung zu prüfen.

c) Alternatives Planszenario

Bei mehreren in Betracht kommenden Alternativszenarien ist die bestmögliche Verwertungsalternative zugrunde zu legen, nicht hingegen ein denkbares oder gegebenenfalls auch vorliegendes alternatives Planszenario.

Im Falle eines vorliegenden alternativen Planszenarios ergeben sich die Vergleichsparameter bereits aus beiden Insolvenzplänen, da beide eine Vergleichsrechnung entsprechend dem Kongruenzgebot des § 220 Abs. 2 InsO, zur Fortführung und Sanierung im Insolvenzverfahren enthalten müssen.

Ein nur denkbares alternatives Planszenario ist dagegen mangels Konkretisierung keine tatsächliche Verwertungsalternative für die Gläubiger. Hier ist, wie sich auch aus den Regelungen zum Obstruktionsverbot (§ 245 Abs. 1 Nr. 1 InsO) sowie zum Minderheitenschutz (§ 251 Abs. 1 InsO) ergibt, allein die Verwertung im Regelinsolvenzverfahren Vergleichsmaßstab.[659]

Hölzle fordert darüber hinaus auch eine Prognose zu Alternativszenarien nebst begründeter Darlegung, weshalb die Möglichkeit eines alternativen

659 So auch Brünkmans/Thole/*Brünkmans*, Handbuch Insolvenzplan, § 2 Rn. 92.

Insolvenzplans mit weniger intensiven Eingriffen in die Rechtsposition der Gläubiger ausscheidet.[660]

Das ist nach hiesigem Verständnis indes ein Prüfungskomplex, der ausschließlich dem Insolvenzverwalter bzw. im Eigenverwaltungsverfahren dem Sachwalter zugewiesen ist. Der Insolvenzverwalter muss im Berichtstermin (§ 156 Abs. 1 S. 2 InsO) sowie in seiner Stellungnahme zum Insolvenzplan (§ 232 Abs. 1 InsO) zu den Fortführungs- und Sanierungsaussichten für das Unternehmen des Schuldners Stellung nehmen. Der Sachwalter hat im Berichtstermin zum Bericht des eigenverwaltenden Schuldners Stellung zu nehmen (§ 281 Abs. 2 S. 2 InsO). Hierzu gehört jeweils auch die Frage, ob ein alternativer, besserer Insolvenzplan darstellbar ist.

Eine Erläuterung dazu kann daher in einen verwaltererstellten Insolvenzplan aufgenommen werden. Die Aufnahme in einen schuldnererstellten Insolvenzplan erscheint dagegen weder erforderlich noch sachgerecht, da die Gläubiger eine neutrale Einschätzung über den Insolvenzverwalter bzw. Sachwalter erhalten. Der Schuldner kann dagegen eine vergleichbar unvoreingenommene Einschätzung kaum leisten, da ihm das eigene Planumsetzungsinteresse den Blick für anderweitige und gar bessere Lösungsalternativen verstellen dürfte.[661]

d) *Zwischenfazit*

Die Prognose ist nach alledem zweigeteilt:

- Zum einen ist zu prüfen, ob eine Betriebsfortführung im Insolvenzverfahren möglich, d.h. durchfinanziert ist. Ferner ist deren wirtschaftliches Ergebnis zu prognostizieren.
- Zum anderen ist zu prognostizieren, ob in einem Insolvenzverfahren eine Veräußerung des Geschäftsbetriebs insgesamt oder von Teilbetrieben möglich ist.

3. *Prognoseanlass*

Prognoseanlass ist die Ausarbeitung des Insolvenzplans durch den Planersteller.

---

660 *Hölzle*, Praxisleitfaden, § 220 InsO Rn. 11 unter Berufung u.a. auf K. Schmidt/*Spliedt*, § 220 InsO Rn. 6 und HK-InsO/*Haas*, § 220 InsO InsO Rn. 2.

661 Vgl. auch zum Zielkonflikt: *Fröhlich*, ZInsO 2022, 186 f.

4. *Prognosemethode*

Die Vergleichsrechnung soll einen Vergleich der Insolvenzquote bei Plandurchführung mit der voraussichtlichen Insolvenzquote bei alternativer Betriebsfortführung und Veräußerung im Regelinsolvenzverfahren ermöglichen.

a) Fortführung im Regelinsolvenzverfahren

Sie enthält mithin eine Fortführungskomponente, gemäß den Ausführungen zur Betriebsfortführung im Insolvenz(eröffnungs)verfahren, die über eine Liquiditäts- und Ertragsplanung abzubilden ist.[662]

b) Veräußerung im Regelinsolvenzverfahren

Fraglich ist demgegenüber, wie zu prüfen ist, ob der Verkauf des Unternehmens aussichtlos ist.

Die Gesetzesbegründung verhält sich hierzu nicht. Der Gesetzgeber hat davon abgesehen, die Durchführung eines M&A-Prozesses verpflichtend vorzuschreiben. Die ESUG-Evaluationskommission hatte diese Möglichkeit zwar angedacht aber als zu weitgehend abgelehnt,[663] so dass anzunehmen ist, dass der Gesetzgeber diese Einschätzung mit der Wahl der von der ESUG-Evaluationskommission vorgeschlagenen Zweifelsregelung teilt.[664]

Das StaRUG enthält in § 6 Abs. 2 StaRUG eine wortidentische Regelung, sodass es im Sinne der Einheitlichkeit des Gesetzgebungsverfahrens als zulässig angesehen wird, zur Auslegung des § 220 Abs. 2 InsO auch auf die ausführlichere Gesetzesbegründung zu § 6 Abs. 2 StaRUG zurückzugreifen.[665] Aus dieser ergibt sich, dass die Abweichung von der Fortführungsvergleichsrechnung einer fundierten Begründung bedarf.[666]

Eine schlichte Behauptung ist damit bereits unzureichend.

Fraglich ist jedoch, ob es für eine fundierte Begründung zwingend erforderlich ist, einen M&A-Prozesses im Sinne eines Dual-Track durchzuführen, oder aber, ob ein Gutachten über den Ausgang eines hypothetischen M&A-Prozesses, z.B. im Sinne einer Fairness Opinion,[667] ausreichend ist.

---

662 Vgl. S. 197 ff.

663 ESUG-Evaluation, S. 191 – Option 3.

664 *Hölzle,* Praxisleitfaden, § 220 InsO Rn. 14.

665 *Hölzle*, Praxisleitfaden, § 220 InsO Rn. 20; *Skauradszun*, ZIP 2021, 1091, 1092 f.

666 BT-Drucks. 19/24181, S. 116.

667 Vgl. IDW S 2, IDW Life 2/2022, Rn. 81; *Girotto/Czernay*, NZI Beil. 2021, 66, 68.

(1) Fairness Opinion

Fairness Opinion sind nach der Definition des IDW „*fachliche Stellungnahmen zu dem Ergebnis eines Entscheidungsprozesses, insb. zur finanziellen Angemessenheit eines Transaktionspreises.*“[668] Diese kommen „*typischerweise (…) bei unternehmerischen Initiativen zum Einsatz, die häufig mit zeitlichen Restriktionen und eingeschränktem Informationszugang einhergehen.*“[669] Das klingt auf den ersten Blick nach einer exakten Beschreibung des hiesigen Einsatzbereichs. Dem ist allerdings entgegenzuhalten, dass Fairness Opinion bereits nach dem Selbstverständnis des IDW S 8 weder eine gesetzlich veranlasste Angemessenheitsprüfung und der dieser zugrunde liegenden Bewertung ersetzen noch ein Instrument zur Ermittlung von Unternehmenswerten sein sollen.[670] Ferner sieht der Standard eine Beurteilung aus Sicht des Auftraggebers vor.[671] Zudem sind keine Aussagen zu möglicherweise vorteilhafteren Transaktionen zu treffen.[672] Damit sind Fairness Opinion kein geeignetes Mittel, um den mit der Prämisse der bestmöglichen Gläubigerbefriedigung zu ermittelnden Vergleichsmaßstab zu bestimmen.[673]

(2) Sachverständigengutachten

Jetzt könnte natürlich auch ein freier Bewertungsauftrag formuliert werden, der eine Bewertung aus Sicht der Gläubigergemeinschaft sowie die Prüfung möglicher Sanierungsalternativen vorsieht.

Fröhlich schlägt z.B. für die Restrukturierungsplanvergleichsrechnung, die der Insolvenzplanvergleichsrechnung entsprechend ausgebildet ist, vor, eine „Fairness Opinion“ nach den Grundsätzen der Deutsche Vereinigung für Finanzanalyse und Asset Management e.V. (DVFA e.V.) einzuholen.[674] Diese unterscheidet sich von der vorstehenden Fairness Opinion nach IDW S 8 insoweit, als ein Transaktionsexperte verschiedene Lösungsszenarien in möglichen Erwerberkonzepten abbildet und hieraus einen Erwartungswert-Marktpreis ableitet.

---

668 IDW S 8, IDW Life 2/2022 Rn. 2.

669 IDW S 8, IDW Life 2/2022 Rn. 2.

670 IDW S 8, IDW Life 2/2022 Rn. 2.

671 IDW S 8, IDW Life 2/2022 Rn. 4.

672 IDW S 8, IDW Life 2/2022 Rn. 4.

673 So auch für die Restrukturierungsplan-Vergleichsrechnung: *Fröhlich*, ZInsO 2022, 186, 187; a.A. *Girotto/Czernay*, NZI-Beil. 2021, 66, 68.

674 *Fröhlich*, ZInsO 2022, 186, 188 f.

Hier ist allerdings nicht ersichtlich, woraus sich der Mehrwert einer solchen kostenträchtigen Begutachtung für die Gläubigergemeinschaft ergeben sollte. Eine Einschätzung der Erhaltungs- und Sanierungsaussichten hat sie bereits über den Insolvenzverwalter bzw. Sachwalter erhalten. Das Gutachten über einen hypothetischen M&A-Prozess bzw. über mögliche Erwartungswert-Marktpreise bleibt indes mit der Prognoseunsicherheit belastet. Die Gläubigergemeinschaft erhält nur eine Einschätzung (= Bewertung), nicht dagegen – wie vom Gesetz gefordert – eine Aussicht (= Möglichkeit).

(3) M&A-Prozess (Dual-Track)

Die belastbareren Werte wird zudem regelmäßig die Durchführung eines echten M&A-Prozesses hervorbringen. Allerdings darf nicht übersehen werden, dass der M&A-Prozess gegebenenfalls durch das Planvorhaben des Schuldners respektive dessen Gesellschafter tangiert wird.[675] Dieses kann bereits dazu führen, dass potenzielle Interessenten von einer Teilnahme am Investorenprozess absehen, da sie diesen nur als Scheinveranstaltung, und damit ihre tatsächlichen Erwerbschancen als gering bis nicht vorhanden, einschätzen. Ferner kann auch die Unternehmenspräsentation, durch das Eigeninteresse geprägt, weniger werblich ausfallen. Ein M&A-Prozess ist zudem aufwendig und belastet sowohl personelle wie auch wirtschaftliche Ressourcen. Diese Erschwernisse dürfen indes nicht dazu führen, dass die Gläubigergemeinschaft auf eine noch unsicherere Einschätzung verwiesen wird.

Nach alledem sprechen im Regelfall die überwiegenden Gründe für das Erfordernis der Durchführung eines M&A-Prozesses, um eine Fortführungsaussicht oder deren Fehlen fundiert begründen zu können.[676] Dem steht nach hiesigem Verständnis auch nicht die gesetzgeberische Entscheidung gegen die Aufnahme eines verpflichtenden M&A-Prozesses entgegen. Diese gibt vielmehr die Möglichkeit, der Diversität der Unternehmenslagen Rechnung zu tragen und im begründeten Ausnahmefall von einem M&A-Prozess absehen zu können.[677]

675 Vgl. auch *Fröhlich*, ZInsO 2022, 186 f.

676 So auch *Harig/Harder*, ZRI 2021, 67, 72.

677 So auch *Hölzle*, Praxisleitfaden, § 220 InsO Rn. 23.

5. *Prognosehorizont*

a) *Prognosegrundlage*

Der Fortführungsprognose sind entsprechend den Grundsätzen zum Sanierungskonzept[678] die erkannten und erkennbaren tatsächlichen betriebswirtschaftlichen Gegebenheiten des fortzuführenden Geschäftsbetriebes im Rahmen seiner Wirtschaftsbranche zugrunde zu legen. Dies betrifft die Vermögenslage ebenso wie die Ertrags- und Finanzlage. Etwaig zur Herstellung der Veräußerbarkeit erforderliche Sanierungs- und Restrukturierungsmaßnahmen sind zu berücksichtigen.

Der Veräußerungsprognose ist das Ergebnis des M&A-Prozesses bzw., sofern dieser noch nicht abgeschlossen ist, dessen voraussichtlicher Ausgang zugrunde zu legen. Vorliegende Kauf- und Übernahmeangebote sind erforderlichenfalls im Hinblick auf ihre Umsetzbarkeit zu prognostizieren. Liegen dagegen nur indikative Kaufangebote oder Absichtserklärungen vor, ist deren Konkretisierung und Umsetzbarkeit zu prognostizieren.

b) *Prognosezeitraum*

Der Prognosezeitraum ergibt sich aus dem Zeitraum, der für die jeweilige Umsetzung der Lösung erforderlich ist.

c) *Prognosestichtag*

Prognosestichtag ist der Erörterungs- und Abstimmungstermin über den Insolvenzplan (§ 235 InsO).

6. *Prognosemaßstab*

Fraglich ist ferner, welcher Prognosemaßstab anzulegen ist. Das Gesetz fordert die Aussichtslosigkeit des Verkaufs oder der anderweitigen Fortführung.

a) *Aussichtlosigkeit*

Nach § 220 Abs. 2 S. 3 InsO ist die Fortführungsvergleichsrechnung im Regelinsolvenzverfahren der Regelfall. Hiervon darf nur abgewichen werden, wenn eine Fortführung sowie ein Verkauf im Regelinsolvenzverfahren aussichtslos sind.

---

678 S.o. S. 112.

Der Begriff wird nicht definiert und auch in der Gesetzesbegründung zu den Änderungen in § 220 InsO nicht weiter erläutert. Wie vorstehend bereits angesprochen, wird in § 6 Abs. 2 StaRUG eine wortidentische Regelung verwendet. Doch auch hier finden sich in der Gesetzesbegründung keine weiteren Anhaltspunkte dafür, ab wann von einer Aussichtslosigkeit auszugehen ist.

Von der Wortbedeutung her, ist etwas aussichtslos, wenn es ohne jede Aussicht auf Erfolg ist.[679] Eine Aussichtslosigkeit der Fortführung und Veräußerung des Geschäftsbetriebs im Regelinsolvenzverfahren ist somit nur und insoweit gegeben, wie keine Betriebsfortführung möglich und auch kein alternatives Fortführungsszenario wahrscheinlich ist.[680] Sind anstelle einer Veräußerung des Gesamtbetriebs nur Veräußerungen von Teilbetrieben möglich, ist dieses Szenario zugrunde zu legen.[681]

b) *Wahrscheinlichkeit*

Es ist eine Prognose zur Aussichtslosigkeit vorzunehmen, so dass sich weiter fragt, mit welcher Wahrscheinlichkeit die Aussichtslosigkeit gegeben sein muss. Die Vorschrift dient dem Gläubigerschutz. Der Schuldner soll nach der Gesetzesbegründung „*nicht ohne eine solche fundierte Begründung eine Liquidation unterstellen dürfen und sich damit größere Spielräume für Eingriffe in die Rechte der Planbetroffenen verschaffen können.*“[682] Anerkannter Prognosemaßstab ist in den vorstehend ausgeführten Fällen vergleichbarer Fortführungsprognosen die überwiegende Wahrscheinlichkeit. Diese ist im Sinne der Einheit der Rechtsordnung daher auch hier erforderlich. Anhaltspunkte für das Erfordernis eines höheren Wahrscheinlichkeitsmaßstabs sind weder ersichtlich noch erscheint dieser erforderlich.

c) *Zwischenfazit*

Um in der Vergleichsrechnung auf ein Liquidationsszenario umstellen zu können, ist daher erforderlich, dass in rechtlicher, wirtschaftlicher und tatsächlicher Hinsicht mehr gegen als für eine Betriebsfortführung sowie Veräußerung des Geschäftsbetriebs im Regelinsolvenzverfahren spricht.

---

679 *Dudenredaktion*, abrufbar unter https://www.duden.de/rechtschreibung/ aussichtlos (Abruf v. 15.03.2022).

680 *Skauradszun*, ZIP 2021, 1091, 1093, 1095.

681 *Skauradszun*, ZIP 2021, 1091, 1094.

682 BT-Drucks. 19/24181, S. 116 zum identisch formulierten § 6 Abs. 2 StaRUG.

7. Zusammenfassung

In der Planvergleichsrechnung ist eine Fortführungsprognose im Hinblick auf die Fortführung des Unternehmens sowie übertragende Sanierung des Geschäftsbetriebs im Regelinsolvenzverfahren vorzunehmen.

Die Prognose zur Betriebsfortführung erfolgt über eine Liquiditäts- und Ertragsplanung unter Insolvenzbedingungen entsprechend den Ausführungen zur Fortführungsprognose bei Betriebsfortführung im Insolvenz(eröffnungs) verfahren. Die Prognose zur Sanierungsaussicht im Regelinsolvenzverfahren erfolgt über einen als Dual Track ausgestalteten M&A-Prozess.

Prognosegrundlage sind die nach Maßgabe der Grundsätze zum Sanierungskonzept erarbeiteten, erkannten und erkennbaren tatsächlichen betriebswirtschaftlichen Gegebenheiten des zu sanierenden Geschäftsbetriebs.

Den Prognosemaßstab bildet die überwiegende Wahrscheinlichkeit.

Kapitel 5 Fortführungsprognose als Eingangsschranke der Sanierungsverfahren

Fortführungsprognosen finden sich schließlich auch als Eingangsschranken des präventiven Restrukturierungsrahmens sowie des Eigenverwaltungsverfahrens. Ferner ist über das Kongruenzgebot des § 6 Abs. 2 StaRUG bei der Erstellung der Planvergleichsrechnung eine Fortführungsprognose erforderlich.

I. Präventiver Restrukturierungsrahmen

Im Restrukturierungsverfahren nach dem StaRUG sind Fortführungsprognosen im Rahmen der Bestandsfähigkeitserklärung (§ 14 Abs. 1 StaRUG) und der Planvergleichsrechnung (§ 6 Abs. 2 StaRUG) erforderlich.

A. Bestandsfähigkeitserklärung

Dem Restrukturierungsplan ist gemäß § 14 Abs. 1 StaRUG eine „*begründete Erklärung zu den Aussichten darauf beizufügen, dass die drohende Zahlungsunfähigkeit des Schuldners durch den Plan beseitigt wird und dass die Bestandsfähigkeit des Schuldners sicher- oder wiederhergestellt wird.*“

1. Prognosezweck

Der Gesetzgeber folgt mit dieser Vorschrift der Vorgabe der EU-Richtlinie aus Art. 8 Abs. 1 lit. h.[683] Dieser ist in Zusammenhang mit den Erwägungsgründen zu sehen. Nach Erwägungsgrund 2 der EU-Richtlinie hat der präventive Restrukturierungsrahmen das Ziel, „*den Gesamtwert für die Gläubiger – im Vergleich zu dem, was sie im Falle der Liquidation des Gesellschaftsvermögens oder im Falle des nächstbesten Alternativszenarios ohne Plan erhalten hätten – (…) zu maximieren.*“ Eine entsprechende Wertmaximierung ist danach nur gegeben, wenn der Erhaltungsnutzen den Insolvenzvermeidungsnutzen übersteigt. Dies ist im Rahmen der Bestandsfähigkeitserklärung zu prognostizieren.

---

683 RL (EU) 2019/1023; BT-Drucks. 19/24181, S. 120.

2. *Prognosegegenstand*

Sowohl § 14 Abs. 1 StaRUG wie auch der ihm zugrunde liegende Art. 8 Abs. 1 lit. h der EU-Richtlinie fordern die Verhinderung der Insolvenz und die Gewährleistung der Bestandsfähigkeit.

a) Insolvenzverhinderung

Für das Erfordernis der Insolvenzverhinderung ist nach § 14 Abs. 1 StaRUG aber nicht nur die Beseitigung der Pflichtantragsgründe der Zahlungsunfähigkeit (§ 17 InsO) und der Überschuldung (§ 19 InsO), sondern auch die Beseitigung des fakultativen Insolvenzgrundes der drohenden Zahlungsunfähigkeit (§ 18 InsO) erforderlich. Es ist mithin die Durchfinanzierung der weiteren Betriebsfortführung zu prognostizieren.

b) Bestandsfähigkeit

Ferner wird, wie die vorstehenden Ausführungen zu den bisherigen vorinsolvenzlichen und insolvenzrechtlichen Fortführungsprognosen gezeigt haben, erstmals über die Beseitigung der Insolvenzgründe hinaus auch die Sicher- bzw. Wiederherstellung der Bestandsfähigkeit des Schuldners gefordert.

Bereits die Formulierung macht deutlich, dass es sich um zwei Merkmale unterschiedlichen Inhalts handelt. Wäre die Beseitigung der Insolvenzgründe allein ausreichend, hätte es heißen müssen „und *dadurch* die Bestandsfähigkeit sicher- oder wiederhergestellt wird."

Es ist auch nicht davon auszugehen, dass es sich hierbei um eine Formulierungsungenauigkeit handelt. Der Gesetzgeber übernimmt vielmehr die Anforderungen der Richtlinie nicht nur, sondern hat diese auf das hiesige System der Insolvenzantragsgründe angepasst und sogar im Bereich der Insolvenzvermeidung verschärft, indem nicht nur die Beseitigung der Pflichtantragsgründe (§§ 17, 19 InsO), sondern auch des fakultativen Insolvenzgrundes (§ 18 InsO) gefordert wird.

Diese doppelte Anforderung ist auch sinn- und zweckgerecht. Sie steht vor dem Hintergrund des Erwägungsgrunds 2 der Richtlinie. Aus diesem ergibt sich die Erwartungshaltung, dass der präventive Restrukturierungsrahmen zu einer nachhaltigen Sanierung des Unternehmens führen soll. Eine Krise soll danach in einem Sanierungsverfahren gelöst und beseitigt werden. Die hier gewählte Lösung des Gesetzgebers führt vor diesem Hintergrund dazu, dass Kettensanierungen über nachgeschaltete Sanierungsverfahren vermieden werden. Dies ist aus Sicht der Gläubiger auch unbedingt erforderlich, da sie sonst Gefahr liefen, binnen kurzer Zeit mehrere Vermögenseinbußen hinnehmen zu müssen, indem sie zunächst im Restrukturierungsrahmen einen ersten Forderungsverlust erleiden und sodann in einem nachfolgenden Insolvenzverfahren auf Basis der geminderten Forderungshöhe einen weiteren Forderungsverlust. Ein solches Doppelopfer wäre nicht sachgerecht.

Damit ist zunächst festgestellt, dass die Bestandsfähigkeit ein über die reine Zahlungsfähigkeit hinausgehender Zustand ist, der einen weiteren Sanierungsbedarf des Schuldners vermeidet.[684]

Ferner war zuvor bereits festgestellt worden, dass der Sanierungsnutzen den reinen Insolvenznutzen des Gläubigers nach der Vorstellung des Richtliniengebers übersteigen soll. Das ist nur der Fall, wenn das restrukturierte Unternehmen künftig wieder als belastbarer Marktteilnehmer zur Verfügung steht und nicht nur als „unsicherer Kantonist am Rande der Insolvenzreife".

Sanierungstechnisch betrachtet, handelt es sich bei der Sanierung im präventiven Restrukturierungsrahmen um eine finanzwirtschaftliche Sanierung.[685] Wenn diese erfolgreich sein und zu einem Fortbestand des Unternehmens führen soll, ist erforderlich, dass eine finanzwirtschaftliche Dysbalance nicht in kurzer Zeit wieder entsteht. Dies wäre der Fall, wenn sich das Unternehmen in einer Ergebniskrise befände, da die erwirtschafteten Verluste die Liquidität aufzehren. Dem könnte insolvenzvermeidend zwar mit weiteren Finanzhilfen begegnet werden. Damit würde das Unternehmen jedoch seine Autonomie verlieren, da es fortan im Fortbestand von der Bewilligung von externen Liquiditätshilfen und mithin der Entscheidung der Kapitalgeber abhängig wäre. Es wäre mithin nicht mehr aus sich heraus – aus eigener Kraft – bestandsfähig.

Damit ist nach hiesigem Verständnis neben der Wiederherstellung der Zahlungsfähigkeit auch die Sicherstellung bzw. Wiederherstellung der Ertragsfähigkeit erforderlich. Eine darüber hinausgehende Wiederherstellung der Rentabilität sowie des Eigenkapitals ist dagegen nicht erforderlich.[686] Diese kommt nicht den Gläubigern, sondern nur dem Schuldner und dessen Gesellschaftern zugute. Ein Mehrwert für die Gläubigerposition ist mit der Rentabilität der unternehmerischen Tätigkeit nicht verbunden. Und auch die Eigenkapitalausstattung ist, solange und soweit die Zahlungsfähigkeit gegeben ist, für den Gläubiger ohne Belang.

---

684 So auch *Steffan/Oberg/Poppe*, ZIP 2021, 617, 626; Flöther-StaRUG/*Tasma*, § 14 StaRUG Rn. 5.

685 Vgl. Erwägungsgrund 24, RL (EU) 2019/1023.

686 A.A. *Steffan/Oberg/Poppe*, ZIP 2021, 617, 621.

3. *Prognoseanlass*

Die Bestandsfähigkeitsprognose sollte bereits bei Inaussichtnahme einer Sanierung im präventiven Restrukturierungsverfahren vorgenommen werden. Kann diese nicht sichergestellt werden, erübrigen sich alle weiteren Vorbereitungen und Maßnahmen in dieser Hinsicht. Es ist sodann vielmehr eine andere Sanierungsalternative zu erwägen.

4. *Prognosemethode*

Die Prognose erfolgt durch eine integrierte Finanzplanung.[687]

5. *Prognosehorizont*

a) *Prognosegrundlage*

Der Zahlungsfähigkeits- und Bestandsfähigkeitsprognose sind die Auswirkungen der angestrebten finanzwirtschaftlichen Sanierungsmaßnahmen im präventiven Restrukturierungsrahmen sowie gegebenenfalls flankierender leistungswirtschaftlicher Sanierungsmaßnahmen auf die bestehende Finanz-, Ertrags- und Vermögenslage des Schuldners entsprechend der Restrukturierungsplanung zugrunde zu legen.

Grundlage der Prognose zur Bestandsfähigkeit sind entsprechend den Grundsätzen zum Sanierungskonzept[688] die erkannten und erkennbaren tatsächlichen betriebswirtschaftlichen Gegebenheiten des zu restrukturierenden Geschäftsbetriebes. Dies betrifft die Vermögenslage ebenso wie die Ertrags- und Finanzlage. Die liquiditätswirksamen Auswirkungen des Restrukturierungsverfahrens sind auf Basis der Erkenntnisse zu den Krisenursachen und zur wirtschaftlichen Lage des Unternehmens im Rahmen seiner Wirtschaftsbranche zu berücksichtigen.

b) *Prognosezeitraum*

Als regelmäßigen Prognosezeitraum der Zahlungsfähigkeitsprognose im Rahmen der Prüfung der drohenden Zahlungsfähigkeit hat der Gesetzgeber einen Zeitraum von 24 Monaten vorgesehen (§ 18 Abs. 2. S. 2 InsO). Dieser Zeitraum wird noch als belastbar prognostizierbar angesehen.[689] Kürzere oder längere

---

687 Zu den Anforderungen vgl. oben S. 141.

688 S.o. S. 112 f.

689 BT-Drucks. 19/24181, S. 196.

Zeiträume sind danach nur in, durch die Besonderheiten des Geschäftsbetriebs des Schuldners begründeten, Ausnahmefällen zulässig.

Fraglich ist, ob mit dem Erfordernis der Bestandsfähigkeit zugleich auch eine Verlängerung des Prognosezeitraums verbunden ist. Das Gesetz enthält dafür keinen Anhaltspunkt. Aus der Gesetzesbegründung ergibt sich vielmehr, dass der Gesetzgeber längeren Prognosezeiträumen wegen der zunehmenden Unsicherheiten bei der Prognose gegenwartsferner Ereignisse skeptisch gegenüber steht.[690]

Die Prognose soll die Gläubiger vor der Gefahr eines zeitnahen erneuten Sanierungs- oder gar Insolvenzverfahrens des Schuldners bewahren. Dieser Schutz wird bereits erreicht, wenn für die Dauer von 24 Monaten nicht nur die Zahlungsfähigkeit, sondern auch die Ertragsfähigkeit des Schuldners gegeben ist. Darüber hinausgehende Prognosen werden naturgemäß unsicherer. Die Planbarkeit steigt nicht etwa dadurch, dass der Schuldner „gesünder" ist. Eine höhere Schutzwirkung ist mit einer Verlängerung des Prognosezeitraums damit regelmäßig nicht zu erzielen.

Insoweit erscheint es insgesamt angemessen, regelmäßig einen Prognosezeitraum von 24 Monaten zugrunde zu legen. Eine Verkürzung entsprechend § 18 Abs. 2 S. 2 InsO erscheint mit Blick auf das Erfordernis der Bestandsfähigkeit nicht angezeigt. Eine Verlängerung mag dagegen in besonders gelagerten Ausnahmefällen in Betracht kommen.

c) Prognosestichtag

Prognosestichtag ist der Tag, an dem die Planwirkungen eintreten, mithin die Annahme des Restrukturierungsplans durch die erforderliche Mehrheit im außergerichtlichen präventiven Restrukturierungsverfahren oder aber die Planbestätigung im gerichtlichen präventiven Restrukturierungsverfahren (§ 67 StaRUG).

6. Prognosemaßstab

Zum Prognosemaßstab enthält § 14 Abs. 1 StaRUG keine Festlegung. Der Prognosemaßstab ergibt sich indirekt aus der Bezugnahme auf die Beseitigung der drohenden Zahlungsunfähigkeit. Dort gilt der Maßstab der überwiegenden Wahrscheinlichkeit.[691] Dieser muss aus Gläubigerschutzgründen auch für den Prognoseteil der Bestandsfähigkeit gelten.[692]

690 BT-Drucks. 19/24181, S. 196.

691 S.o. S. 145.

692 So auch *Steffan/Oberg/Poppe*, ZIP 2021, 617, 626.

7. Zusammenfassung

Die Fortführungsprognose im Rahmen der Bestandsfähigkeitsprüfung nach § 14 Abs. 1 StaRUG ist eine Prognose zur Wiederherstellung der Zahlungsfähigkeit wie auch zur Sicherstellung bzw. Wiederherstellung der Ertragsfähigkeit des Schuldners.

Sie dient dem Gläubigerschutz insoweit, als sie über die bloße Insolvenzvermeidung hinaus eine Sicherung des Fortbestands des Schuldners verlangt, um Folgesanierungs- bzw. Insolvenzverfahren zu vermeiden.

Prognosegrundlage ist die Restrukturierungsplanung sowie die nach Maßgabe der Grundsätze zum Sanierungskonzept erarbeiteten, erkannten und erkennbaren tatsächlichen betriebswirtschaftlichen Gegebenheiten des zu sanierenden Geschäftsbetriebs.

Sie erfolgt durch eine integrierte Finanzplanung über einen Prognosezeitraum von 24 Monaten.

Prognosemaßstab ist die überwiegende Wahrscheinlichkeit.

B. Restrukturierungsplanvergleichsrechnung

Gleichlautend zu § 220 Abs. 2 S. 3 InsO sieht § 6 Abs. 2 S. 2 StaRUG vor, dass der Restrukturierungsplan eine Vergleichsrechnung zu enthalten hat, die dem Kongruenzgebot entsprechend bei einer vorgesehenen Fortführung des Unternehmens im Anschluss an die Sanierung im präventiven Restrukturierungsrahmen auch im Vergleichsszenario eine Fortführung zu unterstellen hat.

1. Prognosezweck

Die Vergleichsrechnung bildet die Entscheidungsgrundlage für die Planbetroffenen. Auch hier wird die Regelung vom Gläubigerschutzgedanken getragen. Es soll dem Schuldner verwehrt werden, die Planbetroffenen unbegründet auf ein Liquidationsszenario zu verweisen, „*um sich damit größere Spielräume für Eingriffe in die Rechte der Planbetroffenen verschaffen zu können.*“[693]

2. Prognosegegenstand

Es soll die Fortführung des Unternehmens ohne Restrukturierungsplan unterstellt werden, es sei denn der Verkauf oder die anderweitige Fortführung sind aussichtslos. Fraglich ist, was für eine Fortführung zugrunde zu legen ist.

---

693 BT-Drucks. 19/24181, S. 116.

a) *Reguläre Fortführungsprognose*

Zunächst ist zu festzustellen, dass innerhalb einer Zeitspanne von bis zu 24 Monaten ab Prognosestichtag die Zahlungsunfähigkeit eintreten wird, da Eingangsschwelle des präventiven Restrukturierungsrahmens die drohende Zahlungsunfähigkeit ist (§ 29 StaRUG).

Damit ist regelmäßig für die in den präventiven Restrukturierungsrahmen einbezogenen Planbetroffenen bereits keine vollwertige Befriedigungsaussicht mehr gegeben. Bei ungehindertem Verlauf zeichnet sich vielmehr die Durchführung eines Insolvenzverfahrens ab. Dies dürfte regelmäßig das in den Verhandlungen in Aussicht gestellte und im übrigen auch realistische Alternativszenario sein. Es ist in aller Regel nicht wahrscheinlich, dass ein Unternehmen, das seinen Gläubigern ein Planangebot im präventiven Restrukturierungsrahmen anbietet, noch uneingeschränkten Zugang zu insolvenzvermeidenden Neu- bzw. Umfinanzierungen haben wird.

Somit ist keine reguläre Fortführungsprognose, d.h. eine Fortführungsprognose außerhalb eines Insolvenzverfahrens, mehr gegeben.

b) *Insolvenzrechtliche Fortführungs- und Sanierungsprognose*

Es ist damit eine Fortführungs- und Sanierungsprognose unter Insolvenzbedingungen heranzuziehen.[694]

Dies entspricht der Gesetzessystematik, die den Restrukturierungsplan quasi als Zwilling des Insolvenzplans ausgebildet hat. Das StaRUG stellt daher auch an anderer Stelle, wie bei der Auswahl der Planbetroffenen (§ 8 Nr. 1 StaRUG) und der Gruppeneinteilung (§ 9 Abs. 1 StaRUG) auf eine vergleichende Betrachtung zur Rechtsposition des Planbetroffenen im Insolvenzverfahren ab.[695] Im Insolvenzplanverfahren ist zum Vergleich regelmäßig der Verlauf im Regelinsolvenzverfahren heranzuziehen.[696]

Insoweit erscheint es sowohl der wirtschaftlichen Lage des Schuldners wie auch der Risikolage der Gläubigerforderungen angemessen und der gesetzlichen Konzeption entsprechend, zum Vergleich ein dem Restrukturierungskonzept vergleichbares Szenario im Insolvenzverfahren abzubilden.

Hierfür ist daher zunächst zu prüfen, ob und mit welchem Ergebnis das Restrukturierungskonzept über ein Insolvenzplanverfahren in Eigenverwaltung

---

694 So auch *Hölzle*, Praxisleitfaden, § 6 StaRUG Rn. 16; a.A. Morgen/*Knapp/Wilde*, § 6 StaRUG Rn. 15 (auch Verkauf außerhalb Insolvenzverfahren).

695 BT-Drucks. 19/24181, S. 116 f.

696 Vgl. Brünkmans/Thole/*Brünkmans*, Handbuch Insolvenzplan, § 2 Rn. 92.

durchführbar ist. Sollte dieses nicht möglich sein, z.B. weil Sanierungsbeiträge, die für den Restrukturierungsplan zur Verfügung gestellt werden, nicht auch im Insolvenzplanverfahren zur Verfügung stehen, ist das nächstbeste Alternativszenario zu ermitteln das in tatsächlicher, rechtlicher und wirtschaftlicher Hinsicht durchführbar ist. Dies kann auch eine übertragende Sanierung sein, aber nur, wenn und soweit hierfür bereits ein konkretes Angebot vorliegt bzw. konkret in Aussicht steht.

Hölzle hält, wie auch bei der Schwesterregelung des § 220 Abs. 2 S. 2 InsO, die Durchführung eines (ergebnislosen) M&A-Prozesses im Sinne eines Dual Track-Vorgehens für erforderlich, falls der Restrukturierungsplan ein Liquidationsszenario planvergleichend zugrunde legt, und sieht bei dessen Fehlen ein Planbestätigungshindernis nach § 63 Abs. 1 Nr. 2 StaRUG gegeben.[697] Dies würde dazu führen, dass grundsätzlich immer dann, wenn das Restrukturierungsplanszenario nicht auch in einem Insolvenzplanszenario umsetzbar wäre, der Schuldner zugleich verpflichtet wäre, einen Veräußerungsprozess einzuleiten.

Dies scheint der gesetzlichen Konzeption des präventiven Restrukturierungsrahmens, dem Schuldner eine freie Sanierung unter modularen Verfahrenshilfen zur Überwindung von Widerständen zu ermöglichen, zu widersprechen.[698] Mit einem M&A-Prozesse wären für den Schuldner nicht zu unterschätzende Markt- und Wettbewerbsnachteile verbunden. Diese lassen sich auch nicht durch einen selektiven Prozess mit anonymer Erstansprache[699] vermeiden, da dieser in der anonymen Phase keine belastbaren Wertermittlungen ermöglicht und bei Aufgabe der Anonymität der gleichen Kritik ausgesetzt ist. Ferner ist regelmäßig nicht davon auszugehen, dass außerhalb eines überwachten Verfahrens ein interessenneutraler M&A-Prozess initiiert und durchgeführt wird.

Der dahinterstehenden Idee ist allerdings zuzugeben, dass nicht recht ersichtlich ist, weshalb eine im präventiven Restrukturierungsrahmen mögliche Sanierung außerhalb des Restrukturierungsverfahrens in ein Liquidationsszenario münden sollte. Dies spricht aus hiesiger Sicht allerdings eher dafür, dem Schuldner die Prämisse zu verwehren, die Sanierung des Restrukturierungsplans wäre nicht in gleicher Weise auch im Insolvenzplanverfahren umsetzbar. Im Regelfall ist kein Grund, außerhalb der Verfahrensgestaltung, ersichtlich,

---

697 *Hölzle*, Praxisleitfaden, § 6 Rn. 20 f.

698 So auch *Fröhlich*, ZInsO 2022, 186, 187; *Ringelspacher/Fehl-Weileder*, ZRI 2022, 210, 213.

699 Vgl. *Fröhlich*, ZInsO 2022, 186, 191.

der einen Planinvestor dazu veranlassen könnte, zwar in einen unternehmenserhaltenden Restrukturierungsplan aber nicht in gleicher Weise auch in einen unternehmenserhaltenden Insolvenzplan zu investieren.

Fröhlich schlägt demgegenüber die Durchführung eines Hybrid-Investorenprozesses vor. Hierbei handelt es sich nach seiner Darstellung um einen regulären Investorenprozess, der über vier Stufen „scharf" geschaltet, aber zugleich auch nach jeder Stufe abgebrochen werden kann. Der Prozess wird parallel zur Ausarbeitung des Restrukturierungsplans betrieben. Intensität und Öffentlichkeit des Prozesses steigern sich kontinuierlich.[700]

In dem dargestellten Prozessablauf und der dargestellten Durchführungsintention handelt es sich weniger um einen Erkenntnisprozess zur Erlangung eines realen Vergleichsmaßstabs als vielmehr um ein Disziplinierungsinstrument gegenüber dem Schuldner. Da es sich bei dem Restrukturierungsplanverfahren nach dem StaRUG um ein frei von dem Schuldner auszugestaltendes und freiwilliges Restrukturierungsverfahren handelt, ist indes nicht ersichtlich, weshalb sich der Schuldner freiwillig einem entsprechenden Prozedere unterziehen sollte. Dieses wäre mit der vorgesehenen Laufzeit von 14 Wochen auch noch dem eigentlichen Restrukturierungsplanverfahren vorzuschalten, da dessen Durchführung regelmäßig einen bereits vorliegenden Restrukturierungsplan voraussetzt (§§ 17, 31 Abs. 2 Nr. 1 Alt. 1 StaRUG). Die Vorlage nur eines Konzepts (§ 31 Abs. 2 Nr. 1 Alt. 2 StaRUG) ist die begründungspflichtige Ausnahme.[701] Die damit bewirkte Verfahrensverlängerung würde ferner der in den Fristigkeiten[702] des Gesetzes zum Ausdruck kommenden Intention des Gesetzgebers, dem Schuldner ein zeitlich kompaktes Verfahren zur Sanierung zur Verfügung zu stellen, widersprechen. Insoweit erscheint ein Hybrid-Investorenprozess kein geeignetes Mittel, um den Vergleichsmaßstab der Restrukturierungsplanrechnung zu ermitteln.

Mit den bereits zuvor zur Insolvenzplanvergleichsrechnung ausgeführten Erwägungen ist die Einholung einer Fairness Opinion bzw. einer anderweitigen sachverständigen Begutachtung auch für die

700 S. *Fröhlich*, ZInsO 2022, 186, 190 f.

701 *Hölzle*, Praxisleitfaden, §§ 31, 33 StaRUG Rn. 50.

702 Vgl. z.B. Planannahmefrist: 14 Tage (§ 19 S. 2 StaRUG); Einberufungsfrist zur Erörterungsversammlung: Präsenzveranstaltung 14 Tage (§ 21 Abs. 2 S. 2 StaRUG), digitale Veranstaltung 7 Tage (§ 21 Abs. 2 S. 3 StaRUG); ebenso zur Abstimmungsversammlung (§ 20 Abs. 1 S. 2 StaRUG).

Restrukturierungsplanvergleichsrechnung kein geeignetes Instrument.[703] Hier wie dort soll keine Bewertung, sondern eine konkrete Aussicht den Vergleichsmaßstab bilden.

Nach alledem ist aus hiesiger Sicht das auf das Insolvenzplanverfahren übertragene Sanierungsszenario des Restrukturierungsplans das regelmäßig heranzuziehende Planvergleichsszenario.

3. *Prognoseanlass*

Prognoseanlass ist die Ausarbeitung des Restrukturierungsplans durch den Planersteller.

4. *Prognosemethode*

Im Rahmen der Prognose ist nach alledem zu prüfen, ob eine Sanierung im Insolvenzplanverfahren, der bis zur Planbestätigung eine Betriebsfortführung im Insolvenz(eröffnungs)verfahren unter Insolvenzbedingungen vorausgeht, darstellbar ist.

Die Fortführungsprognose für die Betriebsfortführung folgt daher den dargelegten Grundsätzen für die Betriebsfortführung im Insolvenz(eröffnungs)verfahren durch den (vorläufigen) Insolvenzverwalter. Hierfür ist somit eine Liquiditäts- und Ertragsplanung unter Insolvenzbedingungen vorzunehmen.[704]

Die Prüfung der Sanierungsmöglichkeit im Insolvenzplanverfahren folgt den Grundsätzen der sachverständigen Sanierungsprüfung im Insolvenz(eröffnungs)verfahren.[705]

5. *Prognosehorizont*

a) *Prognosegrundlage*

Grundlage der Prognose zur Betriebsfortführungsplanung für die fiktive Betriebsfortführung im Insolvenzplanverfahren bis zur Planbestätigung ist die Fortführungsplanung des Restrukturierungsplans, in die die Insolvenzeffekte einzuarbeiten sind.

Grundlage der Prognose zu den Sanierungsaussichten sind entsprechend den Grundsätzen zum Sanierungskonzept[706] die erkannten und erkennbaren

---

703 S.o. S. 200 f.; so auch *Fröhlich*, ZInsO 2022, 186, 187; a.A. *Ringelspacher/Fehl-Weileder*, ZRI 2022, 210, 213.

704 S.o. S. 197 ff.

705 S.o. S. 117 ff.

706 S.o. S. 112 f.

tatsächlichen betriebswirtschaftlichen Gegebenheiten des fortzuführenden Geschäftsbetriebes. Dies betrifft die Vermögenslage ebenso wie die Ertrags- und Finanzlage. Die liquiditätswirksamen Auswirkungen des Sanierungs- bzw. Restrukturierungsverfahrens sind auf Basis der Erkenntnisse zu den Krisenursachen und zur wirtschaftlichen Lage des Unternehmens im Rahmen seiner Wirtschaftsbranche zu berücksichtigen.

b) Prognosezeitraum

Der Prognosezeitraum ergibt sich aus dem erforderlichen Umsetzungszeitraum für die bestmögliche wahrscheinliche Alternative.

c) Prognosestichtag

Prognosestichtag ist der Tag, an dem die Planwirkungen eintreten, mithin die Annahme des Plans durch die erforderliche Mehrheit im außergerichtlichen präventiven Restrukturierungsverfahren oder aber die Planbestätigung im gerichtlichen präventiven Restrukturierungsverfahren (§ 67 StaRUG).

6. Prognosemaßstab

Fraglich ist, wie schon bei der vorstehend angesprochenen Insolvenzplanvergleichsrechnung (§ 220 Abs. 2 S. 2 InsO), auch hier, welcher Prognosemaßstab anzulegen ist. Das Gesetz fordert die Aussichtslosigkeit des Verkaufs oder der anderweitigen Fortführung.

a) Aussichtlosigkeit

Nach § 6 Abs. 2 S. 2 StaRUG ist die Fortführungsvergleichsrechnung der Regelfall. Hiervon darf nur abgewichen werden, wenn eine Fortführung sowie ein Verkauf im Regelinsolvenzverfahren aussichtslos sind.

Der Begriff wird nicht definiert und auch in der Gesetzesbegründung nicht weiter erläutert.

Hier ist damit ebenfalls auf die Wortbedeutung zurückzugreifen.[707] Eine Aussichtslosigkeit der Fortführung und Veräußerung des Geschäftsbetriebs ist somit nur und insoweit gegeben, wie keine Betriebsfortführung möglich und auch kein alternatives Fortführungsszenario wahrscheinlich ist. Sind anstelle einer Veräußerung des Gesamtbetriebs nur Veräußerungen von Teilbetrieben möglich, ist dieses Szenario zugrunde zu legen. Wie angesprochen, erscheint es

---

707 S.o. S. 231.

jedoch im Regelfall höchst unwahrscheinlich, dass das realistische Alternativszenario einer Sanierung im präventiven Restrukturierungsrahmen die Veräußerung oder aber die Liquidation wäre.

b) *Wahrscheinlichkeit*

Es ist eine Prognose zur Aussichtslosigkeit vorzunehmen, so dass sich weiter fragt, mit welcher Wahrscheinlichkeit die Aussichtslosigkeit gegeben sein muss. Die Vorschrift dient dem Gläubigerschutz. Mit den vorstehenden Erwägungen zur Insolvenzplanvergleichsrechnung ist daher auch hier die überwiegende Wahrscheinlichkeit als Prognosemaßstab anzusehen.[708]

Anhaltspunkte für das Erfordernis eines höheren Wahrscheinlichkeitsmaßstabs sind weder ersichtlich noch erscheint dieser erforderlich. Hierbei ist auch zu berücksichtigen, dass die Annahmehürde für einen Restrukturierungsplan im präventiven Restrukturierungsverfahren mit Dreiviertel der Stimmrechte (§ 25 Abs. 1 StaRUG) deutlich höher liegt als im Insolvenzplanverfahren, bei dem eine einfache Kopf- und Summenmehrheit der abstimmenden Gläubiger ausreicht (§ 244 Abs. 1 InsO).

Anders als bei § 270d InsO wird die Aussichtslosigkeit auch nicht mit einem ergänzenden Adjektiv, wie dort „offensichtlich“, weiter qualifiziert.

c) *Zwischenfazit*

Es muss nach alledem überwiegend wahrscheinlich sein, dass sich keine Fortführungs- und Sanierungslösung im Regelinsolvenzverfahren ergibt.[709]

7. Zusammenfassung

Die Planvergleichsrechnung im Restrukturierungsplan dient als Entscheidungsgrundlage für die Planbetroffenen über die Annahme des Restrukturierungsplanangebots.

In der Planvergleichsrechnung zum Restrukturierungsplan ist regelmäßig eine Fortführungsprognose im Hinblick auf die alternative Betriebsfortführung und Sanierung des Unternehmens im Insolvenzplanverfahren vorzunehmen.

---

708 S.o. S. 231.

709 So im Ergebnis wohl auch *Ringelspacher/Fehl-Weileder*, ZRI 2022, 210, 212, die die überwiegende Wahrscheinlichkeit als Maßstab für das nächstbeste Alternativszenario fordern.

Die Prognose zur Betriebsfortführung erfolgt über eine Liquiditäts- und Ertragsplanung auf Basis der betrieblichen Restrukturierungsplanung unter Ergänzung insolvenzbedingter Effekte.

Die Prognose zur Sanierungsaussicht erfolgt entsprechend der sachverständigen Begutachtung im Insolvenz(eröffnungs)verfahren.

Prognosegrundlage ist die Restrukturierungsplanung sowie die nach Maßgabe der Grundsätze zum Sanierungskonzept erarbeiteten, erkannten und erkennbaren tatsächlichen betriebswirtschaftlichen Gegebenheiten des zu sanierenden Geschäftsbetriebs.

Den Prognosemaßstab bildet die überwiegende Wahrscheinlichkeit. Es muss mithin überwiegend wahrscheinlich sein, dass sich keine Fortführungs- und Sanierungslösung im Regelinsolvenzverfahren ergibt.

II. Eigenverwaltungsverfahren

Weitere Fortführungsprognosen finden sich als Antragsvoraussetzungen der Eigenverwaltung und des Schutzschirmverfahrens.

Dem Antrag auf Anordnung der Eigenverwaltung ist nach der Gesetzesänderung durch das SanInsFoG nunmehr zwingend eine Fortführungsprognose beizufügen, aus der sich die Durchfinanzierung der Betriebsfortführung während des Eigenverwaltungsverfahrens sowie eine Verfahrenskostendeckung ergeben (§ 270a Abs. 1 Nr. 1 InsO). Ferner kann auch das Sanierungskonzept eine Fortführungsprognose erforderlich machen, soweit eine Eigensanierung des Rechtsträgers im Insolvenzplanverfahren angestrebt wird.

Eine weitere Fortführungsprognose ist im Rahmen der Schutzschirmbescheinigung nach § 270d Abs. 1 S. 1 InsO erforderlich, die die Zahlungsfähigkeit bei Antragstellung sowie die fehlende Aussichtslosigkeit der angestrebten Sanierung bescheinigt.

A. Eigenverwaltungsplanung

Mit dem SanInsFoG hat der Gesetzgeber die Voraussetzungen der Eigenverwaltung konzeptionell neu gestaltet. Während bisher eine Anordnung voraussetzte, dass die Eigenverwaltung für die Gläubiger nicht nachteilig ist (§ 270 Abs. 2 Nr. 2 InsO a.F.), ist nunmehr erforderlich, dass der Schuldner über eine umfangreiche Eigenverwaltungsplanung die Eignung für das Verfahren darlegt und nachweist (§ 270a InsO n.F.). Diese muss von zutreffenden Sachverhalten ausgehen und in sich schlüssig sein (§ 270b Abs. 1 InsO). Die erhöhten Anforderungen erschweren damit den Zugang zur Eigenverwaltung, führen indes zugleich dazu, dass dieses Verfahren nur tatsächlich eigenverwaltungsgeeigneten Schuldnern mit gut vorbereiteten Sanierungslösungen zur Verfügung steht. Hiermit begegnet der Gesetzgeber der im Rahmen der ESUG-Evaluation festgestellten Entwicklung, dass knapp 38 % der als Eigenverwaltungsverfahren begonnenen Verfahren während des Verfahrensverlaufs in ein Regelinsolvenzverfahren übergeleitet werden.[710] Mit der neuen Konzeption ist zugleich eine Vorverlegung der Sanierungsplanung und -konzepterstellung verbunden, die eine Prüfung noch vor Verfahrenseinleitung ermöglicht, so dass für eine Sanierung des Unternehmens nicht wertvolle Zeit und Ressourcen auf einem möglicherweise erkennbar falschen Weg verbraucht werden.

1. Prognosezweck

Die Eigenverwaltungsplanung verfolgt nach der Konzeption des Gesetzgebers drei verfahrensprägende Ziele. Zunächst soll sie der Selbstprüfung des Schuldners hinsichtlich der Sinnhaftigkeit und Durchführbarkeit der Eigenverwaltung dienen, sodann der Vorbereitung des Eigenverwaltungsverfahrens und schließlich auch als Sanierungsfahrplan und -maßstab, an dem sich Verlauf und Erfolg der Sanierung messen lassen müssen.[711]

In diesem Zusammenhang soll die Finanzplanung sicherstellen, dass die reguläre Betriebsfortführung unter Insolvenzbedingungen sowie unter Berücksichtigung der erforderlichen Sanierungskosten und der Verfahrenskosten inklusive der Beraterkosten durchfinanziert ist.[712]

Die Eigenverwaltungsplanung soll eine Plausibilisierung des verfolgten Sanierungskonzepts ermöglichen. Aus ihm müssen sich Erforderlichkeit aber auch Geeignetheit der angestrebten Sanierungsmaßnahmen für das angestrebte Sanierungsziel ergeben.[713] Sanierungsziel ist im Regelfall der Erhalt des Geschäftsbetriebs durch Erhalt des Rechtsträgers im Insolvenzplanverfahren oder übertragende Sanierung auf einen neuen Rechtsträger. Eine Liquidation kann dagegen nur im Ausnahmefall vorgesehen werden.[714] Hier kann eine Fortführungsprognose erforderlich werden, die sich dann nach dem zur Insolvenzplanvergleichsrechnung Ausgeführten richtet.[715] Hierauf wird daher

710 Bericht der ESUG-Evaluierungskommission vom 07.12.2011, S. 9.
711 BT-Drucks. 19/24181, S. 203.
712 BT-Drucks. 19/24181, S. 204.
713 BT-Drucks. 19/24181, S. 203, 204.
714 Vgl. zum Vorstehenden BT-Drucks. 19/24181, S. 204.
715 S.o. S. 224 ff.

Bezug genommen und nachfolgend nur die Fortführungsprognose bezogen auf die Betriebsfortführung im Eigenverwaltungsverfahren weiter betrachtet.

2. Prognosegegenstand

Der Eigenverwaltungsplanung ist nach § 270a Abs. 1 Nr. 1 InsO zwingend ein Finanzplan beizufügen, der die Durchfinanzierung der Betriebsfortführung bezogen auf den gewöhnlichen Geschäftsbetrieb unter Insolvenzbedingungen sowie Berücksichtigung der erforderlichen Sanierungskosten inklusive diesbezüglich anfallender Beraterkosten darlegt.

Es handelt sich mithin um eine Zahlungsfähigkeitsprognose für den in Eigenverwaltung unter Insolvenzbedingungen fortgeführten Geschäftsbetrieb.

3. Prognoseanlass

Prognoseanlass ist die Vorbereitung des Antrags auf Eröffnung des Insolvenzverfahrens in Eigenverwaltung.

4. Prognosemethode

Die Prognose zur Durchfinanzierung des Eigenverwaltungsverfahrens ist als Zahlungsfähigkeitsprognose entsprechend den oben zur Betriebsfortführungsplanung des (vorläufigen) Insolvenzverwalters dargestellten Maßgaben zu erstellen.[716] Es ist mithin eine Liquiditäts- und Ertragsplanung aufzustellen. Letztere dient insbesondere der Ermittlung einer etwaigen Unterdeckung der Betriebsfortführung und damit der Höhe einer etwaig erforderlichen Verlustfinanzierung.

Liquiditätsbezogene Insolvenzeffekte, z.B. aus einer Insolvenzgeldvorfinanzierung, der Nichtzahlung künftiger Insolvenzforderungen im Insolvenzeröffnungsverfahren sowie etwaiger (un)echter Massekredite, können auch hier berücksichtigt werden.[717]

Die Verfahrenskosten sind unter Berücksichtigung der Besonderheiten des Eigenverwaltungsverfahrens anzusetzen. Es ist der im Vergleich zum Vergütungsanspruch des (vorläufigen) Insolvenzverwalters reduzierte Vergütungsanspruch des (vorläufigen) Sachwalters zugrunde zu legen (§ 12 InsVV). Ergänzend sind die zu prognostizierenden Kosten für die insolvenzrechtliche Beratung des Schuldners zu berücksichtigen.[718]

---

716 S.o. S. 197 ff.

717 *Blankenburg*, ZInsO 2021, 753, 755.

718 *Blankenburg*, ZInsO 2021, 753, 757.

5. *Prognosehorizont*

a) *Prognosegrundlage*

Der Prognose sind die erkannten und erkennbaren tatsächlichen betriebswirtschaftlichen Gegebenheiten des fortzuführenden Geschäftsbetriebes zugrunde zu legen. Dies betrifft die Vermögenslage ebenso wie die Ertrags- und Finanzlage. Die liquiditätswirksamen Auswirkungen des Eigenverwaltungsverfahrens sind auf Basis der Erkenntnisse zu den Krisenursachen und zur wirtschaftlichen Lage des Unternehmens im Rahmen seiner Wirtschaftsbranche zu ermitteln und zu berücksichtigen.

Ferner sind die für die nach der Sanierungskonzeption in Aussicht genommenen Sanierungsmaßnahmen entstehenden Kosten zugrunde zu legen.

Den anzusetzenden Verfahrens- und Beratungskosten sind, soweit eine Konkretisierung noch nicht möglich ist, fallbezogen realistische Verfahrenskostenschätzungen zugrunde zu legen.

b) *Prognosezeitraum*

Der Gesetzgeber legt einen Prognosezeitraum von 6 Monaten zugrunde. Hintergrund ist offensichtlich die Vorstellung, dass ein Eigenverwaltungsverfahren binnen 6 Monaten (inklusive Insolvenzeröffnungsverfahren) abgeschlossen werden könne.

Sollte das Eigenverwaltungskonzept dagegen einen längeren Verfahrenslauf vorsehen, muss sich die Durchfinanzierung mit Blick auf die in § 276a Abs. 2 InsO aufgenommene Haftung der Geschäftsleiter nach Maßgabe der §§ 60, 61 InsO für eine Verletzung insolvenzrechtlicher Sorgfaltspflichten sowie die Nichterfüllung von Masseverbindlichkeiten, die durch den Geschäftsleiter begründet worden sind, auch auf diesen Zeitraum erstrecken. Es erscheint daher sachgerecht, im Wege der Auslegung ein „mindestens“ in den § 270a Abs. 1 Nr. 1 InsO hineinzulesen.[719]

c) *Prognosestichtag*

Prognosestichtag ist der Stichtag der Antragstellung.

6. *Prognosemaßstab*

Es handelt sich vorliegend um eine insolvenzrechtliche Zahlungsfähigkeitsprognose nach § 18 InsO über den Zeitraum des § 270a Abs. 1 Nr. 1 InsO.

719 Für eine Ausweitung des Zeitraums auch *Steffan/Oberg/Poppe*, ZIP 2021, 617, 623 f.

Prognosemaßstab ist daher die überwiegende Wahrscheinlichkeit, so dass Liquiditätszuflüsse aus Maßnahmen berücksichtigt werden können, die noch nicht realisiert worden sind, deren Umsetzung aber mit überwiegender Wahrscheinlichkeit in Aussicht steht. Umgekehrt sind aber auch Liquiditätsabflüsse zu berücksichtigen, deren Ursache zwar noch nicht verwirklicht ist aber mit überwiegender Wahrscheinlichkeit verwirklicht werden wird.

7. Zusammenfassung

Die mit dem SanInsFoG in § 270a Abs. 1 Nr. 1 InsO zwingend eingeführte Eigenveraltungsplanung stellt eine Eignungsschwelle in das Eigenverwaltungsverfahren dar. Sie dient zugleich zur Verfahrensvorbereitung wie auch Fahrplan für die Umsetzung des Sanierungsvorhabens.

Die Eigenverwaltungsplanung enthält eine Fortführungsprognose in Form der Zahlungsfähigkeitsprognose für die Betriebsfortführung im Eigenverwaltungs(eröffnungs)verfahren unter Insolvenzbedingungen. Sie folgt daher den Grundsätzen der Betriebsfortführungsprognose des (vorläufigen) Insolvenzverwalters.

Der Planung sind entsprechend den dargelegten Grundsätzen zum Sanierungskonzept die erkannten und erkennbaren tatsächlichen Gegebenheiten des Schuldners zugrunde zu legen, die sich aus einer Analyse der wirtschaftlichen Lage im Rahmen der Wirtschaftsbranche sowie der Krisenursachen und der Ermittlung der Finanz-, Ertrags- und Vermögenslage ergeben.

Prognosemaßstab ist die überwiegende Wahrscheinlichkeit.

B. Schutzschirmbescheinigung

Schließlich ist eine Fortführungsprognose bei Beantragung der Verfahrenseröffnung in Eigenverwaltung unter einem vorgeschalteten Schutzschirm-Insolvenzeröffnungsverfahren (§ 270d InsO) erforderlich. Dem Insolvenzantrag ist hierfür gemäß § 270d Abs. 1 S. 1 InsO eine begründete Bescheinigung beizufügen, aus der sich u.a. ergibt, dass der Schuldner nur drohend zahlungsunfähig oder überschuldet, aber noch nicht zahlungsunfähig ist, sowie, dass die angestrebte Sanierung nicht offensichtlich aussichtlos ist.

Die Regelung geht auf das SanInsFoG zurück, das hiermit nahezu unverändert die vormalige Vorschrift des § 270b InsO übernimmt.[720] Eine inhaltliche Änderung ist damit ausdrücklich nicht verbunden.[721]

---

720 BT-Drucks. 19/24181, S. 207.

721 *Hölzle*, Praxisleitfaden, § 270d InsO Rn. 1.

1. Prognosezweck

Das Gesetz bietet dem Schuldner mit dem Schutzschirmverfahren ein sanierungsorientiertes Insolvenzeröffnungsverfahren, in dem er nach der Vorstellung des Gesetzgebers in Kooperation mit seinen maßgeblichen Gläubigern eine Eigensanierung im Insolvenzplanverfahren vorbereiten kann.[722] Die nunmehr in § 270d InsO festgelegten Voraussetzungen sollen hierfür die Sanierungsabsicht und die Sanierungschancen des Schuldners sicherstellen,[723] wobei nach dem Wortlaut nur offensichtlich aussichtlose Vorhaben ausgefiltert werden sollen.

Mit Blick auf die mit § 270a InsO deutlich angehobenen Voraussetzungen für die Beantragung einer Eigenverwaltung, die im Zuge der Beantragung des vorgeschalteten Schutzschirmverfahrens ebenfalls erfüllt werden müssen, erscheint das Vorliegen eines offensichtlich aussichtslosen Sanierungsvorhabens, außer in den Ausnahmefällen evident fehlerhafter oder widersprüchlicher Planungen bzw. offensichtlicher Täuschung,[724] kaum mehr denkbar. In den Fällen wäre allerdings bereits die Anordnung der Eigenverwaltung nach § 270b Abs. 1 InsO ausgeschlossen.

Auch die mit der Bescheinigung bezweckte Klärung der Zahlungsfähigkeit des Schuldners bei Insolvenzantragsstellung sowie deren nach dem Willen des ESUG-Gesetzgebers erforderlicher Fortdauer während des Schutzschirmverfahrens[725] wird nunmehr bereits über die nach § 270a Abs. 1 Nr. 1 InsO zwingend vorgesehene Finanzplanung für einen Zeitraum von mindestens sechs Monaten abgebildet.

Nach alledem scheint der Bescheinigung nach § 270d Abs. 1 InsO heute kein eigenständiger und den Bereich der §§ 270a, 270b InsO übersteigender Schutzbereich mehr zuzukommen.

2. Prognosegegenstand

Der Prognosegegenstand ist zweigeteilt. Dieser betrifft zum einen das Vorliegen (§§ 18, 19 InsO) bzw. Nicht-Vorliegen (§ 17 InsO) von Insolvenzgründen und ist in diesem Sinne Zahlungsfähigkeitsprüfung nach Maßgabe des § 18 InsO. Zum

722 BT-Drucks. 17/5712, S. 40.
723 MüKoInsO/*Kern*, § 270b InsO a.F. Rn. 2 ff.
724 Vgl. MüKoInsO/*Kern*, § 270b InsO a.F. Rn. 43.
725 BT-Drucks. 17/5712, S. 40.

anderen betrifft die Prognose die Durchführbarkeit des Sanierungsvorhabens, mithin die Sanierungsaussicht.[726]

3. Prognoseanlass

Prognoseanlass ist die Vorbereitung eines Antrags auf Eröffnung des Insolvenzverfahrens in Eigenverwaltung mit vorgeschaltetem Schutzschirm-Insolvenzeröffnungsverfahren.

4. Prognosemethode

Nachdem der Schuldner nunmehr mit § 270a InsO zur Vorlage einer umfassenden Eigenverwaltungsplanung verpflichtet wird, hat sich die Bescheinigung nach § 270d InsO bei systematischer Zusammenschau der Vorschriften auf diese Unterlagen und Angaben zu beziehen. Hierzu hat der Aussteller, unter Einbringung seiner besonderen Expertise und Erfahrung in Insolvenz- und Sanierungssachen, die Unterlagen und Angaben entsprechend auszuwerten, zu prüfen sowie erforderlichenfalls zu hinterfragen[727] und sodann zu einem begründeten Prüfungsergebnis zu verarbeiten. Der Aussteller hat mithin zu bescheinigen, dass sich aus den vorgelegten Unterlagen und Angaben die Zahlungsfähigkeit des Schuldners bei Insolvenzantragstellung und deren Fortbestand ergeben sowie, dass keine Anhaltspunkte ersichtlich sind, die die in Aussicht genommene Sanierung offensichtlich erfolglos erscheinen lassen.

Die Prüfung der Insolvenzgründe folgt den vorstehend dargelegten dortigen Fortführungsprognosen.[728] Die Prüfung der Sanierungsaussicht erfolgt entsprechend der Fortführungsprognose des Sanierungskonzepts.[729]

5. Prognosehorizont

a) Prognosegrundlage

Prognosegrundlage ist damit die von dem Schuldner einzureichende Eigenverwaltungsplanung.[730]

---

726 Vgl. auch *Frind*, ZInsO 2012, 1546.

727 Eigene Nachforschungen werden für erforderlich gehalten: vgl. nur Kübler/Prütting/Bork/*Pape*, § 270b InsO a.F. Rn. 46.

728 S.o. S. 126 ff., 139 ff., 146 ff.; *Hermanns/Blome*, ZInsO 2018, 362, 367.

729 S.o. S. 98 ff.

730 S. dazu vorstehend S. 245 ff.

b) Prognosezeitraum

Der Prognosezeitraum ergibt sich aus der Eigenverwaltungsplanung.[731]

c) Prognosestichtag

Prognosestichtag ist der Tag der Ausstellung der Bescheinigung.

6. Prognosemaßstab

Soweit sich die Bescheinigung auf die Zahlungsfähigkeit des Schuldners und deren Fortbestand bezieht, ist Prognosemaßstab der Prognosemaßstab der Zahlungs(un)fähigkeitsprüfung, mithin die überwiegende Wahrscheinlichkeit.[732]

Im Hinblick auf die Sanierungsaussicht ist dagegen nach dem insoweit gleichgebliebenen Wortlaut des § 270d Abs. 1 S. 1 InsO die offensichtliche Aussichtslosigkeit Prognosemaßstab. Diese wird weder durch das Gesetz noch die Gesetzesbegründung näher definiert. Ausgehend von der Wortbedeutung muss das Sanierungsvorhaben *„(sehr) deutlich, klar (erkennbar)“*[733] *„ohne Aussicht auf Erfolg“*[734] sein. Hierunter wird allgemein verstanden, dass die Sanierung nach der Überzeugung des Ausstellers mit an Sicherheit grenzender Wahrscheinlichkeit scheitern wird.[735]

7. Formale Anforderungen

Die Prognose ist nach dem Wortlaut von einem in Insolvenzsachen erfahrenen Steuerberater, Wirtschaftsprüfer, Rechtsanwalt oder einer Person mit vergleichbarer Erfahrung vorzulegen (§ 270d Abs. 1 S. 1 InsO). Nach inzwischen wohl allgemeiner Ansicht kommt es hierbei maßgeblich auf die Sanierungs- und Insolvenzerfahrung und weniger auf die Berufsträgereigenschaft an.[736]

Die Bescheinigung ist ferner mit Gründen zu versehen (§ 270d Abs. 1 S. 1 InsO). Ein umfassendes Sanierungsgutachten z.B. nach dem Standard IDW

---

731 S.o. S. 248; so auch zu § 270b InsO a.F.: *Frind*, ZInsO 2012, 1546, 1549.

732 S.o. S. 136 ff.

733 *Dudenredaktion*, abrufbar unter https://www.duden.de/rechtschreibung/ offensichtlich_klar_deutlich_offenkundig (Abruf v. 15.03.2022).

734 *Dudenredaktion*, abrufbar unter https://www.duden.de/rechtschreibung/ aussichtslos (Abruf v. 15.03.2022).

735 *Hermanns/Blome*, ZInsO 2018, 362, 367; MüKoInsO/*Kern*, § 270b InsO a.F. Rn. 40; Uhlenbruck/*Zipperer*, § 270b InsO a.F. Rn. 14.

736 BeckOK InsR/*Ellers*, § 270d InsO Rn. 38; HmbKommInsO/*Fiebig*, § 270d InsO Rn. 19; *Schröder/Schulz*, ZIP 2017, 1096, 1103.

S6 sollte nach dem Willen des Gesetzgebers dagegen ausdrücklich nicht erforderlich sein, um nicht kleineren und mittleren Unternehmen den Weg in das Schutzschirmverfahren zu versperren, die sich entsprechend umfangreiche Gutachten gegebenenfalls nicht leisten können.[737] Davon ist der Gesetzgeber mit dem SanInsFoG nunmehr jedoch ein gutes Stück abgerückt, indem mit § 270a InsO – zu Recht – eine umfangreiche Eigenverwaltungsplanung zur Eintrittsvoraussetzung gemacht wird, damit nur sanierungsgeeignete und gut vorbereitete Eigenverwaltungsverfahren eingeleitet und dann auch durchgeführt werden.[738]

8. *Zusammenfassung*

Die Bescheinigung nach § 270d InsO stellt eine Eignungsschwelle in das Schutzschirm-Insolvenzeröffnungsverfahren dar. Sie dient dem Nachweis der Sanierungsabsicht und -aussicht.

Die Schutzschirmbescheinigung nach § 270d InsO enthält eine Fortführungsprognose zur Zahlungsfähigkeit des Schuldners sowie zur Aussicht des von ihm verfolgten Sanierungsvorhabens auf Basis der von ihm eingereichten Eigenverwaltungsplanung (§ 270a InsO). Die Bescheinigung erfolgt schriftlich und ist mit Gründen zu versehen.

Die Eigenverwaltungsplanung ist durch einen sanierungs- und insolvenzerfahrenen Berufsträger oder Sachverständigen (sog. Bescheiniger) dahingehend zu prüfen und zu beurteilen, ob sich aus ihr die Zahlungsfähigkeit i.S.d. § 17 InsO des Schuldners bei Antragstellung sowie eine Erfolgsaussicht für das von ihm verfolgte Sanierungskonzept ergeben.

Als Prognosemaßstab ergibt sich für die Zahlungsfähigkeitsprüfung die überwiegende Wahrscheinlichkeit und für die Sanierungsaussicht die mit an Sicherheit grenzende Wahrscheinlichkeit der Aussichtslosigkeit.

---

737 BT-Drucks. 17/5712, S. 40.

738 *Steffan/Oberg/Poppe*, ZIP 2021, 617, 619.

Kapitel 6 Ergebnisse

I. Grundsätzliches

Die Prognose ist der Versuch, das gestern und heute erlangte Wissen für die Zukunft nutzbar zu machen. Sie ist ein Wahrscheinlichkeitsurteil, das auf der Auswertung von Tatsachen beruht und einer Planung zugrunde gelegt wird. Sie bezieht sich ausschließlich auf unsichere Sachverhalte bzw. Ereignisse.

Die Fortführungsprognose ist eine Aussage über die zukünftige finanzwirtschaftliche Entwicklung eines Unternehmens auf Basis eines integrierten Finanzplans, mithin einer Liquiditäts-, Ertrags- und Vermögensplanung, unter Einbeziehung der auf den Erstellungsstichtag verfügbaren und mit vertretbaren Aufwand zu beschaffenden Erkenntnisse, Tatsachen und Informationen sowie unter Berücksichtigung der an diesem Tag erkennbaren Chancen und Risiken, die auf rationalen Annahmen fußt, in wissenschaftlich akzeptierter Weise erstellt wurde und objektiv nachvollziehbar ist.

Dem im Hinblick auf die zu prognostizierende Fragestellung qualifizierten Prognoseersteller steht ein gewisser, rechtlich nicht überprüfbarer Beurteilungsspielraum zu, dessen Ausübung allerdings dem Paradigma des Gläubigerschutzes unterliegt.

Prognosemaßstab ist regelmäßig die überwiegende Wahrscheinlichkeit, die ein juristisches Beweismaß bezeichnet.

Gegenstand der Sanierungsprüfung sowie der Insolvenzreifeprüfung ist im Kern die Zahlungsfähigkeit des Schuldners sowie gegebenenfalls deren Wiederherstellung. Einzige Ausnahme davon ist die Sanierung durch einen präventiven Restrukturierungsrahmen, der zusätzlich die Bestandsfähigkeit und damit nach hiesigem Verständnis die Sicherstellung bzw. Wiederherstellung der Ertragsfähigkeit des Schuldners erfordert.

II. Prognosebezogene Ergebnisse

	handelsrechtl. Fortführungsannahme	**Sanierungskonzept**	**Insolvenzgutachten**
Zweck	Bewertungsmaßstab	Basis f. Entscheidung, Exkulpation, Privilegierung	Prüfung der Sanierungs-aussichten, ggfs. Vorbereitung späterer Entscheidungen
Gegenstand	Überwindbarkeit der Unternehmenstätigkeit entgegenstehender Gegeben-heiten	Zahlungsfähigkeit	rgm. Zahlungsfähigkeit (Betriebsfortführung Sanierungsmglkt.) Quotenaussicht
Anlass	Auftreten einer Indiztatsache	Eintritt der drohenden Zahlungsunfähigkeit	Übernahme vorläufiger Fort-führungsverwaltung bzw. Sachverständigenauftrag
Methode	anlassbezogen auf der Wirkungsebene der Indiztatsache	integrierte Finanzplanung	*BF*: LiquiPlanung unter Insolvenzbedingung *Sanierung*: Begutachtung d. Mglkten/M&A-Prozess *Quote*: Vermögensstatus bezogen auf SanMgltk
Grundlage	alle am Prognosestichtag bekannten und erkennbaren Sachverhalte	erkannte/erkennbare tatsächliche Gegebenheiten, Krisenursachenanalyse, wirtschaftiche Lage im Rahmen der Wirtschafts-branche, Status zur Finanz- Ertrags- und Vermögenslage	verfügbare u. m. vertretb. Zeit- u. Kostenaufwand zu beschaffende Informationen gem. Anfordergen f.d. Sanierungskonzept Entwicklg. d. BF im InsVerf. Expertise d. SV
Zeitraum	Abschlussstichtag + 12 Monate	grds. entsprechend den Erfordernissen des Sanierungsvorhabens, begrenzt durch Eintritt der Insolvenzantragspflicht	entspr. Sanierungsvorhaben rgm. 12 Monate nach Verfahrensaufhebung
Stichtag	Tag der Prognoseerstellung	Tag der Prognoseerstellung mit fortlaufender Aktualisierung während des Sanierungsvorhabens	Tag der Gutachtenerstattung
Maßstab	sicher absehbar oder bereits feststehend	überwiegende Wahrscheinlichkeit	überwiegende Wahrscheinlichkeit

	Zahlungsunfähigkeit	droh. Zahlungsunfähigk.	Überschuldung
Zweck	Prfg. der Antragspflicht bei Überschreiten der Grenzen einer kurzfristigen u. unwesentlichen Zahlungsstockung	Antragsrecht Eintrittsschwelle f.d. präventiven Insolvenzverfahren	Prfg. der Antragspflicht bei absehbarem Überschreiten der Grenzen einer kurzfristigen u. unwesentlichen Zahlungsstockung
Gegenstand	Zahlungsfähigkeit, d.h. Größe einer etw. LiquiLücke Dauer einer etw. Illiquidität Ausnahmesachverhalt	Zahlungsfähigkeit	Zahlungsfähigkeit
Anlass	lfd. Prüfungsobliegenheit	kein Pflichtanlass geboten ab Eintritt in erfolgsrelevantes Krisenstadium	lfd Prüfungsobliegenheit
Methode	Finanzstatus und jdfs. Liquiditätsplan (optimal: integrierte Finanzplanung)	integrierte Finanzplanung (Liquiditäts-, Ertrags-, Vermögensplan)	integrierte Finanzplanung (Liquiditäts-, Ertrags-, Vermögensplan)
Grundlage	alle liquiditätsrelevanten Sachverhalte entspr. grds. Anforderungen an Sanierungskonzept	alle liquiditätsrelevanten Sachverhalte entspr. grds. Anforderungen an Sanierungskonzept	alle liquiditätsrelevanten Sachverhalte entspr. grds. Anforderungen an Sanierungskonzept
Zeitraum	ausreichend: 3 Wochen empfohlen: 12 Monate (rollierend)	regelmäßig 24 Monate	12 Monate (rollierend)
Stichtag	jeder Tag unternehmerischer Tätigkeit	jeder außerhalb der Pflichtantragsgründe aber innerhalb des Prognoszeitraums liegende Stichtag	jeder Tag unternehmerischer Tätigkeit
Maßstab	*Regeltatbestand*: überwiegende Wahrscheinlichkeit *Ausnahmesachverhalt*: an Sicherheit grenzende Wahrscheinlichkeit	überwiegende Wahrscheinlichkeit	überwiegende Wahrscheinlichkeit

	Aussetzung d. Antragspflicht	Sanierungsfrist	Betriebsfortführung im Insolvenz(eröffnungs)verf.
Zweck	Aussetzung der pandemiebedingt entstandenen Antragspflicht bei positiver Fortführungsprognose	(letzte) Chance zur Insolvenzvermeidung durch Sanierung	Sicherung der Befriedigungsaussicht
Gegenstand	Zahlungsfähigkeit	rgm. Zahlungsfähigkeit ggfs. Quotenaussicht	Zahlungsfähigkeit unter Insolvenzbedingungen Entwicklung des Vermögensstatus Quotenaussicht
Anlass	Eintreten eines Pflichtantragsgrundes	Eintreten eines Pflichtantragsgrundes	Übernahme der (vorläufigen) Insolvenzverwaltung
Methode	integrierte Finanzplanung (Liquiditäts-, Ertrags-, Vermögensplan) unter Berücksichtigung der pandemiebedingten Besonderheiten	integrierte Finanzplanung des Sanierungsvorhabens bzw. Eigenverwaltungsplanung ggfs. Vermögenstatus z. Quotenvergleich	Liquiditätsstatus/-plan Ertragsplanung Vermögensstatus unter Insolvenzbedingungen
Grundlage	alle liquiditätsrelevanten Sachverhalte entspr. grds. Anforderungen an Sanierungskonzept unter Berücksichtigung der pandemiebedingten Besonderheiten	alle liquiditätsrelevanten Sachverhalte entspr. grds. Anforderungen an Sanierungskonzept	alle liquiditätsrelevanten Sachverhalte entspr. grds. Anforderungen an Sanierungskonzept unter Berücksichtigung insolvenzbedingter Besonderheiten/Erkenntnisse
Zeitraum	Aussetzungszeitraum	3 bzw. 6 Wochen	Dauer des Eröffnungsverfahrens (rgm. 3 Monate) bzw. jdfs. Zeitraum Eröffnung bis Berichtstermin + ggfs. Betriebseinstellungszeitraum
Stichtag	jeder Tag ab Eintritt des ausgesetzten Insolvenzgrundes bis zum Ende des Aussetzungszeitraums	jeder Tag ab Kenntnis vom Pflichtantragsgrund bis zum Ablauf der Sanierungsfrist	jeder Tag ab Übernahme der (vorl.) Verwaltung bis zum Berichtstermin
Maßstab	*Insolvenzgrund:* überwiegende Wahrscheinlichkeit *Besserungsaussicht:* einfache Wahrscheinlichkeit	überwiegende Wahrscheinlichkeit	an Sicherheit grenzende Wahrscheinlichkeit

	Insolvenplan-vergleichsrechng	**Bestandsfähigkeits-erklärung**	**Restrukturierungs-planvergleichsrg**
Zweck	Entscheidungsgrundlage für Abstimmung über den Plan	Prognose des Erhaltungsnutzen	Entscheidungsgrundlage für Abstimmung über den Plan
Gegenstand	Zahlungsfähigkeit Sanierungsaussicht im Regelinsolvenzverfahren	Zahlungsfähigkeit Ertragsfähigkeit	Zahlungsfähigkeit Sanierungsaussicht Quotenaussicht im Insolvenzplanverfahren
Anlass	Ausarbeitung des Insolvenzplans	Inaussichtnahme der Sanierung im präventiven Restrukurierungsrahmen	Ausarbeitung des Restrukturierungsplans
Methode	Liquiditäts- und Ertragsplan M&A-Prozess (dual track) unter Insolvenzbedingungen	integrierte Finanzplanung (Liquiditäts-, Ertrags-, Vermögensplan)	Liquiditäts- und Ertragsplan (fiktiver) Insolvenzplan unter Insolvenzbedingungen
Grundlage	alle liquiditätsrelevanten Sachverhalte entspr. grds. Anforderungen an Sanierungskonzept unter Berücksichtigung insolvenzbedingter Besonderheiten	alle liquiditätsrelevanten Sachverhalte entspr. grds. Anforderungen an Sanierungskonzept unter Berücksichtigung der Restrukturierungsplanung	alle liquiditätsrelevanten Sachverhalte entspr. grds. Anforderungen an Sanierungskonzept unter Berücksichtigung insolvenzbedingter Besonderheiten
Zeitraum	Umsetzungszeitraum der alternativen Sanierungslösung im Regelinsolvenzverfahren	24 Monate	Umsetzungszeitraum der alternativen Sanierungslösung im (fiktiven) Insolvenzplanverfahren
Stichtag	Erörterungs- und Abstimmungstermin über den Insolvenzplan	Tag der Annahme des Restrukturierungsplans bzw. der Planbestätigung	Tag der Annahme des Restrukturierungsplans bzw. der Planbestätigung
Maßstab	überwiegende Wahrscheinlichkeit	überwiegende Wahrscheinlichkeit	überwiegende Wahrscheinlichkeit der Aussichtslosigkeit der alternativen Fotrführung u. Sanierung

	Eigenverwaltungsplanung	Schutzschirm-bescheinigung
Zweck	Eignungsschwelle Verfahrensvorbereitung Sanierungsfahrplan	Eignungsschwelle
Gegenstand	Zahlungsfähigkeit	Zahlungsfähigkeit Sanierungsaussicht
Anlass	Vorbereitung des Insolvenzantrags	Vorbereitung des Insolvenzantrags
Methode	Liquiditäts- und Ertragsplanung unter Insolvenzbedingungen	sachverständige Begutachtung der Eigenverwaltungsplanung
Grundlage	alle liquiditätsrelevanten Sachverhalte entspr. grds. Anforderungen an Sanierungskonzept unter Berücksichtigung insolvenzbedingter Besonderheiten	Eigenverwaltungsplanung
Zeitraum	jdfs. 6 Monate erforderlichenfalls über die (längere) Dauer des vorgesehenen Verfahrens	gem. Eigenverwaltungsplanung
Stichtag	Tag der Antragstellung	Tag der Ausstellung der Bescheinigung
Maßstab	überwiegende Wahrscheinlichkeit der Aussichtlichlosigkeit der Fortführung und Sanierung im Regelinsolvenzverfahren	*Insolvenzgrund:* überwiegende Wahrscheinlichkeit *erfolgl. Sanierungsaussicht:* an Sicherheit grenzende Wahrscheinlichkeit

Nachwort

Auf nachfolgende Entwicklungen in Gesetzgebung und Rechtsprechung möchte ich hinweisen:

I. SanInsKG (vormals COVInsAG)

Am 09.11.2022 ist das Gesetz zur vorübergehenden Anpassung sanierungs- und insolvenzrechtlicher Vorschriften zur Abmilderung von Krisenfolgen (SanInsKG) in Kraft getreten. In der Sache handelt es sich um eine Ergänzung des COVInsAG unter neuem Namen. Das SanInsKG gewährt verschiedene Prognoseerleichterungen, mit denen der Gesetzgeber der aktuellen Multikrisenlage und den damit verbundenen Prognoseunsicherheiten Rechnung trägt. Der Anwendungszeitraum ist auf den 31.12.2023 beschränkt. Im einzelnen ergeben sich folgende Modifikationen bei den Fortführungsprognosen (§§ 4 Abs. 2 S. 1, 4a SanInsKG):

- Der Prognosezeitraum der Überschuldungsprüfung (§ 19 Abs. 2 S. 1 InsO) ist auf vier Monate verkürzt worden, wenn und soweit nicht bereits vor dem 09.11.2022 eine Überschuldung mit abgelaufener Antragsfrist vorlag (§ 4 Abs. 2 S. 2 SanInsKG).
- Die Planungszeiträume für die Eigenverwaltungsplanung (§ 270a Abs. 1 Nr. 2 InsO) und die Finanzplanung bei Beantragung einer Stabilisierungsanordnung (§ 50 Abs. 2 Nr. 2 StaRUG) sind ebenfalls auf vier Monate verkürzt worden.
- Die Höchstfrist zur Insolvenzantragstellung wegen Überschuldung (§ 15a Abs. 1 S. 2 InsO) ist auf acht Wochen verlängert worden.

II. Rechtsprechung

➢ BGH, Urt. v. 28.06.2022 – II ZR 112/21 (NZI 2022, 787)

LS: „*Zahlungsunfähigkeit i.S.d. § 17 Abs. 2 S. 1 InsO muss nicht durch Aufstellung einer Liquiditätsbilanz, sondern kann auch mit anderen Mitteln dargelegt werden.*" Vorliegend hat der BGH die Aufstellung von mehreren tagesgenauen Liquiditätsstatus in aussagekräftiger Anzahl für ausreichend erachtet, wenn an keinem der im Prognosezeitraum liegenden Stichtage die Liquiditätslücke in relevanter Weise geschlossen werden kann. Die der

Fortführungsprognose zugrunde zu legende Planung muss dem Rechnung tragen, indem sie begründet darlegt, dass etwaige im Planungs- und Prognosezeitraum auftretende Liquiditätslücken nur temporär sind und wie diese konkret geschlossen werden können und sollen.

➢ BGH, Urt. v. 28.04.2022 – IX RZ 48/21 (NZI 2022, 733)

In der Hauptsache handelt es sich um eine anfechtungsrechtliche Entscheidung zu den Voraussetzungen des Benachteiligungsvorsatzes i.S.d. § 133 InsO. Bei genauem Hinsehen können ihr aber auch Anhaltspunkte für die Grenzziehung zwischen, im prognostischen Sinn, berücksichtigungsfähiger Aussicht und nicht berücksichtigungsfähiger (bloßer) Hoffnung entnommen werden. Der BGH formuliert hierzu (Tz. 15):

„*Besteht – abhängig vom Ausmaß der bestehenden Deckungslücke und der aus objektiver Sicht erwartbaren und vom Schuldner erkannten Entwicklung – Aussicht auf nachhaltige Beseitigung der gegenwärtigen Zahlungsunfähigkeit, darf der Schuldner davon ausgehen, dass ihm der hierfür erforderliche Zeitraum verbleibt.*“ Das beschreibt die zulässige Prognoseaussicht.

Allerdings „*handelt (der Schuldner) mit Gläubigerbenachteiligungsvorsatz, wenn er einen Zeitraum in seine Überlegungen einbezieht, der ihm unter Berücksichtigung des Verhaltens seiner übrigen Gläubiger ersichtlich nicht zur Verfügung steht (BGH NZI 2021, 20 Rn. 47; NZI 2022, 385 Rn. 23).*

Das beschreibt die prognosetechnisch nicht berücksichtigungsfähige (bloße) Hoffnung.

➢ BGH Urt. v. 03.03.2022 – IX ZR 78/20 (BGHZ 233,70 = NZI 2022, 385)

Diese Entscheidung trifft u.a. Feststellungen zu den Anforderungen an ein erfolgversprechendes Sanierungskonzept und dessen rechtliche Wirkungen. Für die hier untersuchten Fortführungsprognosen ist auf die Leitsätze 2 b) und c) hinzuweisen:

„*b) Ob ein erfolgversprechendes Sanierungskonzept vorliegt, hat sich an den zur Zeit der Umsetzung tatsächlich bestehenden Rechtsauffassungen auszurichten. Ob die für den Schuldner günstige Antwort rechtlich vertretbar ist und der Sanierungsversuch voraussichtlich nicht aus Rechtsgründen scheitern wird, ist bei neuen gesetzlichen Regelungen angesichts der mit ihnen verbundenen Unsicherheiten nach einem großzügigen Maßstab zu beurteilen.*

c) Nimmt der Schuldner für seinen Sanierungsversuch die Beratung eines unvoreingenommenen, fachlich ausgewiesenen Experten in Anspruch, darf er auf ihre Richtigkeit grundsätzlich vertrauen, sofern nicht hinreichende Anhaltspunkte bestehen, dass die Beratung den Anforderungen an ein erfolgversprechendes Sanierungskonzept nicht genügt."

III. IDW Prüfungsstandards und Verlautbarungen

Auch wenn den Prüfungsstandards des IDW keine Rechtsnormqualität zukommt, sind sie, soweit sie mit der höchstrichterlichen Rechtsprechung und herrschenden Meinung übereinstimmen, praktische Handlungsleitfäden und bilden den Mindeststandard steuerberatender bzw. wirtschaftsprüfender Tätigkeit. Hier haben sich nach Abschluss meiner Arbeit folgende Änderungen und Entwürfe ergeben:

➢ IDW S 9

Bescheinigung nach § 270d InsO und Anforderungen nach § 270a InsO (IDW Life 11/2022, 1054 ff. – Stand 18.08.2022)

➢ IDW S 15

Anforderungen an die Bescheinigung nach § 74 Abs. 2 StaRUG und Beurteilung der Voraussetzungen der Stabilisierungsanordnung (§ 51 StaRUG) (IDW Life 11/2022, S. 1062 ff. – Stand 18.08.2022)

➢ IDW ES 11 n.F.

Beurteilung des Vorliegens von Insolvenzeröffnungsgründen (Stand: 27.09.2022)

➢ IDW ES 2 n.F.

Anforderungen an Insolvenzpläne (Stand: 27.09.2022)

➢ IDW ES 6 n.F.

Anforderung an Sanierungskonzepte (Stand 27.09.2022)

www.ingramcontent.com/pod-product-compliance
Ingram Content Group UK Ltd.
Pitfield, Milton Keynes, MK11 3LW, UK
UKHW021932290926
8980IPUK00016B/1591

9 783631 898895